跨企业培训中心建设与管理实务

周晓刚 编著

苏州大学出版社

图书在版编目（CIP）数据

跨企业培训中心建设与管理实务 / 周晓刚编著. —苏州：苏州大学出版社，2020.12
ISBN 978-7-5672-3434-5

Ⅰ. ①跨… Ⅱ. ①周… Ⅲ. ①高等职业教育-研究 Ⅳ. ①G718.5

中国版本图书馆 CIP 数据核字（2020）第 257960 号

跨企业培训中心建设与管理实务

编　　著：周晓刚

责任编辑：苏　秦
助理编辑：杨宇笛

出版发行：苏州大学出版社（Soochow University Press）
社　　址：苏州市十梓街1号　邮编：215006
印　　刷：广东虎彩云印刷有限公司印装
网　　址：www.sudapress.com
邮购热线：0512-67480030
销售热线：0512-67481020
开　　本：700 mm×1 000 mm　1/16
印　　张：17.25
字　　数：328 千
版　　次：2020 年 12 月第 1 版
印　　次：2020 年 12 月第 1 次印刷
书　　号：ISBN 978-7-5672-3434-5
定　　价：86.00 元

发现印装错误，请与本社联系调换。服务热线：0512-67481020

前 言

2019年发布的国家"职教二十条"明确提出，要促进产教融合校企"双元"育人，推动校企全面加强深度合作，打造一批高水平实训基地。要加大政策引导力度，充分调动各方面深化职业教育改革创新的积极性，带动各级政府、企业和职业院校建设一批资源共享，集实践教学、社会培训、企业真实生产和社会技术服务于一体的高水平职业教育实训基地。面向先进制造业等技术技能人才紧缺领域，统筹多种资源，建设若干具有辐射引领作用的高水平专业化产教融合实训基地，推动开放共享，辐射区域内学校和企业；鼓励职业院校建设或校企共建一批校内实训基地。借鉴德国等发达国家的经验，探索创新实训基地运营模式。提高实训基地规划、管理水平，为社会公众、职业院校在校生取得职业技能等级证书和企业提升人力资源水平提供有力支撑。

近20年来，地处"全国十强县""德企之乡"江苏省太仓市的苏州健雄职业技术学院，大力引进德国"双元制"模式并推进本土化创新，与规模企业（舍弗勒公司等）联合建立企业培训中心，为企业量身定制工匠之才；同时借鉴德国行会牵头组建的跨企业培训中心建设模式，在政府支持下联合很多建不起培训中心的中小企业，创建中德培训中心等跨企业培训中心，有效解决了中小企业工匠人才培养和供给难题，也解决了当前一般实训平台普遍存在的共性问题，即要么企业性不强，要么共享性不足，要么建设主体单一、优质资源集聚度、集约度不高，要么管理落后，平台活力不强、运行不畅、难以为继，等等。形成具有中国特色的跨企业培训中心建设"太仓方案"，例如，形成政府主导、行业指导、校企共建、成本分担的共建共管共享机制，体现企业真实氛围的培训中心设计方案和技术指标，渗透现代企业管理理念的"一董三委"内部治理结构与运行机制，依托培训中心和校企平台构建的"三站互动、分段轮换"人才培养路径，企业学徒培训项目的效益分析和实施要点，等等，为现代学徒制教育培训提供了平台支撑，也为党的十九大提出的"完善职业教育和培训体系,深化产教融合、校企合作"提供了实践样本。

  本书是跨企业培训中心建设与管理的"施工图"和"说明书",主要内容包括:跨企业培训中心概述、跨企业培训中心整体设计、跨企业培训中心管理与运行机制、跨企业培训中心学徒管理、跨企业培训中心培训师队伍建设、跨企业培训中心培训与考试、跨企业培训中心现场标准化管理、合作企业学徒项目开展要点,共八章,以长三角的大型跨企业培训中心——中德培训中心为主要案例进行解剖,从建设思想、建设举措、管理制度、运行机制、学徒管理、培训师管理、培训与考试、现场标准化管理等方面,全流程毫无保留地——呈现,是一本跨企业培训平台建设与管理的操作手册。

目 录

▶ **第一章　跨企业培训中心概述** / 1
　第一节　跨企业培训中心缘起 / 1
　第二节　国内跨企业培训中心发展概况 / 7
　第三节　跨企业培训中心比较分析 / 14

▶ **第二章　跨企业培训中心整体设计** / 18
　第一节　设计原则 / 18
　第二节　设计内容 / 24
　第三节　建设案例 / 41

▶ **第三章　跨企业培训中心管理与运行机制** / 42
　第一节　管理体制 / 42
　第二节　运行机制 / 50
　第三节　管理制度 / 57

▶ **第四章　跨企业培训中心学徒管理** / 63
　第一节　学徒选拔 / 63
　第二节　学徒管理 / 69
　第三节　学徒评价 / 85

▶ **第五章　跨企业培训中心培训师队伍建设** / 90
　第一节　培训师的素质和能力 / 90
　第二节　培训师的工作内容 / 91
　第三节　培训师的选拔与培养 / 95

第四节　培训师的考核评价 / 97

第六章　跨企业培训中心培训与考试 / 100
第一节　培训模块开发与实施 / 100
第二节　考试内容与组织 / 124

第七章　跨企业培训中心现场标准化管理 / 137
第一节　安全管理 / 137
第二节　5S 管理 / 151
第三节　TPM 管理 / 170
第四节　可视化管理 / 181
第五节　持续改善 / 187

第八章　合作企业学徒项目开展要点 / 195
第一节　学徒项目效益评估 / 195
第二节　企业学徒选拔与管理 / 200
第三节　企业培训计划制订安排 / 204
第四节　企业学徒项目负责人管理 / 206
第五节　学徒培训新项目开发 / 208
第六节　企业学徒管理与考核评价 / 211
第七节　企业学徒薪资绩效设计 / 215

附录 / 218
附录 1　模具机械工专业企业培训大纲 / 218
附录 2　模具机械工职业学校课程大纲 / 230
附录 3　培训模块案例——任务"外形尺寸铣削"摘录 / 244
附录 4　学徒培训协议样例 / 255
附录 5　学徒手册样例 / 259
附录 6　《学徒手册》签收函 / 264
附录 7　协议终止通知 / 265

参考文献 / 266

后记 / 269

跨企业培训中心概述

跨企业培训中心是中小企业为了满足自身用工需求而共同组建的技能培训平台，它源于德国，是德国"双元制"教育实施的重要载体。江苏省太仓市作为全国德资企业最为密集的地区，近年来大力引进德国"双元制"教育模式并推进本土化创新，政府、行会、企业和学校四方共建跨企业培训中心，成为"大国工匠"培养的摇篮。跨企业培训中心不同于传统的实训基地和教学工厂，它们之间有着本质的区别。跨企业培训中心的建立对于推动当前我国职业教育改革，推进现代学徒制项目实施，实现产教融合、校企合作、工学结合、知行合一，具有十分重要的现实意义和实践价值。

第一节 跨企业培训中心缘起

跨企业培训中心是在企业培训中心基础上发展起来的一种集合式培训载体。大企业规模大、条件好、用工需求多，可以独立组建培训中心来储备技术工人，数量众多的中小企业受制于自身条件，往往与职业院校共建跨企业培训中心来保障人才需求，这是无奈之举，更是明智选择。德国跨企业培训建设历史悠久、成绩斐然，为我国职业教育提供了值得借鉴的经验。

一、跨企业培训中心在德国的诞生

德国职业教育是以企业为主导，以职业学校为补充的联合培养职业人才的职业教育模式，从发展历程上看德国职业教育从最初形态的企业学徒制，经历了行业协会管理下的学徒制、国家管理下的学徒制，直到学校形态职业教育出现，最终确立了德国高度专业化的"双元制"职业教育模式。德国"双元制"教育定位于企业和职业学校，这种职业教育结合工作实践，通过企业和职业学校两个学习场所的相互协调，共同完成各项职业计划。"双元制"体系的学生学习年限一般为2~3.5年，在企业学习的时间占总学习时间的

70%，在职业学校学习的时间占总学习时间的 30%。企业依照职业教育培训章程、培训大纲，制订适合企业以及学徒的培养计划，第一年是职业教育的基本年，第二年是职业技能提升阶段，学生要接受专业技能培训并进行生产实践。企业在企业培训中心（也称"学徒制教学车间"）、生产车间等场所进行技能培训、企业课堂教学、岗位培训、生产实践等教学与培训活动。

在德国的"双元制"职业教育与培训过程中，学习者分别以学徒和学生两种身份在企业和职业学校两个地点工作和学习，而两个地点的课程与教学分别依据两套相互关联但又相对独立的教育标准，受到联邦《职业教育法》以及州一级的学校教育法规的制约。企业按职业教育法和职业培训条例要求，传授企业特有的技能与知识，让学生获得职业经验。其培训内容是按照各工种的职业教育培训大纲的规定进行的。培训大纲是企业实施职业技能教育的具体计划，规定了企业实施职业教育的具体安排，职业学校按各州教育法规和课程大纲的要求，传授非企业专有的技能与知识。"双元制"教育的主导权其实在于经济界和企业，主要体现在以下三点：第一，无论是以"周"还是以"天"作为时间划分单位，学习者在企业实习的时间都要多于在职业学校学习的时间；第二，从教育标准的开发逻辑上讲，全德国范围内的企业职业培训的教育标准《职业培训条例》是每个联邦州的学校职业教育课程标准框架、教学计划开发的基础和依据；第三，企业职业教育与培训的总投入要远高于整个职业学校体系的投入，当然，企业投入中的绝大部分经费是由企业自己承担的。然而，并不是所有企业都有能力和资质开展职业培训，若要提供完整的职业教育与培训，一个企业必须具备多方面的条件和资质。企业在得到行业协会的认可之后才能招收学徒。这些条件及其认定都较为复杂，概括起来包括：企业工作的职业领域应涵盖提供培训的职业的范围；企业的设备设施应满足培训的基本要求；企业招收的学徒与企业员工及培训师应满足一定的人数比例；企业主与培训师应具有特定的职业资质，并达到法律方面的要求。

跨企业培训中心最早出现在 20 世纪 70 年代，小型企业由于规模小、用人不多，单靠自己的力量无法建立自己的培训中心，达不到建立培训中心的员工人数、设备设施、培训师数量、培训场地等方面的要求，不具备提供完整的职业教育与培训的资质，不能按职业培训条例的教学大纲标准，全面系统地向学生传授职业的技能和知识，于是几家小型企业联合建立培训中心或小型企业、行业协会与职业学校联合建立跨企业培训中心。跨企业培训的培训内容完全以企业需求为导向，学生既可以在正常的工作之外进行学习，接触到交叉学科和边缘学科的一些知识和技能，又可以很快地投入企业工作，在集中时间段内进行学习，不受企业工作流程的干扰，也可以同其他受训者和跨企业培训教师共同工作、学习，学生可以学到最先进的科学技术。跨企业培训中心的功能主要体现在以下三个方面：第一，弥补培训企业（尤其是中小企业）培训能力的不足；第二，弥补地域环境的局限性所导致的区域培训能力不足；第三，帮助中小企业引进最新技术，并负责相关咨询和培训服务。跨企业培训中心所提供的教育培训产品，主要是起补充作用的跨企业职业培训课程，以支持、促进中小型企业的教育培训。

跨企业培训中心是一种具有德国特色、兼具企业职业培训功能与继续教育和终身教育特色的教育与培训机构；它既是德国"双元制"职业教育与培训不可或缺的组成部分，在一定程度上构成了企业与学校双元之外的德国职业教育的第三元，也是德国终身教育与继续教育服务的重要提供者之一，为成年的学习者提供了丰富的在职业领域中学习和晋升的机会。

二、德国职业培训中心的发展现状

德国职业培训中心通常有三种形式：一是区域职业培训中心。在德国每个城市及区域都有服务于该地区的职业培训中心。很多区域职业培训中心由私人或企业承办，不仅提供"双元制"或"全学校式"职业教育，还提供企业培训及进修教育等，满足了公众对终身学习的需求。二是企业职业培训中心。一些大型企业为了提高职业教育的质量，在企业内部设立一个专门的部门负责进行职业教育，作为德国"双元制"职业教育的最主要的办学单位，这就是德国的企业职业培训中心。企业根据社会经济结构和市场需要提供培训岗位，对学生进行专业知识及行为能力的培训。学生大部分时间都在企业内学习，在企业的学习时间大约占总学时的三分之二，而职业学校则负责对学生进行基础文化知识和专业理论教育，学校教师和企业培训师之间需定期进行沟通及协作。三是跨企业职业培训中心。众多的小型企业通过与行会联合，共同组建跨企业培训中心，培训受教育者，全面提升学生的专业技能、职业道德和审美能力。

（一）区域职业培训中心

区域职业培训中心采取一种职业学校与企业联合的形式，往往邀请不少个体和社会团体参与办学。它一方面可以在内部整合多所职业专科学校，提供"全学校式"的职业教育；另一方面也可以作为培训企业、注册协会或者培训公司提供以实践为主的职业教育。在德国，一些相同领域内的企业都会联合成立协会或社团组织。这些协会或社团组织的会员企业大多为一些中小企业，它们通常因为缺乏教学设施或者缺少培训师而不能满足独立进行职业教育的条件，需要多个企业和学校合作共同分担教学内容，以对学生进行职业教育，这就是"联合职业教育"。大多区域职业培训中心提供的是"联合职业教育"，这是"双元制"的一种衍生模式，不同于"双元制"下一个企业与一所学校合作的情况，其目的就是提供更多的就业岗位并提高职业教育的质量。

如德国萨克森-安哈特州的万茨累本职业培训中心，就是由万茨累本的政府代表以"注册协会"的形式兴办的。它成立于1991年，其前身是一所区域商业学校，1995年将酒店及餐饮类专业作为办学重点，如今这所学校已经可以在多个领域提供职业教育及进修教育，例如，培养烹饪及酒店类职业中的酒店服务员、餐厅服务员、厨师；培养销售类职业中的零售贸易销售员、商务管理员、售货员、花卉栽培员、发型师；培养医学类职业中的药剂师、医生助理；培养建筑类职业中的高层建筑工人、铺瓷砖工人、铺排水管工人、道路工程人员、砌墙工人、粉刷及油漆工人、仓库管理员。万茨累本职业培训中心除提供"全学校式"职业教育外，也可以提供"双元制"框架内的学校教育和企业教育，还可以提供职业准备教育和职业进修教育。

德国区域职业培训中心大多由私人或企业办学，在享受自主性带来的优势的同时也面临一些挑战。比如，与德国普通职业学校相比，私立职业培训中心具有较高的自主性。包括聘用教师、教学内容、组织结构等方面都可以独立进行，州政府只是定期对其进行审查。如何在使其在自主管理的同时，保证较高的教学质量，是管理者必须面对的问题。再如，"联合职业教育"是区域职业培训中心经常采用的一种办学形式，但这种形式涉及多个企业及学校之间的合作，想要办好"联合职业教育"，这些企业与学校之间就要统一认识，建立规范的交流方式，以合理安排在不同学习地点的学习时间及学习内容。这些都对"联合职业教育"的组织提出了更高的要求。

（二）企业职业培训中心

从19世纪开始，德国逐步从传统的农业社会向工业社会过渡，机器大生产逐渐取代以手工操作作为基础的传统生产方式。随着工业生产的高度专业化、劳动分工的精细化，传统的仅在生产车间进行的学徒培训已难以完成对技术工人素质的全面提升，以职业学校和企业为依托，以企业为主体的"双元制"培训模式已经形成，只是尚未制度化。1938年德国公布的《帝国学校义务教育法》规定了职业学校的教育应作为企业培训的补充，从而第一次在全国范围内从法律上保障了企业和学校合作的这种"双元制"培训模式的运作。1969年联邦政府公布的《职业教育法》意味着"双元制"作为一个完整的职业教育和培训体系完成了它的制度化过程。随着时代的发展，德国很多大型企业的培训场所也从小型的实训车间发展成了更系统、专业的企业职业培中心。企业职业培训中心不仅具有独立的场所、先进的教学设施，还配备了专职的培训师。德国企业内职业培训中心的办学主体就是该企业本身，它提供的职业教育主要包括"双元制"职业教育、员工的进修教育和新员工培训等。

德国西门子股份有限公司是世界上最大的专门从事电子产品研发和生产的公司之一。该公司积极参与职业教育，并非常重视对员工的培训，建立了一套完整、科学且具有其企业特色的培训系统。西门子公司在德国设立了大约55个职业培训中心以开展职业教育和企业培训，目前约有7 000名受教育者在西门子公司开设的30个专业内接受职业教育。西门子公司提供的学位含"双元制"学位900余个。除了对本企业的员工进行培训外，目前西门子公司还与其他180个企业和机构进行合作，为约3 000名受教育者提供职业教育机会。西门子公司大多数的职业培训中心均提供"双元制"框架下的企业培训，专业领域主要为电子技术、信息技术和商业教育；还有一部分职业培训中心与大学合作共同兴办"双元制"高等教育，培训的对象为已经通过德国高级中学毕业考试并获得大学就读资格的学生；也有一些职业培训中心与其他企业合作，为企业员工提供相关专业的理论教育，例如，受教育者在西门子的职业培训中心进行理论学习，在其他企业进行实践学习，双方共同辅导受教育者参加由工商行业协会组织的毕业考试；此外西门子的职业培训中心还为西门子员工及其他企业员工提供各种进修教育和精英培训。

面对21世纪经济全球化带来的更加激烈的竞争态势，与经济及科技发展关系密切的德国企业培训也面临着挑战。首先是过度依赖企业。企业职业培训中心的办学主体为企业，经费主要来源于企业。虽然德国政府出台了各种法律及政策促进企业参与办学，但由于经济的不景气，"双元制"学习名额数量多年来持续下降，真正提供"双元制"教育的企业大约只有四分之一，一些想要接受职业教育的学生找不到接收的企业。其次是专业设置不够灵活。职业教育是极具灵活性的教育，成功的职业教育能及时对市场及企业的需求做出反应，并相应地调整专业设置，但德国的企业教育必须严格按照联邦政府发布的《职业教育条例》进行，企业在教育内容上自主性较小，显得不够灵活。

（三）跨企业职业培训中心

跨企业职业培训是随着"双元制"职教模式的发展而产生的一种崭新模式，根据德国职业教育法和手工业条例规定，如果企业不能满足培训条例规定的培训要求，它们将不具备作为培训企业的资格。为解决一些中小型企业不能满足职业教育办学条件的问题，行业协会开始兴办跨企业职业培训中心，使有需求并可以承担一部分教学内容的企业也可以招收受教育者，企业不能承担的教学内容，则在跨企业职业培训中心内进行。德国具有现代意义的第一个跨企业培训中心是由索林根的工商行会于1908年建立的，直到20世纪70年代初期，跨企业培训中心才真正开始进行系统化的建设。跨企业职业培训中心作为德国职业教育体系中的一员，主要由联邦教育和研究部进行规划。跨企业职业培训中心作为"双元制"企业培训的补充，也是一个教育实体，有正式的组织架构和职能部门，有健全的运行与管理体系，不仅要具备能够按照相应培训框架计划实施培训的场地、设备和仪器，保证能够传授所有培训条例中所规定的技能和知识，还要具有固定的培训师资。通常每个跨企业职业培训中心都有自己的重点专业，所提供的各种实践培训也主要集中在所属的专业领域，主要提供的不仅有"双元制"学徒培训、企业员工职后培训，还有信息和咨询服务，也可作为平时考试和毕业考试的场所。

魏特史达特职业培训和技术中心位于德国黑森州莱茵河及美因兹河交汇区域，成立于1972年，隶属于德国莱茵和美因区域手工业协会。培训中心设施先进，配有35个实习工厂、10个教学大厅，可同时容纳1 100多个受教育者在此学习。其投资主体为莱茵和美因区域手工业协会及其会员企业，开展的培训内容有焊接技术培训、电子技术培训、机动车维修维护培训、建筑脚手架搭建培训、暖气机械工、验光师、面包师、混凝土建筑师、女式服装裁缝、电器安装工等。不同的职业工种在跨企业培训中心的培训时间不同，一般是由企业与行会协商确定。从事职业教育培训，应综合考虑职业学校理论教学和企业培训的教学安排，跨企业培训中心累计授课时间通常为每年10周，10周的学徒培养费用不是由培训学徒所在的企业承担，而是由政府资助基金和协会会员所缴纳的会费来支出。跨企业培训中心可消除不同地方、不同领域、不同企业之间因培训条件不同而造成的培训质量差别，确保学徒能够达到培训条例所规定的标准，为学徒创造均等的职业培训机会。

快速的经济全球化进程以及随之而来的企业组织结构的变化要求企业员工具备更广泛的职业基础知识及较强的技能拓展能力，作为"双元制"职业教育补充形式的跨企业职业培训也面临着相应的挑战。第一，科技的快速发展使得跨企业培训的教学内容往往滞后于实际工作领域的需求，其教学内容应该持续更新，工作领域内的新发展应该迅速地在职业教育中得到体现；第二，企业和职业学校在职业培训内容安排和组织管理方面应加强协同合作。现在的工作组织更多的是以实际的复杂工作过程为导向，局限于单个部门工作任务的越来越少，这就要求跨企业培训中心既要契合职业教育理论思想，又要在规范条例层面与管理过程中做到充分平衡和兼顾，在培训专业的设定及相应培训课程的实施等方面不断加以调整和完善。

三、德国跨企业培训中心发展趋势

经过几十年的发展，德国跨企业培训中心的作用远不仅仅是在补充和完善的意义上提供标准的、完整的职业教育与培训，其功能越发丰富和多元。在德国联邦政府看来，跨企业培训中心是职业教育与继续教育基础设施的一个重要组成部分，尤其是从质量保障的角度出发，跨企业培训中心是在人口结构变化及技术变迁的大环境下保障教育基础服务的重要途径，它也因此逐渐由一个职业教育的机构转变为多功能的、促进终身学习的教育与培训场所。1991年，德国政府在柏林联邦职业技术教育研究所成立了一个新的工作部门，负责跨企业培训中心的促进工作，该部门的主要功能为：咨询、建议以及为参加职业培训的机构制订跨企业培训中心的培训计划，指导联邦各州的行会组织提供建设跨企业培训中心的构思和发展的经验，并提供一定的财政资助。2001年5月，德国联邦政府发布了"跨企业培训中心成为能力培养中心的促进措施"，引导跨企业培训中心向着能力培养中心发展。在此过程当中，德国政府、教育部门重视的并不是跨企业培训中心的场地数量、场地规模和设备先进性，而是跨企业培训中心服务范围，使其逐渐向多功能的能力培养中心、技术转移中心、事务服务中心转变。这种转变体现在三个方面：第一，继续发展成为技术转换的中心。长远地讲，培训中心的基本任务是成为新技术转化的场所。这种功能不仅表现在开设广泛的课程与举办培训班上，而且表现在特殊的专业培训上。同时重要的是把现有的机构、设备作为推广新技术的工具，使现有的机构成为技术讲解、咨询、指导与运用的场所。第二，由职前培训延伸为职后继续教育。为了与技术、经济发展的步调保持协调一致，人们必须在自己的职业生涯中，不断接受继续教育，使自己与不断变化的岗位要求相适应。第三，成为维持、挖掘劳动力市场的场所。这里的培训项目包括转业培训、对失业者的综合培训、对特殊群体（外国移民等）提供特定的资格培训，对手工业中的特殊职业从业者进行职业培训。

第二节 国内跨企业培训中心发展概况

"双元制"职教模式在我国经过35年的实践，已逐步为我国职教界所接受和理解。引进和创新德国"双元制"教育模式，将企业资源、行业标准、政府战略和高职院校人才培养紧密结合起来，通过校企协同、平台互通、资源共享，找到政府支持职业教育的关注点、企业参与现代学徒制的核心利益点和学徒个人利益的平衡点，各地先后由学校或企业作为主体在政府的主导下联合行业协会共建跨企业培训中心。跨企业培训中心的建设有效地使职业教育发展契合产业转型升级需求，使人才培养更好地服务地方，调动企业主动参与职业教育、融入人才培养全过程的积极性，使学校教育体系与企业管理体系有效衔接，提升学生培养的职业性。目前国内最为典型的跨企业培训中心有江苏太仓的中德培训中心、广东阳江的产业园培训中心、四川成都的中德AHK（德国工商大会）职教培训中心、广东中山的中德合作职业技能人才培训中心以及山东青岛的莱茵科斯特培训中心等。

一、跨企业培训中心与现代学徒制的内在联系

世界范围内的职业教育模式大致有三种类型，它们分别是以日本、古巴和俄罗斯为代表的企业制，以中国、法国和美国为代表的职校制和以德国、丹麦、瑞士和奥地利为代表的"双元制"。企业制是指企业直接负责学生的职业专业理论、职业技能和工艺知识的教育，是以生产为导向，贴近实践的教育，能使学生快速适应工作。职校制是指职业学校负责学生人文素养、专业知识和专业技能的教育，按教育学系统开展教学工作，传授专业技能，拓展教育实践。"双元制"是指在有相关资质的企业（教育企业）进行的职业技能和职业素养教育，与在职业学校里进行的专业理论和文化知识教育结合，培养职业人才的教育制度，是以企业为主导的职业教育。

进入21世纪以来，教育部非常重视从职校制模式向校企"双元"培养的现代学徒制转变，2014年2月，教育部开展了全国现代学徒制试点工作。通过两批政行企校各自主导的试点，实施现代学徒制的支持政策和保障措施，开发现代学徒制实施的标准体系，在完善现代学徒制的人才培养模式和管理制度以及企业参与现代学徒制的有效途径、运作方式和激励机制等方面取得了一些成果，但目前只是将教学层面上的校企合作推进到办学层面的工学结合，还未达到教育层面的产教融合，没有真正体现校企双主体育人、学生学徒双重身份、工学交替、分段轮换、岗位成才等现代学徒制必备的内涵要求。跨企业培训中心作为学校教育和企业岗位培训的中间环节，发挥了技能和素养教育的衔接和过渡作用，不仅可以解决校企合作中企业教育性不足、学校职业性不够的问题，而且对建立我国职业教育的现代学徒制教育模式具有极大的推动作用。

（一）搭建校企共用培训平台，为开展现代学徒制人才培养提供对接载体

跨企业培训中心的建设按照政府主导、行业指导、学校主体和企业参与的原则，整合政府、行业、企业和学校的有效资源，使得政府、学校、行业

和企业等四个要素各司其职，既有自身在产业发展、区域经济社会发展中的角色定位，又各自承担培养人的重任。培训中心的建立，一方面实现了专业与产业的对接，政府作为主导，从宏观层面上为高职院校协调产业发展进行专业设置提供了政策支持与保证，解决了职业教育培养什么人的问题，由政府来引导教育资源的精准配置，提升专业与地方产业的融合度、匹配度、贡献度；另一方面实现了教学与生产融合，由行业作为指导，解决从宏观层面指导专业办学定位问题，由企业作为支撑，解决微观层面上职业标准与课程标准对接问题。

（二）引进企业管理制度和体系，为开展现代学徒制人才培养提供职业素养考评标准

跨企业培训中心按照企业员工职业培训标准，进行规划设计、功能布局、硬件配置，构建企业化管理体制和运行模式，以企业管理流程进行人才的培养。首先，建立现代学徒管理体系，制定招生招工一体化学徒选拔工作标准，包含"双元制"项目认识教育，学生适合度综合测评，学校、企业和学徒三方协议文本，学徒管理工作制度和学生诉求响应机制等。其次，实施企业化管理模式和质量准则，建立培训中心ISO9001质量管理体系和现场培训管理体系等制度，使学徒的学习和培训过程在规范、安全、有序的状态下进行。培训中心把企业生产现场5S管理、TPM、安全规范的要求作为职业素养培养的内容和载体，培养体系融合了学校管理的柔性、教育性和企业管理的刚性、职业性，使职业教育对象在"学生—学徒—员工"的过程中实现意识、身份和能力的自然转变。

（三）开发嵌入行业标准的培养体系，为开展现代学徒制人才培养提供优质教育资源

跨企业培训中心连接行业和企业，可顺畅地引入企业的战略资源和行业职业资格标准，并融入高职院校的专业建设之中，一方面校企合作应根据技术技能型人才成长规律和工作岗位需要，共同设计人才培养方案，开发课程体系、职业技能培训模块和培训教材，设计实施教学、组织考核评价、开展教学研究的方案，形成系统化、标准化、规范化的课程体系、师资体系、教材体系、培训体系；另一方面由学校教师、培训中心培训师、企业技师组成的教学团队在学校、培训中心和企业等三个场所开展教学与培训活动，校企协作育人，各司其职，保证学习过程、培训过程和工作过程的有效衔接，能够保证学生从学校到企业的平稳过渡，达到为企业定制输送技术技能型人才的目的。

二、德国跨企业培训中心在太仓的引进与发展

江苏省太仓市，北临长江，南接上海，县域面积 800 多平方千米，地区 GDP 连续多年稳居全国百强县市前十位。太仓发展得益于大批德资企业带动，这里集聚了德资企业 340 多家，有"中国德企之乡"的美誉。德资企业发展壮大得益于太仓"双元制"教育的支撑，2001 年联合德资企业与太仓中等专业学校创建了国内首个"德资企业专业工人培训中心"（DAWT），2007 年又依托苏州健雄职业技术学院创建了长三角规模最大的跨企业培训中心——中德培训中心。目前太仓已有舍弗勒公司培训中心、亿迈齿轮公司培训中心、通快公司培训中心等 9 个校企共建的职业培训平台，每年校企"双元制"培养培训工匠人才 3 000 多人。

中德培训中心是由太仓市政府、德国工商大会上海代表处（AHK-上海）、德资企业和苏州健雄职业技术学院联合共建、共管、共享的跨企业培训中心。中德培训中心的建立，一方面扭转了各学校、各企业的教育资源相对分散的局面，使企业教育资源得到充分利用；另一方面发挥行业优势并促进行业协会与职业学校进行合作，为职业学校学生提供了从课堂学习向企业实习过渡的实训场所，有利于解决我国职业教育校企合作中的瓶颈问题，也提升了职业教育投入机制的有效性。中德培训中心具备多重的功能特性，既是教师与师傅结合的平台，又是课堂与车间对接的平台，还是教育属性与职业属性融合的平台，同时也是使学生向员工转化的平台（图 1-1）。

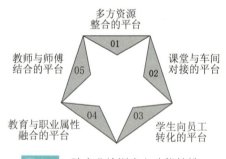

图 1-1　跨企业培训中心功能特性

中德培训中心引进德国装备制造类职业标准、培训教育资源和职业资格认证体系，紧密结合区域智能制造产业的人才需求，采取"三站（学校站、培训中心站和企业站）互动、分段轮换"的人才培养路径，开展德国 AHK 机电一体化工、工业机械工、模具机械工、切削机械工、维修技术电工等职业工种的教学与培训工作，形成了德国"双元制"本土化——"定岗双元"职业人才培养模式（图 1-2）。

依托中德培训中心等 9 家"双元制"培训中心，太仓"双元制"教育 2001 年从中职教育起步，并在 2004 年苏州健雄职业技术学院创建后得到长足发展，校企双元培养高技能型人才，持续供给智能制造企业，助推太仓经济社会的高质量发展。为适应德资企业对高端应用型人才的需求，2014 年太仓引进德国"TWO IN ONE"（校企二合一）模式，苏州健雄职业技术学院、舍

弗勒（中国）有限公司和同济大学中德工程学院三方开展国内首个"双元制"应用本科试点，为德企定向培养应用工程师；2017年又联合东南大学成贤学院、德国巴符州"双元制"大学等启动"中德双元制应用本科"项目，首批毕业生进入德资企业跟着师傅现场学习，构建了太仓从中专、大专到本科层次的"双元制"培养体系，形成对接县域产业链、创新链的教育链、人才链。为统筹县域校企资源促进"双元制"发展，太仓市人民政府牵头建立职业教育联席会议制度，组建校企联盟，使职业教育由校、企"两轮驱动"升级为政（政府）、行（行会）、企、校"四轮驱动"，加速补齐县域技能人才不足的短板，全面提高职业教育服务地方发展的能级。

图 1-2　"定岗双元"职业人才培养模式示意图

三、太仓跨企业培训中心运行模式

经过近20年的探索与实践，太仓建立的跨企业培训中心，一端跨学校连接专业，与不同区域的多个学校合作，将多个学校同类专业优质学生集聚到培训中心进行定向培养；一端跨企业连接产业，针对区域内重点发展的支柱产业，使专业与产业有效互动，强化高职专业人才培养的市场指向性，定制输送，形成"多校学生集聚培养、企业学校有效互动、专业产业精准对接"的新模式。由此，太仓跨企业培训中心的功能也从单一的人才供给向招商宣传、新技术展示、技术支持等综合性服务转换。

（一）跨企业培训中心的功能设计

跨企业培训中心在职业教育过程中融入大量行业和企业要素，充分与区域支柱产业的融合，具有"教、训、产、研、育"五位一体的综合化功能。教学功能：可以开展专业课程的理论实践一体化的项目教学，让学生在做中学，提高学生的学习兴趣，使学生掌握专业知识和基本专业技能，培养学生的学习能力和社会能力。培训功能：将先进的企业培训资源融入学生的实训中，使学生掌握行业先进的技术技能，提高实训与岗位的对接性，让学生在实训中不断提高技能，拓宽视野。生产功能：学生参与到平台真实的生产环节之中，在实战中形成切身体会，积累生产经验，熟悉生产流程，提升生产技能，增强质量意识。研发功能：实行导师制，让学生跟随教师进行实际企业项目的研发，让学生在研究活动中思考、探索和拓展，提升学生的思考分析能力，激发学生的创新能力，增强学生的发展潜力。育人功能：利用平台的全真企业职业环境，让学生身临其境，接受全方位的企业环境熏陶，配合企业管理的职业行为训导，如企业化生产管理、5S现场管理等，不断提升学生的职业素养。

（二）跨企业培训中心的管理模式

跨企业培训中心按教育实体机构来构建，实施校企人才共育、过程共管、成果共享、责任共担的运行机制，成立由政府、行会、企业和学校各方代表组成的董事会，由董事会负责对中心的目标定位、管理体制、办学规模、财务运转、招生及就业等方面进行指导、审议和决策。董事会下设教学指导委员会、培训管理委员会和考试委员会，进行相关工作的具体组织与实施。

（三）跨企业培训中心的培训模式

跨企业培训中心连接职业学校和企业，三方在教学组织上明确分工，各负其责，形成"三站互动、分段轮换"的人才培养路径（图1-3）。

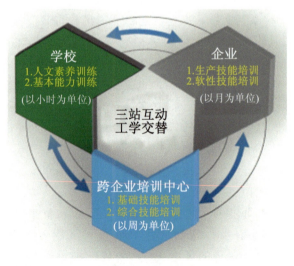

图1-3　"三站互动、分段轮换"人才培养路径示意图

学校站负责行为领域课程，主要是专业理论课程和基本能力训练课程。跨企业培训中心站负责行动领域课程，主要是职业模块培训课程。企业站负责岗位领域课程，主要是专项岗位技能课程。特别强调的是，在职业模块培训课程中应嵌入行业协会的职业资格标准，以涵盖职业资格证书要求的所有知识和技能为准则，将职业岗位群所涉及的岗位工作过程分析和相应的职业资格标准所要求的知识、技能、素质分解到相关的课程中，把岗位工作过程所需的素质能力要求和职业资格认证的每一个考核点编入课程标准之中，使其成为教学内容的重要组成部分，达到融通与衔接培训标准与职业资格标准的教育目标。学生在三个教学场所多阶段轮转学习与培训，职业技能螺旋式提升，尤其是企业参与全过程培养，学生岗位匹配度高，更具有可持续发展能力。

跨企业培训中心既有理实一体化教室，又有实训工厂，在教学实施过程中应围绕教学与培训目标采用行动导向教学方式，把认知过程同职业活动结合起来，强调为行动而学、通过行动而学。培训师也可视情形将学生分为若干小组，布置需要完成的项目任务，提出任务要求，然后让每组学生作为一个团队独立地获取项目信息、制订工作计划、动手实施计划，之后对计划实施的情况进行评估。整个过程培训师只是扮演帮助者、指导者的角色，负责提供必要的指导信息、设备。如果小组学习需要额外的帮助，培训师也会尽力进行联系，争取给予学生足够的支持，给学生创造良好的工作环境。培训师在帮助或指导过程中，应对学生的工作做必要的记录，以便项目教学结束时对每组的工作予以评价。学生通过完成项目任务，逐步构建属于自己的经验和知识体系，把外部知识转化为自身能力。

（四）跨企业培训中心的评价模式

评价标准坚持全方位、多角度原则，由学校、跨企业培训中心、企业和行会共同负责学生的课业考核。学校评价包括学习内容、平时作业、考试成绩和学习态度等。跨企业培训中心评价考核包括工作质量、工作速度、专业知识、培训态度、社会行为、安全生产和培训内容记录等。企业评价按照在岗员工的纪律、安全、工作质量标准等考核要求进行。行业协会进行相关职业工种的考试组织与实施，全面考核和评价既包括专业理论基础知识和专业实践技能，也包括思想品德素质、身心素质、职业素质等在内的综合素质，学生通过职业能力和技术水平的测评后，获得行会的职业资格证书。综合学校、企业、行业协会等多元评价立体，对学生的培养质量做出实事求是的客观评价，可提升评价的信度与效度。

第三节　跨企业培训中心比较分析

职业学校校内实训基地、区域公共实训基地、教学工厂都是配有先进的硬件和软件的教学环境，它们不仅是提高职业培训和技能人才培养水平的重要平台，同跨企业培训中心一样，它们也是提供职业教育培训的场所，也可以满足学习者对专业技能训练的要求。以上四者之间既有相同之处也有很多不同之处。

一、与校内实训基地比较

2005 年，教育部、财政部联合颁发的《中央财政支持的职业教育实训基地建设项目支持奖励评审试行标准》，提出在全国引导性奖励、支持建设一批能够资源共享，集教学、培训、职业技能鉴定和技术服务为一体的职业教育实训基地；2019 年国务院出台的《国家职业教育改革实施方案》明确提出要推动建设 300 个具有辐射引领作用的高水平专业化产教融合实训基地，在中央财政支持的实训基地项目、国家示范性（骨干）高职院校项目、中央财政支持提升专业服务产业发展能力项目、省级财政"专业+实训基地"建设专项和高职省级示范校建设等众多项目的支持下，国家投入了大量建设资金，高职院校的校内实训基地建设规模不断扩大、水平不断提升，取得了较为显著的成效。校内实训基地一般是由多个实验实训室组成的，是职业学校依据技术技能型的人才培养目标，为学生提供实践教学、保证学生获取一定职业技能和专业素养的重要场所，也是培养学生发现问题、解决问题能力的重要场所，还是培养学生创新创业能力的重要孵化器。校内实训基地建设、运行与管理涉及机构、场所、设备、技术、实训师、课程、制度、标准、考核、评价等软硬件要素，这些要素与跨企业培训中心的功能要素有明显的不同之处（表 1-1）。

表 1-1　跨企业培训中心与校内实训基地的异同比对表

比对视角	跨企业培训中心	校内实训基地
建设主体	政府、行业、企业和职业学校	职业学校（或职业学校与企业）
教学场所	实训场所开放相容组成大培训车间	由多个相互隔离的实训室组合而成
软硬件环境	硬件和现场管理体系建设同等重视	重硬件建设、轻内涵建设
背景文化	企业文化	校园文化

续表

比对视角	跨企业培训中心	校内实训基地
管理机构	董事会领导下的总经理负责制,集约化管理	教学单位的系主任,松散性管理
受教育者	企业学徒	学生
教育人员	专职培训师	学校教师
考核人员	行业、企业和学校组成的考核小组	授课教师
管理方式	企业化质量绩效考核	任务型课时量考核
监督权	行业协会、企业和学校	学校
教学依据	职业工种培训大纲	实训课程标准
培训模式	按企业生产流程小班化教学	模仿企业生产流程整班进出教学
考核标准	技能+职业素养	技能
目标靶向	企业岗位	社会各部门

从表1-1可以看出,跨企业培训中心和校内实训基地都具有"职业性",即都是职业教育的重要载体,但是前者建设主体具有多元性,政府、行业、企业和学校扮演重要角色、发挥重要作用,因而具有后者无可比拟的资源优势和发展潜力。

二、与公共实训基地比较

跨企业培训中心和公共实训基地,均可以对职业学校学生、企业员工和社会劳动者开展职业技能培训工作,均处于在学校和企业之间中间环节,同属于职业教育培训机构。两者在专业设置上都考虑到职业学校现有资源和企业、社会的现实需求。跨企业培训中心多是根据行业协会和企业的培训需求来承建的,不依附于职业学校;而公共实训基地由政府出资,是依附或半依附于职业学校建立的,还是没有达到使我国职业教育专业设置同产业结构对接、人才素质同企业用人单位需求匹配等目标。跨企业培训中心和公共实训基地的不同之处(表1-2)。

表1-2 跨企业培训中心与公共实训基地的异同比对表

比对视角	跨企业培训中心	公共实训基地
建设主体	政府、行业、企业和职业学校	政府和职业学校
客户面向	企业,点对点拓展合作业务	社会各部门
培养目标	通过模拟任务让学生尽快适应未来企业的工作环境	为学生到企业实习、工作奠定理论和实践基础

续表

比对视角	跨企业培训中心	公共实训基地
教学任务	模拟企业生产任务	用简单的企业项目案例完成教学任务
培训内容	技能训练+职业素养教育	技能训练
培训模式	1. 模块制 2. 小组制 3. 分阶段实施不同模块，年度内进度统一 4. 灵活性较高，根据培训情况随时调整项目	1. 课程制 2. 整班制 3. 每个阶段进度要求统一 4. 计划性要求很高
培训师资	1. 专职培训师 2. 建设企业化现场管理体系 3. 学徒职业目标的引导 4. 培训模块的开发和实施	1. 学校教师 2. 完成规定的课时要求 3. 实训课程教学管理 4. 开展教科研工作活动
教学方法	六步教学法（咨询—计划—决策—实施—检查—评价）	四步教学法（讲解—示范—模仿—练习）
培养途径	在注重实操能力的同时，兼顾企业化环境和质量管理、看板管理、CIP持续改进系统的融入教育	重点关注实操能力
管理方式	企业化质量绩效考核	任务型课时量考核
质量评价	企业客户满意度，由市场决定	督导听课、教学检查

从表1-2可以看出，跨企业培训中心与公共实训基地都具有"公共性"，都需要借助政府的力量实现平台服务社会效益最大化；前者注重"企业性"，企业的参与度明显高于后者，因而更易实现产教融合、工学结合。

三、与教学工厂比较

"教学工厂"是新加坡南洋理工学院在广泛借鉴发达国家职业教育经验的基础上，结合新加坡国情所创造的一种独特的教学模式。教学工厂是一种教学模式，其办学理念是使企业的工厂与大学课堂一体化，使学校和工厂合二为一，将现代企业的经营、管理理念引入学校，建立企业环境与学校教学紧密结合的统一领导、统一组织，并按统一教学计划进行运作的寓"厂"于"校"的综合性教学模式，并不是在学校再办一个附属工厂、教学实习工厂或在社会上指定某一个工厂为学校定点实习工厂。通过将企业环境引入学校，在校内建起技术先进、设备完善、环境逼真的教学工厂，把教学和生产紧密结合起来，把学校按工厂模式办，把工厂按学校模式办，把真实的项目带入学校，在学校中模拟出一个和真实企业一样的培训环境和经验教学环境，整个教学、课程的设置都围绕真实项目展开，让学生通过生产，学到实际知识和技能，达到企业实习、企业项目与学校教学的有机结合。教学工厂与跨企业培训中心的教学与培训模式有以下相似之处：首先，均以职业岗位能力要求为目标组织教学，把工作岗位的职业资格与职业教育机构的培养目标联结起来，强调在一线岗位从事现场和实际的职业活动，突出就业导向，为学生的就业服务。其次，均注重以学生为主体，以学习能力和动手能力的培养为核心组织教学，注重实践性和实用性。再次，均采取校企合作的人才培养途径，企业积极参与职业教育的教学过程。最后，教学与生产实际紧密结合，注重实效，无论是项目训练或是生产实践，都有严格的组织纪律和管理规范。不同职业教育教学模式都有其一定的实施条件，每一种教学模式都有其局限性，教学工厂与跨企业培训中心有许多不同之处（表1-3）。

表1-3　跨企业培训中心与教学工厂的异同比对表

比对视角	跨企业培训中心	教学工厂
建设主体	政府、行业、企业和职业学校	职业学校和企业
占比份额	校企共建，利益共享	学校本位，企业为辅
管理方式	董事会领导下的总经理负责制	学校负责运行与管理
培养定向	技术技能型人才	应用型复合人才
培训内容	技能训练+职业素养教育	能力训练+创新思维
教学任务	模拟企业生产任务	真实企业项目任务
基地功能	培训为主，生产为辅	培训与生产兼顾
教育人员	专职培训师	学校教师和企业技师
监督权	行业协会、企业和学校	学校

从表1-3对比分析可以看出，跨企业培训中心与教学工厂都具有"企业性"，企业的参与度都比较高，但是前者建设主体更加多元、服务面更广，在资源集聚、集约上具有独特优势。

综上所述，跨企业培训中心集校内实训基地、公共实训基地和教学工厂等众多实践教学平台的优势于一身，具有职业性、企业性、多元性、公共性等鲜明特色。建设跨企业培训中心，"四两拨千斤"，才能有效解决当前职业教育普遍存在的实践教学平台"短板"和广大中小微企业技能人才供给问题。

第二章 跨企业培训中心整体设计

2006年以来,为满足中小企业学徒培养的需求,苏州健雄职业技术学院全面推进"双元制"人才培养本土化实践,在与德企合作开展"双元制"人才培养过程中,集聚政、行、企、校多方资源,与舍弗勒、克恩-里伯斯、亿迈齿轮、通快等多个知名德资企业联合共建了"双元制"培训中心,形成了一系列培训中心建设与管理成功经验,为跨企业培训中心整体设计提供了"健雄方案"。

第一节 设计原则

跨企业培训中心整体设计原则(图2-1)是跨企业培训中心建设的依据和标准,跨企业培训中心设计的专业类型、人才培养规格及培训内容需匹配区域产业类型和企业人才需求;一端连接职业院校实现基础技能的训练,另一端连接企业实现生产技能的培养,体现跨企业培训中心在企业技能人才培养体系中的双跨性;对接企业岗位技能和生产环境,实现培训标准行业化、培训内容岗位化、培训场景企业化等要求。

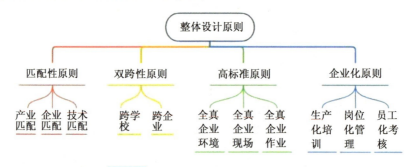

图2-1 跨企业培训中心整体设计原则

一、匹配性原则

跨企业培训中心是基于当地行业发展类型、企业人力资源需求及用人单位的培训需要而建立的。所以在某区域进行跨企业培训中心设计前,须系统调研本地区的产业、企业的人才需求及区域经济的发展远景,使建立的跨企业培训中心和当地的产业、企业人才需求及技术发展趋势相匹配。

(一)产业匹配

跨企业培训中心的专业设置要与所在区域的产业类型相匹配,分析当地的产业类型,瞄准集聚企业数量比较多的产业类型,分析这些企业所需人才的专业种类,以需求量比较大的专业作为跨企业培训中心开设的专业。如在2007年江苏省太仓市的德资企业突破了100家,形成了一个以精密机械和汽车配件为主的德资企业集群,为了解决企业发展过程中技术人才短缺的问题,太仓市政府主导成立了德国工商大会健雄职业技术学院专业技术工人培训中心,采用德国机电一体化工标准、模具工标准和工业机械工标准等培养学徒,为企业源源不断地输送合格技术人才,使人才培养的专业和区域产业相匹配。

(二)企业匹配

跨企业培训中心培训的学徒数量、培训内容及培训现场管理要匹配企业的培训需求、岗位要求及现场素养要求(图2-2)。

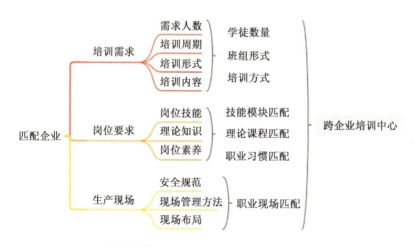

图2-2 跨企业培训中心匹配企业内容

跨企业培训中心依托区域产业,确定专业培养方向后,要在匹配产业内寻找有培训需求的企业合作伙伴,深入调研匹配专业岗位要求、培训要求及培训形式。针对岗位要求，由合作企业、职业院校和跨企业培训中心，共同分析企业的岗位技能和素养，根据岗位技能和素养要求，优化专业课程体系，增加企业岗位技能技术模块，建立企业现场管理体系，实施行业评价标准，使人才培养的知识、技能及素养与企业岗位技能要求相匹配。

（三）技术匹配

跨企业培训中心的人才培养规格要匹配企业技术技能人才要求，围绕企业技能人才培养需求，跨企业培训中心与产业集群内的几个或者某个企业一起分析岗位的技能和素养要求，沟通协商确定人才培养的规格，共同构建专业课程体系，实施职业院校、跨企业培训中心及企业三站互动、分段轮换的人才培养路径。例如，苏州健雄职业技术学院 AHK 跨企业培训中心，在职业院校通用机电一体化专业的基础上，和亿迈齿轮（太仓）有限公司共商培养计划，培养与企业岗位相匹配的机电一体化专业人才，以德国工业机械工为培养标准，增加"专业理论""专业计算""专业材料""适岗实习""识岗实习""定岗实习"等课程或模块，学生专业理论课程在学校进行，基本技能培训在跨企业培训中心进行，生产岗位技能训练在企业进行。

此外，跨企业培训中心本着服务区域发展、相互协作的原则，使培训中心的功能与区域的规划发展相匹配；跨企业培训中心不仅是职业人才的培训中心，还是新技术的研发、使用、传递中心，解决问题的咨询中心。实现了从单一的人才供给向招商宣传、新技术展示、技术服务等综合功能的拓展。

二、双跨性原则

跨企业培训中心在职业技能人才培养中，集中解决职业核心能力中的技能训练问题，是区域经济发展的人力资源配套平台。企业通常需要既有理论基础又有实践能力，并且与企业岗位技能要求匹配性好的技能人才，仅跨企业培训中心一个场所是不能完成人才培养过程的，需要跨企业培训中心与职业院校、企业联合培养高质量的学徒，开辟理论学习跨院校、技能培训跨企业的人才培养路径。

在职业院校，学生需要完成思想政治、文化素养、专业理论课程的学习任务；在跨企业培训中心，培训学徒需按照企业员工的管理模式，完成岗位基本技能培养模块的训练；在合作企业，员工需完成生产性岗位技术任务的训练。以苏州健雄职业技术学院中德培训中心的 AHK 模具工为例，基本技能模块包括手动加工、机床操作加工及装配等在跨企业培训中心进行，而企业生产现场的新技术，学徒须到企业中进行现场跟岗学习。

三、高标准原则

跨企业培训中心的核心吸引力在于其能为企业提供优质的、匹配度高的技术人才,跨企业培训中心的培训环境、培训现场及培训设备要依照行业中企业高标准的生产专业环境进行规划设计,打造全真企业化的环境,保持全真企业化的工作现场,拥有企业化的工作设备,实施企业化的现场作业。

(一)全真企业环境

跨企业培训中心全真企业环境是依照行业内现场管理标杆性企业的环境进行设计的(图2-3),场地布置符合安全标准,中心整齐、清洁,物品摆放有序,颜色、温度及湿度使人舒适。跨企业培训中心围绕建立企业现场的可视化管理体系,用形象、直观而又色彩适宜的各种视觉感知标识、指示保持培训环境的安全、有序、舒适。

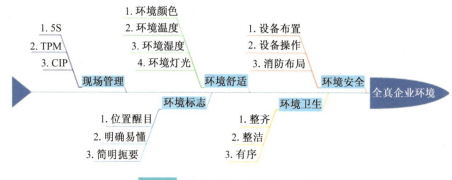

图 2-3 全真企业环境内容及标准

(二)全真企业现场

跨企业培训中心培训场所即学徒工作的场所,引进企业管理的规范和5S的现场管理标准,从安全性、规范性、有效性及可执行性出发对学徒着装、设备操作规范、场室5S整理、现场工量具放置等方面制定可视化标准,建立企业现场的可视化管理体系(图2-4—图2-7);同时制定现场评价和考核制度,对培训现场操作规范、5S执行情况、设备保养维护程度进行考核和反馈。督促学徒在培训过程中安全、规范地操作设备,整齐、合理地摆放工具,促使学徒培养良好的职业习惯、养成良好的职业素养,形成与企业员工相同的职业思维。

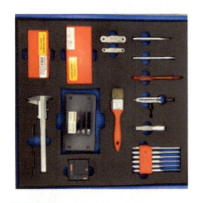
图 2-4　一般量具摆放现场和标准

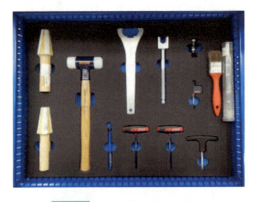
图 2-5　工具摆放现场和标准

图 2-6　精密量具摆放现场和标准

图 2-7　3D 打印设备摆放现场和标准

（三）全真企业作业

跨企业培训中心的培训设备和培训流程按照企业的作业现场配置和设计，配备了行业内自动化程度高、通用性强的设备，对于企业个性化强、通用性差的设备，则通过租赁的方式使用合作企业的设备，确保培训设备和企业现场设备的一致性。对于培训流程，根据岗位所需技能的高低程度，设计相应的企业产品加工工序，以真实的企业生产任务来培训学徒的技能，采用企业现场作业的流程，使人员培训的质量和效果更契合企业的人才需求。

四、企业化原则

跨企业培训中心实行董事会领导下的总经理负责制，培训中心按照企业的管理模式运行管理，创建全真的企业环境，营造企业的文化氛围。按照企业员工的标准来培训、要求、考核跨企业培训中心学徒，使之形成与企业员工相同的职业思维。

（一）生产化培训

生产化培训是按照企业产品生产流程，从订单（生产计划）、备料、编写作业指导书、生产、质量检测到交货等，全程培训学徒，根据学徒培训周期的长度、培训项目难易程度及对学徒技能程度的要求，与企业共同确定用于培训的生产性产品的难度。为了确保生产安全、有序和规范，拿到新订单后，培训师要全程指导和跟踪，及时指出问题，引导学徒思考和持续改进，并把生产产品的合格率作为考核的一部分内容。学徒在生产化培训中熟悉企业的生产流程，训练与企业岗位相配合的技能，形成质量意识和成本意识。

（二）岗位化管理

跨企业培训中心的学徒既是职业院校的学生又是企业的员工，职业院校、跨企业培训中心及企业三方就学徒的岗位和职责进行系统协商和规划，学徒以职业学徒的身份与企业签订学徒协议，明确双方责任。跨企业培训中心编写以行为规范、工作内容和工作要求等为主要内容的企业学徒手册（图2-8）。手册中详细说明了企业历史和文化，出勤、请假制度，着装规范，培训场所安全规则，纪律条例及培训成绩评定办法等事宜。采用企业对员工的管理制度和规范，管理和考核培训学徒，让学徒尽早适应企业的工作方式和节奏，实现职业学习和企业现场工作的无缝衔接。

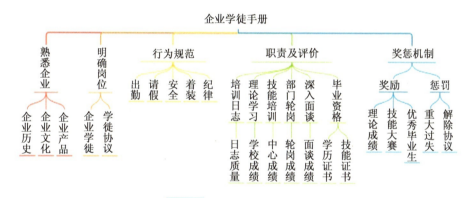

图2-8　企业学徒手册内容

（三）员工化考核

跨企业培训中心学徒作为企业学徒，学习理论知识、掌握技能、养成企业岗位所需的素养是基本任务。对学徒的考核主要从岗位所需的技术水平、学习表现、工作质量等技术方面的能力和团队合作意识、沟通能力、安全意识、学习态度等方面的能力来进行考核。

第二节 设计内容

跨企业培训中心围绕企业岗位技能培训需求，对相应的专业或者技术工种，进行培训模块的设计和培训阶梯的分析，确定培训计划和培养人数；对接培训专业、对应培训人数、依据培养计划设计车间，形成完整的车间建设方案图。

一、组建设计团队

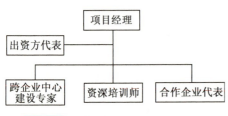

图 2-9 跨企业培训中心建设项目团队

在跨企业培训中心建设之初，要成立跨企业培训中心建设项目团队（图 2-9），团队成员包括项目经理、出资方代表、跨企业培训中心建设专家、资深培训师以及合作企业代表。

出资方可以是某个企业、某个职业院校或者行业协会，推动项目进展和建设；项目经理由出资方指派或者聘请，应具有跨企业培训中心运行、建设及规划的丰富经验，全面负责跨企业培训中心建设，并向出资方汇报建设情况；跨企业中心建设专家，非常熟悉跨企业培训中心建设的流程和内容，当跨企业培训中在建设流程中遇到难题时及时提供咨询和论证服务；资深培训师，具有丰富的跨企业培训中心培训模块开发和培训经验，负责跨企业培训中心课程开发；合作企业代表，一般是合作企业人事部经理，提供企业培训需求信息，负责后期学徒项目的学徒岗位分配及文档资料整理（表 2-1）。

表 2-1 设计团队 RACI 明细

成员建设任务	出资方代表	项目经理	培训师	建设专家	企业代表
培训中心建设	A	R		C	I
培养方案	A	R		C	I
培养需求（数量）	C	A	C	I	R
学徒能力培养		R	R	C	

续表

成员建设任务	出资方代表	项目经理	培训师	建设专家	企业代表
培训改善	A	R	R	C	
学徒岗位分配		C	R		R
文档资料整理		A	I		R

注：负责（R＝Responsible），即负责执行任务的角色，具体负责操控项目、解决问题。

批准（A＝Accountable），即对任务负全责的角色，只有经其同意或签署之后，项目才能进行。

咨询（C＝Consulted），即拥有完成项目所需的信息或能力的人员。

通知（I＝Informed），即拥有特权、应及时被通知结果的人员，但不必向其咨询、征求意见。

二、确定合作企业

跨企业培训中心主要是为企业提供培训服务，所以在建设跨企业培训中心之前，须调研分析企业的类型、业务及培训需求。一般通过两种方式来进行企业调研，一种是先分析区域产业，再调研属于该产业的企业；另一种是先分析区域企业，再将企业按其所属的产业进行分类。例如，苏州健雄职业技术学院中德培训中心是先瞄准当地精密制造汽车零配件产业，在该产业中走访、选择、确定有培训需求的德资企业，进而创建了基于德资企业集聚群体的跨企业培训中心。

如果在某个地区产业分类不是很明显，需要先对该地区的企业进行调研，了解企业所有制形式、企业所属行业、企业主要业务等，确认该地区的行业类型；再有针对性地选择某个或者几个行业中的企业进行深入了解，重点了解企业的技术用人需求、企业文化、主要产品、主要业务、福利待遇、工作环境等；最后挑选出有技术人才需求的企业，向企业宣传跨企业培训中心模式，商讨进一步的合作，最后确定合作关系。

三、选择企业工种

（一）职业岗位分类

企业中的职业工种大类有很多种，例如，某人才招聘网站上职业大类，包括："机械/设备/重工""电子/半导体/集成电路""金融"等。职业大类里面还有很多更细的职业岗位，各个岗位相互合作完成企业的各项业务（图2-10）。

机械/设备/重工	电子/半导体/集成电路	建筑与工程	房地产开发
家居/室内装饰/建材	教育/培训	广告/市场推广	餐饮/娱乐/休闲
酒店/旅游	互联网/电子商务	服装/纺织/皮革	汽车/摩托车/零配件
金融（投资/证券）	金融（银行/保险）	批发/零售	快速消费品（食品烟酒）
计算机软件/硬件	计算机系统/维修服务	通信电信/网络设备	网络游戏
仪器仪表/工业自动化	会计/审计	贸易/进出口	家电/工艺品/玩具
办公用品及设备	制药/生物工程	医疗护理/美容/保健	医疗设备/器械
会展/博览	摄影/婚庆/媒体	印刷/包装/造纸	物业管理/商业中心
中介服务/家政服务	专业服务（咨询/法律）	检测认证	学术/科研
交通/运输/物流	航天/航空	能源（石油/化工/矿产）	材料（采掘/冶炼/…）
环保/新能源/电力/…	政府部门/事业单位	非营利机构行业协会	农业/渔业/林业/牧业
其他行业			

图 2-10　职业大类

本书将以"机械/设备/重工"和"仪器仪表/工业自动化"类职业大类为研究对象，介绍汽车配件加工企业生产部门的职业岗位（图 2-11）。

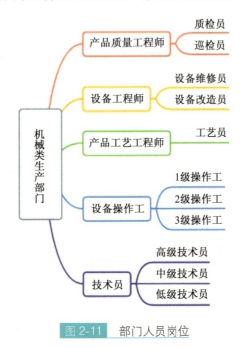

图 2-11　部门人员岗位

（二）岗位技能分析

对于某类岗位技能的分析调研一般采用内外结合的方式，内部调研是指跨企业培训中心对某类工种及其所属行业的发展趋势的研究；外部调研是指企业内部人员对该工种技能人才技能程度、要求的描述。综合内外两种调研方式，得到的岗位技能描述会更贴近企业岗位真实的技能要求。在对某个企业进行某类岗位技能调研时，类型一般分为实践技能、理论知识、企业素养课程、其他技能等（表2-2），例如，机械类岗位可以分为机械操作技能、电气操作技能、机械理论知识、电气理论知识、绘图技能和岗位素养（企业技能）等；技能是指具体的单项技能，如机械操作技能包括锉削、车削、铣削等；初级、中级、高级和专业级是指胜任某职业岗位所需技能或者理论达到的程度。

表 2-2　企业某个部门某个岗位培训技能需求表

序号	类型	技能	初级	中级	高级	专业级
1						
2						
3						

四、设计培训模块

跨企业培训中心培训模块依据企业对某一技能或者技术岗位所需的培训技能，和企业沟通，细化岗位分类，确定培训周期、培训内容、培训形式等。各培训模块的比例贴近企业职业岗位的技能需要、理论和实践占比，合理、交替进行。本书将具体以属于精密机械制造行业的某德资汽车配件公司中生产部门的技术岗位为例，详细讲解匹配岗位技能的培训模块设计流程。

（一）技能岗位需求表

针对某汽车配件厂生产部门技术员岗位，企业人事部门、生产部门和培训部门共同分析该岗位所需的技能、素养、理论知识及技能的等级水平，制作了生产部门技术员岗位培训技能需求表（表2-3）。

表 2-3　技术员岗位培训技能需求表

序号	类型	技能	初级	中级	高级	专业性
1	机械操作技能	锉削		√		
2		钻削			√	
3		普车			√	
4		普铣			√	
5		磨削			√	
6		锯削		√		
7		刀具磨削			√	
8		数控铣		√		
9		数控车		√		
10		电火花加工	√			
11		弯曲		√		
12		焊接	√			维修过程中会用到
13		气动		√		
14		液压	theory			
15		注塑成型/塑料材料	√			特殊职业需要学得更深
16		模具装配			√	
17		基本测量				√
18		模具维护		√		
19	电气操作技能	电焊	√			
20		EPL	√			
21		PLC	theory			
22		电路	√			
23		电气元件	√			
24		电气测试	√			
25	绘图技能	手工绘图		√		
26		读图			√	
27		Auto CAD		√		
28		PROE	No need			
29		UG	No need			
30		Solidworks		√		
31						

续表

序号	类型	技能	初级	中级	高级	专业性
32	企业技能	6S			√	
33		TPM			√	
34		CIP			√	
35		成本意识		√		
36		质量意识			√	
37		交货期		√		
38	机械理论	安全知识				√
39		机械制图			√	
40		公差配合			√	
41		材料科学			√	
42		切削技术			√	
43		冲压技术	√			
44		注塑模具技术		√		
45		热处理		√		
46	电气理论	电气安全知识	√			
47		电工电子	√			
48		机电一体化系统	√			
49		PLC	√			
50		传感器	√			
51		气动技术		√		
52	其他技能	English		√		
53		Excel		√		
54		word		√		
55		PPT		√		
56		Outlook		√		
57		交流			√	
58		团队合作			√	
59		责任			√	
60		主动性			√	

（二）培训周期

培训周期一般是指完成该技能模块需要的时间，通常会以周、月、年为单位，周期的长度依据岗位的类型和岗位技能水平要求来确定。培养1名普车操作工，技能等级达到高级，培训周期为3个月（表2-3）；如果要培养1名生产部门的技术员，则要学习表2-3中所有的理论知识和实践技能，一般需要3年的时间。

（三）培训专业

培训专业根据技能的复杂程度和面向的技能岗位来确定培训内容范围，培训专业可以仅包含单一的技能，也可以包含综合性技能。单一技能比如机械行业中的车削、铣削、磨削等。综合型技能如模具工、工业机械工、机电一体化工所需要掌握的技能等。如表2-3所示，技术员岗位要求的技能种类、技能等级和理论知识内容，60%与职业院校的机电一体化专业类似，所以培训中心可以和高职院校合作，根据岗位技能要求，组织校企讨论、协商专业课程体系和要求，开设企业订单班。由于本案例企业是德资企业，企业认可德国的工种体系，所以可以用德国工业机械工课程来匹配该技术员岗位的培训专业。当然，针对不同的企业要求，可以在工业机械工的框架内，增加企业岗位特别需要的个性化课程。

（四）培训模块类型

模块类型一般分为理论和实践两个类型，理论模块包括纯理论课程和理论实践一体化课程，实践模块包括技能模块和企业岗位实习，理论和实践一般占比40%和60%，也可以具体根据某岗位技能培训需求表，计算出理论和实践的比例关系。培训模块一般是根据某岗位所需理论知识、技能类型及等级要求，基于匹配、够用的原则，对相应的理论课程、技能培训模块和企业岗位课程进行设置。

① 理论课程模块

本着够用、匹配的原则，理论课程主要依据岗位技能对理论知识需求的多少和难易程度来进行开发，一般分为纯理论课程和理论实践一体化课程。理论课程一般可以参考职业院校相近专业所开设的理论课程，并根据企业实际岗位需求，进行相应的内容组合、更新、替换，使得内容难度、学时长短更匹配岗位技能的培训周期。对应表2-3来设置匹配岗位技能要求的理论课程，首先选出明确要求理论知识的技能模块，找相应专业的课程来匹配；其次对技能类型所需的理论知识进行汇总，并将其融合成一门理论课程（表2-4）。

表 2-4 部分机械模块理论课程

序号	课程名称	匹配的岗位技能	难易程度		
			初级	中级	高级
1	机械图样的识读与绘制	绘图技能中的手工绘图和识图、机械制图技能			√
2	机械 CAD 软件及应用	绘图技能中的 AutoCAD 软件绘图技能		√	
3	三维机械设计软件及应用 Solidworks	绘图技能中的 Solidworks 软件绘图技能		√	
4	专业理论（机械制造基础）	针对机械操作技能中的机加工中需要的理论知识		√	
5	专业理论（金属切削理论）	切削技术			√
6	专业理论（工程材料）	材料科学			√
7	专业理论（测量技术）	公差配合，及产品质量意识			√

❷ 技能培训模块

基于企业中实际技能岗位的需求、工种类型和培训周期长短，来设计和制定技能培训模块。对应表 2-3 来设置匹配岗位技能要求的技能模块，如部分机械操作技能类培训模块（表 2-5）。

表 2-5 匹配技术员岗位的部分技能模块

序号	技能模块	匹配的岗位技能	难易程度		
			初级	中级	高级
1	钳工实训	机械操作技能：锉削、钻削、锯削		√	√
2	车削实训	机械操作技能：普车		√	√
3	铣削实训	机械操作技能：普铣		√	√
4	磨削实训	机械操作技能：磨削		√	
5	钻削实训	机械操作技能：钻削			
6	数控加工实训	机械操作技能：数控铣、数控车		√	
7	液压与气动实训	机械操作技能：气动液压		√	

❸ 企业在岗实习模块

企业在岗实习模块是针对岗位所需的安全、时间观念,生产现场标准化、成本及质量意识而设置的。根据企业岗位所需的技能类型及等级要求,设置相应的企业在岗实习模块(表2-6)。

表2-6 部分企业在岗培训模块

序号	课程名称	匹配的岗位技能	难易程度		
			初级	中级	高级
1	入职培训	安全知识			√
2	车间标准化	6S、TPM、CIP			√
4	在岗实习	成本意识		√	
5	在岗实习	质量意识		√	
6	在岗实习	交货期			√

❹ 培养阶梯

培养阶梯是由某个岗位所需技能点的前后逻辑关系、综合培训效率和学习规律决定的。对于机械技术岗位人员来讲,一般是先手动加工和进行普通机械设备操作,再到企业生产线实习;一般采用理论实践交替进行的方式,理论知识支撑实践操作,实践强化理论知识,这种方式解决了单一方式容易使学徒疲劳的问题,提高了培训效率;学习内容从简单零件到复杂设备,从低级操作到产品开发,符合循序渐进的学习规律。所以根据培训的理论模块、实践模块和认知规律可以绘制出技术员岗位的培养阶梯(图2-12)。

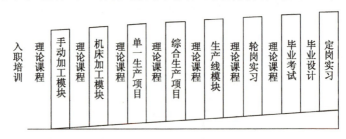

图2-12 培训阶梯

(五)培训计划

理论课程、技能模块及企业在岗实习模块确定之后,根据培训周期长度、岗位技能难易的递进关系，就可以进行培训计划的安排。培训计划包括课程实施场所（学院、跨企业培训中心及企业），理论课程、技能课程和企业岗位培训相关课程。

五、培训人数确定

培训人数是根据企业岗位人才需求来确定的。一般采用两种方式，一种是收集相关企业岗位的人才需求，汇总培训人数。由于人才培养存在一定的周期，企业也不能精准确定三年后的人才需求数量，所以以这种方式确定数量有一定的风险性。另一种是通过大数据来推算企业所需的人才数量，例如，用三年来某岗位人才流失数据来推测人才的需求。当然对于培训中心来说，确定培训人数最稳妥的方式，就是有稳定的合作企业，采用订单式培养，如苏州健雄职业技术学院中德培训中心，有舍弗勒班、亿迈齿轮班、DAWT班等。

有了培训需求之后，在组成班级的时候，还要注意设备、培训质量及分组合理性，一般组成班级的人数最好是12人、18人或24人，这样便于培训过程中的分组，一般可以分成2组、3组、6组等。平均分组可以体现公平性，且可培养学徒的团队意识。考虑到综合培训质量和培训成本，班级人数一般为12~24人，当人数少于12人时，人均所占有的资源（设备、培训师）比较多，培养质量会相对提升，但是人均培养成本就高了；当人数大于24人时，在资源相同的情况下，人均培养成本会降低很多，但是培训质量会下降，所以每班一般不超过24人。

六、培训车间建设

合理安排培训人数、匹配相应的专业和顺利完成培训计划是建设培训中心车间必须满足的条件。培训车间建设包括培训场地的规划，培训设备的购买、摆放等主要事项，也要考虑车间布局的安全性与合理性。

（一）培训场地规划

培训场地规划一般需要从形状、面积、楼层、层高、地面及采光性等几个方面来进行考虑。

1 培训场地形状

培训场地形状最好为方形，最好是4∶6的矩形场地，这样场地更容易摆放设备，更贴合人体工程学。

2 培训场地面积

培训场地面积一般是根据不同的培训专业和培训人数来确定的。以机电一体化专业为例,如果培训人数为18人,总面积一般在600~800平方米。

❸ 培训场地楼层及层高

楼层最好设在一层,因为一般工科专业的培训都要用到一些中小型设备;层高一般按照标准厂房的标准,至少3.5米。

❹ 地面及采光

地面要防滑,不易被油污渗透,易清理,不易起尘。另外采光好的环境可以提高培训质量,所以尽量选择采光较好的位置。

(二)培训中心车间布局设计

本小节以工业机械工培训中心为例,详细讲解培训中心车间布局设计的流程和注意事项,包括培训设备的投入、设备布局及摆放、安全通道的尺寸及水电气的安装,确保车间布局的安全性和合理性。设计基本条件为:学徒人数18名,场地面积700平方米,建设资金400万元以内。

❶ 培训设备投入建议

培训设备的投入主要根据专业类型和培训人数来确定,通常机械专业常用的设备有机械加工设备:钳工桌、钻床、车床、磨床、锯床、砂轮机、数控设备等。电气设备:电气工作台、电子焊接设备、电器柜、模拟生产线等。辅助设施:配备相关专业绘图、操作及加工软件的电脑设备等。

一般根据资源节约和合理分配的原则来确定设备数量,可以通过分组的形式来减少大型设备的投入数,如机械机器设备和生产线等。根据技能培训模块和培训时间安排,设备的投入可以分期进行,不需要一次性全部投完,比如在进行手动加工模块培训时,后期的生产线可以延后投入,一般在培训模块开展前的1~2个月完成准备即可。

设备投入时,要注重设备的性能和质量。培训是一个周而复始的过程,稳定性好、质量好的设备能提高被培训者的积极性。如果在投资资金出现问题时,一定要保质,选择那些性能和质量中上的设备,不要追求数量。

❷ 培训设备清单

在确定好专业和培训规模后,参考设备投入的建议,就可以进行设备性能对比、设备型号选择及价格咨询了。本书列举了某跨企业培训中心工业机械工培训设备投入清单(表2-7),该跨企业培训中心要开设的专业是工业机械工专业,学徒人数18人,场地面积700平方米左右,设备资金投入在400万元以内。

表 2-7 设备投入清单

序号	设备名称	品牌	设备功能描述	数量	价格	总价
1	六角工作台	Hoffmann	手动加工技能模块训练	3	×××	×××
2	划线平台	Hoffmann	手动加工技能模块训练	1	×××	×××
3	升降台虎钳	Hoffmann	手动加工技能模块训练	18	×××	×××
4	钻床	optimom	机械加工车削技能模块训练	6	×××	×××
5	普通车床	GDW	机械加工车削技能模块训练	6	×××	×××
6	普通铣床	快捷	机械加工铣削技能模块训练	6	×××	×××
7	砂轮机	Hoffmann	刀具修磨技能模块训练	1	×××	×××
8	锯床	optimom	机械加工锯削技能模块训练	1	×××	×××
9	平面磨床	optimom	机械加工磨削技能模块训练	1	×××	×××
10	手摇磨床	曙光	机械加工磨削技能模块训练	3	×××	×××
11	电子焊接台	Hoffmann	电子焊接基础技能模块训练	2	×××	×××
12	气动实验台	Festo	气动控制技能模块训练	2	×××	×××
13	AHK-气动考试套装	Festo	综合项目技能模块训练	12	×××	×××
					总价	×××

3 主要设备选择

设备的选择要从工位数、性能等级、摆放要求来考虑，下面针对表 2-7 中主要设备如六角工作台、钻床、铣床、平面磨床等设备进行介绍。

（1）六角工作台

钳工桌的选择一般是六角工作台（图 2-13），桌面最好使用实木或者竹材料，上边铺一张软玻璃垫。手动加工技能模块训练是所有学徒同时进行的，18 名学徒需要配备 3 张钳工桌，这样有 18 个工位可以满足培训需求。桌面上的台虎钳需具备升降功能，满足身高不同的学徒的需求，提高工作的舒适度和效率。

（2）钻床

在选购钻床时要注意设备的变速系统，最好为无级变速，同时最好安装安全防护装置（图 2-14）。在实际钻削加工技能模块训练中，可以根据实际的项目和分组训练情况来购买相应数量的钻床。学徒一般可以分为 3 人一组，6 人一组，等等。在本案例中，学徒进行实训时分为 3 组，所以购买 6 台钻床就能满足培训要求。

图 2-13　六角工作台

图 2-14　钻床

（3）铣床

铣床一般选择通用性好、耐用、操作简便，与生产中所用的设备相一致的。与钻床一样，铣床根据实际的项目和分组训练来购买，本案例中购买 6 台。铣床的摆放尤其要注意安全，需要考虑机床的最大行程，避免在使用过程中发生碰撞（图 2-15）。

（4）车床

由于车床是培训学徒首先会用到的机器设备，所以最好选择安全性能比较高的品牌，需要配备电子刹车系统，卡盘防护罩，大挡板、观察防护罩等（图 2-16）。车床数量根据实际的项目和分组训练的情况来确定，本案例中购买 6 台。

图 2-15　铣床的摆放

图 2-16　车床的摆放

（5）平面磨床

平面磨床一般左侧会贴墙放置，避免人员走动时发生事故，但是如果条件有限，可以在磨床的外侧安装防护装置（图 2-17），在平面磨削加工技能模块训练中，设备数量无须按学徒人数匹配，可以根据实际的项目和分组训练来购买，本案例中是购买1台。

4 车间布局设计分析

车间布局设计首先考虑安全性，比如安全通道的尺寸、设备安全区域和设备操作工作距离等。在保证安全的情况下，还要兼顾学徒操作设备的舒适度和工作效率，最后关注其他功能和美观。

图 2-17　磨床的摆放

（1）安全过道尺寸

在进行车间布局时，首先要设计设备过道和安全过道，具体根据购买设备的实际型号来确定。为了使人员在火灾或自然灾害等突发事件发生时能够快速撤离，设备过道宽度一般不小于2米，人行过道宽度一般不小于1.2米（图2-18）。

图 2-18　安全通道

（2）安全距离

每个工位在工作状态时都要设定一个安全距离，设备的安全距离一般为1.2米，设备需要设计相应的安全工作区域，安全区域是根据设备的外形尺寸设定的，如果有些设备有超出设备外观尺寸的活动部件，还要把设备运作时活动部件的运动范围计算在内，避免设备活动部件在最大行程范围内发生碰撞。

需要把每台设备实际的外形尺寸按实际比例绘制出来，有些设备还要把设备运作时的行程距离计算在内,然后把操作安全距离绘制出来(图2-19),例如,钳工工位工作区域1.2米×1.2米。划好工作区域,并且注意设备摆放的方向。例如磨床的左侧靠墙放置。

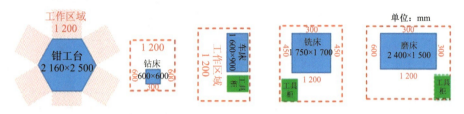

图2-19 设备安全距离和安全区域

(3)功能区域区分

车间布局规划时还需要注意各个功能区的特性,考虑各种设备在使用过程中的连贯性和操作者的舒适度。当然,对于培训学徒来讲,还要兼顾考试期间的公平性和时效性。以工业机械工培训车间布局(图2-20)为例,通常手动加工区会放在车间中间,设备应摆放在车间边上,这样安排可避免学徒从工位到设备的距离太远,保证学徒在考试中的公平性。

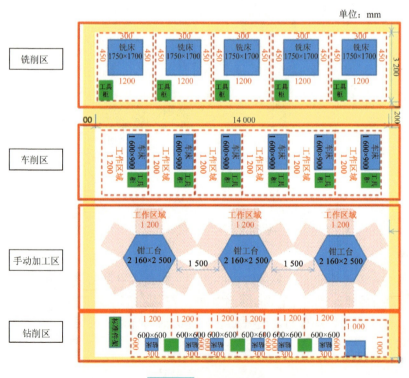

图2-20 功能区布局

(4) 水、电、气规划

一般设备用到的水、电、气的管道,最好安装在设备上方(图 2-21),采用桥架的形式,这样不但方便检修,还能节约地面空间。

图 2-21　水路、电路、气路规划

5 培训车间建设流程图

根据企业培训需求,学校、中心和企业三方共同确定培训专业、培训模块和培训计划,最后根据培训专业、培训计划及培训人数,购买设备进行培训中心车间的设计和建设(图 2-22)。

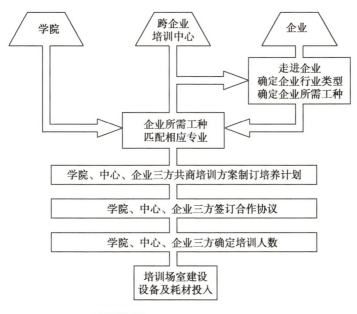

图 2-22　培训车间建设流程图

（三）培训车间建设整体布局

最终，完成工业机械工培训车间布局（图 2-23）。

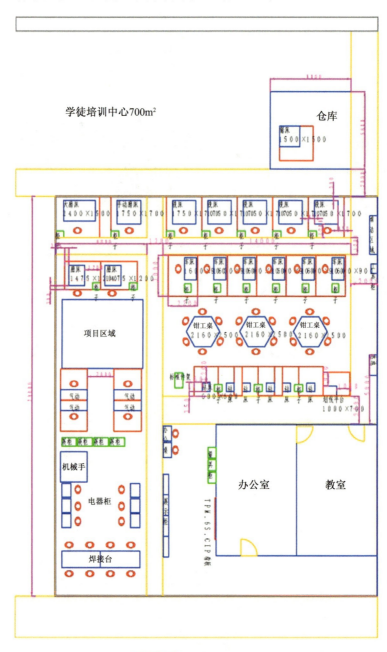

图 2-23　培训车间布局

第三节　建设案例

针对专业机电一体化工（培训人数 24 人）3 年培养周期所建的培训中心（图 2-24）。

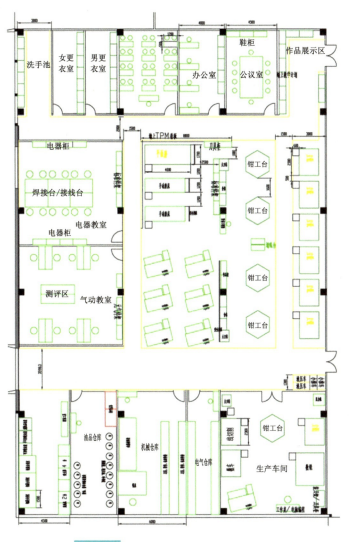

图 2-24　机电一体化工培训中心布局

第三章 跨企业培训中心管理与运行机制

跨企业培训中心以企业化为主要特征，在管理运行机制上与一般校内培训基地有着显著不同。跨企业培训中心要借鉴现代企业管理理念，完善内部治理体系，释放培训中心活力，才能有效推进专业群建设与地方主导产业对接、教育教学管理与企业管理模式对接、专业职业能力训练场所与企业职场氛围对接、课程教学内容与岗位群工作过程对接、教学组织和实施与研发生产及服务项目对接、人才培养环节与企业技术人员对接、学生评价体系与企业员工评价体系对接，实现跨企业培训中心人才培养校企深度合作。

第一节 管理体制

跨企业培训中心管理体制是跨企业培训中心管理的机构设置、权限划分、运行方式等方面的体系和制度的总称。要使政府、行业、企业、学校的教育资源得到充分整合和利用，首先要创新跨企业培训中心的管理体制，即创建跨企业培训中心管理模式和管理组织机构，健全管理运行机制和制度体系。

一、管理模式

跨企业培训中心一般由政府主导，职业院校、行业协会、多家企业联合共建、共享、共管，是学校和企业的连接纽带，对接企业人才需求、行业标准、政府战略、校企双元人才培养模式，实施全方位、全过程的校企联合培养。例如，中德培训中心经过多年实践，实行政、行、企、校四方协同、"一董三委"的现代学徒管理模式，即成立董事会和董事会领导下的教学指导委员会、培训管理委员会、考试委员会，按照"政府主导、行业指导、企业融入、学校主体"的多元合作模式，以 ISO9001 质量管理体系进行教学过程控制，三方（行业、企业、学校）共同负责课程质量监控与评价，实现人才培养质量的可持续提高（图 3-1）。

第三章 跨企业培训中心管理与运行机制

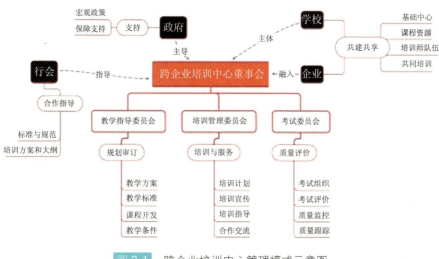

图 3-1　跨企业培训中心管理模式示意图

（一）以政府为主导，发挥政府统筹规划和指导监督的作用

跨企业培训中心的建设与发展离不开政府的参与。政府在政策法规和财政经费方面为跨企业培训中心的建设和发展提供持续的支持与保障。在建设与运行跨企业培训中心的过程中，各主体之间的关系可以借助政府的行政力量进行协调。例如，太仓市人民政府就高度重视职业教育发展，为中德培训中心等"双元制"平台出台扶持政策，提供专项资金，有力地促进了跨企业培训中心集群式发展，为培养工匠人才搭建了高端平台。

（二）以职业素养培育为核心，确立企业化管理模式

跨企业培训中心实施企业化管理模式和企业的现场管理标准，以行业职业标准为培训标杆，以企业管理标准为管理标杆，以企业员工标准为素养标杆，组建由政府、行业协会、企业和职业院校四方组成的多元化管理团队，创建全真的企业环境，营造企业的文化氛围，培养学徒的职业习惯和职业素养，使其形成与企业员工相同的职业思维，以满足中小企业对于技能人才的需求。

（三）以高标准为原则，制定质量管理体系

以中德培训中心为例，该中心全面引入德国"双元制"职业教育模式和德国职业资格培训标准、教育资源以及认证体系，建立质量管理体系，采取过程控制的方法，以达到持续改进的目的。该质量管理体系模式包括一个直接过程，即产品（过程结果）的实现过程，和三个间接过程，直接过程和间接过程相互关联、作用，构成了质量管理体系运作的 PDCA 循环。通过对各

过程的输入、输出,实现过程的调查和分析、顾客满意的调查和分析、审核和管理评审,对过程的有效运行进行监控(图3-2)。

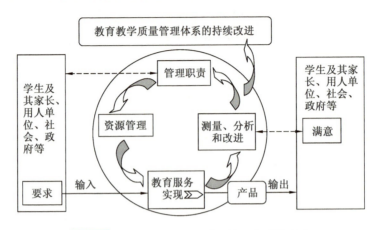

图 3-2　跨企业培训中心质量管理体系模式图

(四)以利益联动为纽带,构建政、行、企、校利益共同体

利益是推动跨企业培训中心建设主体合作的根本动力。政府利益在于经济的发展、优质企业的引进;行业协会利益在于行业标准推广和影响力扩大;企业利益在于高质量人才的持续满足;学校利益在于人才培养质量和办学声誉提升。推动政府、行业、企业和学校形成利益共同体,首先是政府要通过政策导向来激励校企合作;其次是企业要通过积极为培训中心提供有益帮助而享受政府的特殊财政政策和职业院校的有效资源;再次是学院要主动配合政府的经济发展规划,主动联系企业提供人才培养培训服务和技术服务;最后行业协会要强化作用,提供职业资格技术标准、教育资源及认证体系,推进"1+X"证书试点工作,优化人才培养模式。

二、管理组织

跨企业培训中心的管理组织体制是指培训中心的发展规划、年度计划、财务资金分配、规章制度制定、教育教学活动组织、人才质量评估等活动的组织方式和组织制度,能保障跨企业培训中心的运作更加规范、高效,以使其培养出更多的敬业精神好、专业水平高、动手能力强的高素质技能型应用人才。

(一)跨企业培训中心管理组织体制的建设路径

第一,在跨企业培训中心建设初期,第三方机构牵头成立由政府官员、行业专家、企业实干家和学校职能部门负责人为成员的"一董三委"管理组织（董事会、教学指导委员会、培训管理委员会和考试委员会），牵头机构可以是学校、企业、行业组织，也可以是教育培训机构。

第二，根据当地产业链情况，确定跨企业培训中心的定位及功能，并在跨企业培训中心建立办公区、培训区、技术服务区等功能区域，每个区域根据其产业特点和企业特点营造相应的企业文化氛围，制订《跨企业培训中心功能布局及企业氛围建设方案》，由第三方机构牵头聘请专家进行论证，经过论证的方案提交跨企业培训中心董事会。

第三，跨企业培训中心实施董事会领导下的总经理负责制，董事会根据跨企业培训中心的管理规定行使职能，下设职能部门，并将各管理人员及部门职责进行明确和细化，负责培训中心建设及教学运行工作。

第四，按照区域功能定位，由总经理牵头负责建设所需的实训区域，使不同区域实现不同教学功能，并完善各区域内公共基础设施，规划培训功能区域的企业文化建设，完成跨企业培训中心工程建设。

第五，制定跨企业培训中心董事会章程，出台一系列配套制度，以规范各方责、权、利，增强跨企业培训中心董事会管理能力，提升跨企业培训中心管理水平。建立校企合作推动机制，强化政府政策主导作用；签订互利共赢、共同发展的合作协议，建立校企合作的动力机制；建立科学合理的激励机制，构建培训中心内部良好的政策环境；建立资源共享的交流机制，打造校企资源共享的交流平台；引进企业管理制度和体系，实施企业化管理模式和质量准则，建立现代学徒管理体系；建立多方参与的评价机制，形成多元主体、内外结合的评价与反馈系统。

第六，在行业协会指导下，由教学指导委员会完成培训体系构建，由培训管理委员会实施培训及进行培训质量管理，由考试委员会组织职业资格考试，并颁发职业资格证书，形成一个有布置、有执行、有检查、有反馈、有总结的相对封闭、循环往复的管理回路（表3-1）。

表3-1 跨企业培训中心管理组织体制的建设

序号	主要工作	主要负责人
1	成立"一董三委"	第三方机构
2	确定跨企业培训中心建设方案	董事会
3	1. 聘请专家论证《跨企业培训中心功能布局及企业氛围建设方案》 2. 调整专业计划，内部讨论通过	董事会
4	完成培训中心管理组织建设工作	董事会

续表

序号	主要工作	主要负责人
5	完成跨企业培训中心工程建设	董事会、总经理牵头
6	完成"一董三委"章程、人事制度、财务制度、培训质量管理文件等制度文件的制定	董事会、总经理牵头
7	在行业协会指导下,完成课程体系改革,实施培训,组织职业资格考试,并颁发职业资格证书	教学指导委员会、培训管理委员、考试委员会

(二)跨企业培训中心管理组织构架与岗位职责

❶ "一董三委"的管理组织架构

跨企业培训中心董事会设董事长一名,董事若干名。董事会成员由地方人民政府及相关行政部门、行业协会、合作企业和职业院校各派 1 人担任。董事每届任期三年,可以连任。下面以中德培训中心董事会为例,具体说明董事单位的权利和义务。

(1)董事单位的权利

① 董事单位听取培训中心年度工作报告,审议培训中心发展方向和建设规划,审议培训中心经费的使用,推荐新的董事会成员。

② 太仓市人民政府、太仓市教育局、太仓市经济开发区管理委员会有权对培训中心优先为地方经济社会发展培养急需人才提出建议。

③ 德国工商大会上海代表处在培训中心享有的权利(《德国工商大会上海代表处与苏州健雄职业技术学院共同组建"德国工商大会健雄职业技术学院专业技术工人培训中心"的协议》)。

④ 参与培训中心合作的德资企业可以优先选择培训中心培养的合格学生。

(2)董事单位的义务

① 太仓市人民政府、太仓市教育局、太仓市经济开发区管理委员会将在政策、资金等方面给予培训中心以支持。

② 德国工商大会上海代表处在培训中心履行的义务(《德国工商大会上海代表处与苏州健雄职业技术学院共同组建德国工商大会健雄职业技术学院专业技术工人培训中心的协议》)。

③ 健雄职业技术学院积极为培训中心提供场地、设备、师资等方面的便利。

④ 参与培训中心合作的德资企业应积极推荐合格的培训师前往培训中心任教;为学生提供实习环境,积极推荐或吸收在培训中心受训的合格学生上

岗就业；积极组织单位员工进入培训中心受训。

　　董事会下设教学指导委员会、培训管理委员会和考试委员会，它们分别是教学指导机构、实施机构与评价机构。以中德培训中心为例，教学指导委员会由德国工商大会上海办事处教育专家、学徒培养企业专业技术人员、职业教育行业专家、职业院校的教学专家组成，实行任期制，每届任期3年，定期或不定期召开全体成员会议，研究校企合作专业的教学组织、运行、监督和管理等。教学指导委员会主要工作任务是指导人才培养方案的制订；负责校企合作专业人才培养方案、教学标准的审定；负责指导职业模块化课程的开发；负责指导跨企业培训中心的教学条件建设方案制订。

　　培训管理委员会由德国工商大会上海代表处项目负责人、学徒培养企业项目主管、职业院校分管领导组成，实行任期制，每届任期3年，原则上每季度召开一次工作例会。培训管理委员会负责校企合作人才培养项目的企业招聘、学徒管理、教学安排等工作的沟通协调，保证相关工作的顺利开展，并根据需要制定项目管理的各项工作管理细则，对学徒培养的质量进行必要的过程评估，并为提高学徒培养的质量提供力所能及的支持。

　　考试委员会由德国工商大会设立，至少由3名委员组成，目的在于组织开展职业技能培训领域的各项考试。考试委员会委员必须精通考试的专业知识并适合参与考试事务，独立阅卷评分，不受任何指令约束。考试委员会委员任期统一，最长不超过5年，从委员中选举主席和副主席各一位。考试委员会的运行由德国工商大会和考试委员会协商确定，考试的前期准备、实施、后期工作、记录和决议的执行须经由考试委员会主席同意。职业技能培训的专业名称、目标、内容和考试要求，准考条件以及考试方法由德国工商大会规定。考试委员会委员的工作是名誉性质的，所涉现金花费和时间损失，当无法由他方给付补偿金时，应由培训中心予以适当补偿，具体金额由德国工商大会确定。

　　根据业务开展跨企业培训中心需要下设行政部、培训部、外联部等执行部门。行政部协助上级负责人事考核、成本核算、财务预算、物资管理、行政协调、考证管理、文件管理等事务。培训部负责培训中心的各项技能培训实施，培训项目开发，场室5S及TPM（全员生产维护）、CIP（持续改进）、可视化等现场管理，培训师考核，考证实施，耗材购置等事务。外联部主要负责对外联络德国工商大会上海办事处和企业，开发新的合作企业，拓展校企合作业务、协调学生在企业培训事宜等事务。

　　管理组织架构见中德培训中心"一董三委"组织架构图（图3-3）。

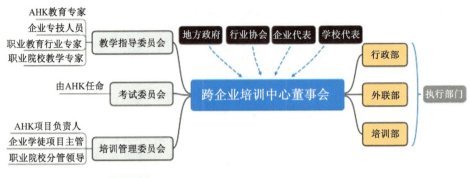

图 3-3　中德培训中心"一董三委"组织架构图

2 管理组织岗位职责和权限

跨企业培训中心实行董事会领导下的总经理负责制。总经理和副总经理由董事长推荐，经董事会认可后由董事长聘任。总经理执行董事会决议，主要负责对外合作、交流、人力、财务等资源运作，对内负责培训、教学、设备管理、招生就业等全面工作，直接负责全面质量管理等行政管理，全面提高管理水平和质量；副总经理协助总经理开展培训中心对外合作关系的拓展工作，包含与行业协会及政府部门的沟通和协调工作；下设教学专员、校企合作专员和各部门经理，协助直管领导负责各部门工作（图3-4）。

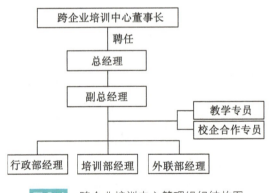

图 3-4　跨企业培训中心管理组织结构图

科学管理跨企业培训中心，加速提升管理人员的职业素养、专业能力和工作水平，要制定培训中心岗位职责和任职要求（表3-2），规定各部门人员的职责、权限和相互关系，以保证全体员工各司其职，相互配合，有效开展各项活动，实现培训中心的质量目标。

表 3-2　跨企业培训中心管理组织岗位条件及职责要求

岗位	岗位条件	岗位职责
总经理	具有顾客至上和质量第一的意识 具有丰富的管理经验 具有一定的专业知识	全面主持中心各项工作的协调统筹，保证中心工作的顺畅运行 负责中心中长期的发展规划制定及中心培训团队的建设 负责中心规范化管理体系建设和培训质量标准建设 负责中心各部门工作的考核、监督及检查 重点负责模块化项目开发和成果建设 重点负责中心发展的体制、机制建设 重点负责中心的场室规划与建设 重点负责培训质量成本审核工作
副总经理	具有顾客至上和质量第一的意识 具有丰富的管理经验 具有一定的专业知识	协助总经理开展中心对外合作关系的拓展工作，包含与德国工商大会及政府部门的沟通和协调工作，并向总经理负责 负责ISO9001质量管理体系在中心的运行管理工作，及时解决中心运行过程中的各项问题 重点负责对外培训业务和技术服务的开展 重点负责中心外部联系及交流活动 重点负责中心对外宣传和项目推介工作 重点负责中心各类平台的建设 重点负责中心学徒的职业生涯规划教育
行政部经理	具有顾客至上和质量第一的意识 掌握产品标准知识，具有丰富的产品检验经验 具有大专以上的文化水平 具有一定的国家劳动、人事法律法规知识	负责中心的行政事务性工作，并向直管领导负责 负责中心的各类接待和宣传报道 负责中心物资的管理工作（包括办公用品、办公家具、低值易耗品、劳保用品及资产设备的登记和账务管理） 负责中心的仓库管理（入库、出库统计、学期物资统计等） 负责考证事务性管理，包含AHK考证管理 负责文件及相关资料管理归档（含合同管理）、会议记录、日常活动组织等事务
培训部经理	有丰富的企业经验，企业从事钳工年限不低于5年 拥有钳工技师资格证书 培训师学历不能低于本科，工作经验丰富（工作年限大于10年）的可以适当放宽 拥护党的政策，关爱学生，具有独立开发培训项目的能力	负责中心的各项技能培训工作和职后培训工作，并向直管领导负责 负责中心的模块化项目的开发 负责中心的现场TPM系统的建设与实施 负责中心实验实训场室5S管理工作，包含标准制定和评价考核 负责培训师的考核 负责考证实施，包含AHK考证实施 负责中心实践培训计划的安排，做好材料及消耗品的购置计划的申报工作

续表

岗位	岗位条件	岗位职责
外联部	工作积极主动、责任心强 具备较强的社交能力、沟通能力及应变能力，做事认真、细致。具备良好的工作习惯 具备团队合作精神，有很强的上进心 外语水平较高，外文口语表达流利	具体负责联络德国工商大会上海办事处和企业，开发新的合作企业，并向直管领导负责 具体负责中心的对外宣传以及合作业务的拓展，为中心争取发展资源 负责中心学徒的选拔、就业推介工作 负责中心日常外文文件的翻译以及交流活动的翻译接待工作 负责合作企业对中心建设与管理等方面的调查与反馈工作 负责签约企业的学生在企业培养期间与企业的沟通，做好学徒在企业培养相关事宜的协调工作
教学专员	大学本科及以上，中级职称及以上，有丰富的教学管理经验 工作积极主动、责任心强 具备较强的社交能力、沟通能力及应变能力，做事认真、细致 具备团队合作精神，有很强的上进心	负责对教学环节的工作布置、对教务处安排的常规工作进行落实，并对直管领导负责 重点负责中心实训课程教学任务的安排、督查工作 重点负责教学运行过程质量监控（含教学规范检查、三期检查、教学指导性文件的检查等）工作
校企合作专员	大学本科及以上，有丰富的企业经验 工作积极主动、责任心强 具备较强的社交能力、沟通能力及应变能力，做事认真、细致 外语水平较高，外语口语表达流利	负责社会培训业务、技术服务的拓展，并向直管领导负责 重点负责校企合作理事会的建设与管理 负责中心校企合作资源库建设，包含学生实习就业基地建设等 负责中心社会培训的管理工作

第二节 运行机制

跨企业培训中心通过增强中心的各项服务能力，形成与地方政府、合作企业、职业院校的三方多向良性运行机制（图3-5），赢得政府持续投入、企业合作投入和职业院校反哺投入。下面，从决策机制、共享机制、激励机制、保障机制、评价机制五个方面来具体阐述本中心的运行机制。

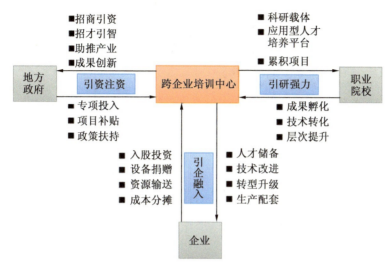

图 3-5　跨企业培训中心运行机制示意图

一、决策机制

董事会是跨企业培训中心的指导性决策机构，其职权是对跨企业培训中心的目标定位、管理体制、办学规模、财务运转、招生、毕业生就业等方面进行指导、审议、决策，开拓政府、学校、企业、社会团体共创职业教育大业的新渠道，加强校企合作，进一步探索德国"双元制"教育模式本土化的实现途径，打造好"跨企业培训中心"这一全新的人才培养平台，更好地满足地方社会经济发展对技能型人才的需求。

跨企业培训中心重大事项决策需遵循固定的流程（图3-6），董事会原则上每半年召开一次会议，必要时由董事长临时召开全体董事会议。董事会议主要任务是听取跨企业培训中心年度工作报告，审议跨企业培训中心发展方向、建设规划、年度计划、政策制定，审议跨企业培训中心经费的使用情况，研究审定中心行政管理体制改革等。董事会议实行1人1票制，参加会议董事须占全体董事的三分之二以上，当赞成票和反对票相等时，董事长有权做最后决定。董事会对所议事项作中文和德文会议记录，并下发到各位董事，出席会议的董事须在会议记录上签名。董事对董事会的决议承担责任。董事会议记录由董事长指定的人员存档保管。

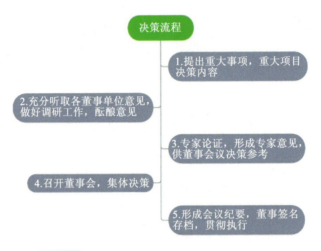

图 3-6　跨企业培训中心重大事项决策流程图

二、共享机制

共享机制是实现跨企业培训中心校、企、行之间长期稳定合作的原动力。跨企业培训中心的共享机制主要从技术、资源、师资、文化四个方面加强校、企、行的交流和协作，促进彼此资源和要素的流动，实现互利共赢、共同发展的良性循环（图 3-7）。

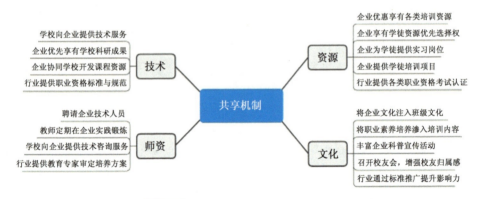

图 3-7　跨企业培训中心的共享机制

（一）技术方面

职业院校借助跨企业培训中心这一校企合作平台面向企业和社会提供技术服务、科研项目合作、企业研发骨干培训等；职业院校的科研成果向合作企业优惠转让，产生经济效益；行业为跨企业培训中心提供相关专业职业培训标准、教育资源以及认证体系；职业院校对接职业资格要求及企业需求，协同企业开发培训模块及教学资源。

（二）资源方面

跨企业培训中心为合作企业或社会依法提供职前培训、在职技能培训、再就业培训和创业培训；合作企业享有学徒资源优先选择权，在学生入学前或大一期间优先挑选学徒签订联合定向培养协议；企业需要每学年提供合适的岗位让学徒经历一个"识岗、轮岗、定岗"的递进式过程，并把合适的企业项目作为培训项目引入中心；行业协同培训中心为企业学徒或社会人员提供职业资格等级培训与鉴定。

（三）文化方面

将企业文化注入班级文化中，以深化学徒对企业文化的理解和认同；将企业标准嵌入学生职业素质培养体系，以构建企业员工标准的学生职业素质培养体系；通过形式多样、丰富多彩的科普宣传、公益服务等活动，增进校企感情，增长学生才干，体现学生才能，促进学生就业；重视校友资源，以校友会为纽带，加强与校友的联系，既增强了校友的归属感，又为校企合作奠定坚实的基础；行业通过提供职业资格标准和考试认证提高自身影响力和推广力。

（四）师资方面

聘请企业技术人员担任培训中心兼职教师，聘请有影响的行业专家做培训中心专业带头人；将培训中心的专业教师定期派驻企业进行实践锻炼；鼓励教授、博士及专业带头人担任企业技术顾问，定期到企业开展技术咨询和技术服务；行业推荐教育专家指导人才培养方案和课程标准的制定以及技能培训工作。

三、激励机制

企业追求利益最大化的本质与职业教育事业公益性本身就存在着一定的矛盾，需要跨企业培训中心建立激励机制来进一步激发企业主体的合作积极性。此外，管理队伍和培训师素质高低也会直接影响跨企业培训中心的质量，所以，激励机制的构建尤为重要（图3-8）。

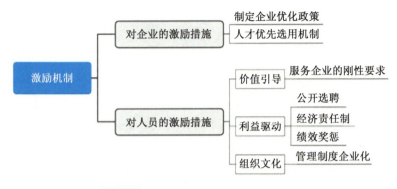

图 3-8　跨企业培训中心的激励机制

（一）出台企业优惠政策

政府可以通过扩大税收优惠的减免范围、加大税收优惠力度，调动企业的积极性。例如，企业接收实习学生发生的耗材费、设备折旧费、企业师傅的指导费等，可计入生产成本，享受营业额所得税减免；企业为跨企业培训中心投入的资金或设备，可计入生产成本，给予一定的税收减免；对企业捐赠给高职院校用于教学、实训、科研等的设备免征增值税，促进企业慈善事业健康发展；跨企业培训中心可以为企业提供环境、资金和研究设备，协助校企共同研发具有市场潜力的新产品，促使高职院校的技能教育紧跟时代发展。

（二）构建人才优先选用机制

跨企业培训中心要根据行业、企业的人才规格和动态需求制订配套的人才培养计划和培养内容，优先满足合作企业的用人需求。合作企业可以在学徒入学前或入学后优先选择合适的学徒组建班级，并与学徒、学校签订三方人才培养协议，与跨企业培训中心共同制订技能培训计划；学徒每学年定期到企业实习，毕业后直接到企业就业。这种机制有效减小了企业投资人才流动的风险。

（三）制定绩效考核制度

跨企业培训中心坚持利益驱动和责任驱动并重的原则，从价值引导、利益驱动、组织文化等方面激励管理人员和师资队伍，例如，增加教职工联系企业、服务企业的刚性要求的机会，形成组织的价值引导。实施公开招聘和竞争上岗的人事选聘制度和以岗位绩效为依据的人事考核制度；实施经济激励制度，人员工资福利与培训中心综合效益挂钩，形成利益驱动。制定企业化管理制度,将具体工作规范化,形成组织文化。

四、评价机制

根据评价对象的不同,跨企业培训中心的评价机制包括对主体部门的考核评价和对培训中心运行质量的诊断评价。对主体部门的评价考核主要包含培训中心职能部门的考核、培训中心培训师和学徒的考核、行业的考核和企业的考核等;对培训中心运行质量的诊断评价,跨企业培训中心推行多元化的四层式运行质量评价机制,将用人单位、行业协会、专业评估机构等社会机构作为重要的评价主体,对培训中心的培训质量进行监督和信息反馈(图3-9)。

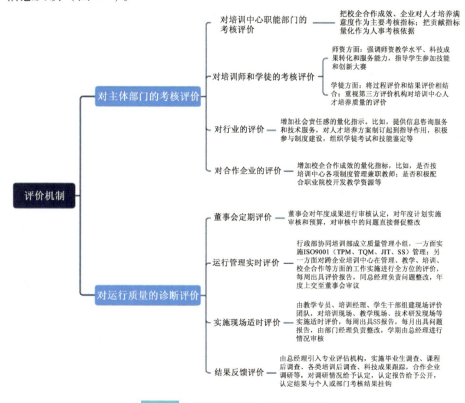

图3-9 跨企业培训中心的评价机制

五、保障机制

(一)强化政府的宏观调控职能

政府通过搭建合作平台和进行政策引导,强化企业在跨企业培训中心的培养主体作用;出台跨企业培训中心专项扶持政策和重点人才奖励政策,推进跨企业培训中心建设与规范化管理。例如，2019年太仓市出台的《太仓市"双元制"人才培养专项扶持资金使用办法（试行）》，对被认定为省级现代化实训基地的企业给予不超过30万元的一次性奖励；对被认定为省级以上"产教融合型企业"的，给予不超过50万元的一次性奖励；给予跨企业培训中心100万~200万元的一次性奖励；给予开发"双元制"本土化教学资源课题组20万元的一次性奖励；给予获取德国职业资格证书且与当地德资企业签订就业协议的学生每人1.5万元奖励。

（二）发挥董事会的决策管理职能

跨企业培训中心董事会负责跨企业培训中心公共事务的管理和配套基础的建设，制定相应的跨企业培训中心管理规定，对合作企业进行考核评价，不断调整合作企业的类型和层次。董事会应对管理人员偏离跨企业培训中心董事会教学决策目标的行为予以纠正，监督管理人员正确行使其权力，维护跨企业培训中心各主体的利益，实现跨企业培训中心人才培养质量目标最大化。对不称职的管理人员予以解聘，对合作企业侵犯跨企业培训中心利益的行为通过行政途径或法律手段给予制裁。

（三）建立规范的制度保障

跨企业培训中心要借鉴现代企业管理模式，按照分级管理、责任到人、全程监督、定期考核的原则，在教学培训方面，建立项目培训标准化体系，使培训内容、操作流程、技术标准、材料、教学条件标准化，实施过程规范化教学管理；在学徒就业、对外合作、经费管理等方面实行行政规范化流程管理，开展定期定向的企业行业调研和合作研究工作，促进校企合作科学化，提高培训中心持续发展能力；建立考试考证规范化管理流程，加强过程监督管理，提高职业资格认证的水平；通过严格、规范的绩效考核制度，提高培训师和行政人员的执行能力和工作能力。

（四）增强行业在职业教育中的指导地位

要充分发挥行业在产学研结合、校企合作、实习实训培训中心建设、课程开发、师资培训、职业岗位建设等领域的指导和引领作用。以中德培训中心为例，该中心主要的共建行业协会是德国工商行会上海代表处，AHK的投入情况主要有：

第一，与苏州健雄职业技术学院共同建设成立"AHK（上海）-健雄职业技术学院专业技术工人培训中心"（简称"中德培训中心"），并作为董事会主要成员发挥领导作用；

第二，积极协调促进华东地区德资企业与学院进行深度校企合作，实施学徒培养；

第三，为"双元制"项目提供事务咨询，技术指导，提供德国"双元制"职业教育培训标准和技术资料；

第四，帮助完善"双元制"培养模式以及培训模块的教学内容；

第五，为中德培训中心师资提供"双元制"师资培训；

第六，组织德国工商会职业技术培训一般考试和结业考试，并颁发职业资格证书；

第七，引荐德国职业教育教学资深专家定期到中心任教，指导学生技能训练，并对中心的设备购置、师资培训、学生技能培养等工作提出指导意见；

第八，促进企业输送在职员工到培训中心进行职业技术培训；

第九，促进德资企业雇佣培训中心合格毕业生成为其员工；

第十，帮助培训中心总结"双元制"项目实践经验，并在合作伙伴中进行分享推广。

（五）建立多渠道的财政支持

跨企业培训中心的运行需要高额的费用，因此单一的资金渠道不足以支撑跨企业培训的维持和运行。所以跨企业培训中心的资金渠道相对多元化。如中德培训中心的资金主要来源于太仓市财政投入，约占50%；德国工商大会和德企以捐助教育资金、捐赠设备、派驻专家等形式提供一定额度的学徒教育培训经费，以支持跨企业中心的职业教育培训，约占20%；此外，培训中心依托校企合作、校校合作，开展教学、生产、培训、研发、服务，多途径自筹部分经费维持日常运行，约占30%。

第三节　管理制度

制度建设是内涵建设的重要内容，也是实现跨企业培训中心科学发展、特色发展的根本保障。以中德培训中心为例，为进一步推动中心管理规范化、科学化进程，制定"一董三委"章程，明确董事单位之间的权利和义务，保障培训中心的运行和发展；此外，通过梳理培训中心近年来制定和修订的重要规范性制度，汇编成中德培训中心ISO9001质量管理体系文件保障培训中心的培训质量及服务质量稳定提高。

一、"一董三委"章程

章程是组织运行的纲领性文件,是组织内部管理的"宪法"。中德培训中心成立伊始即制定了《AHK(上海)-健雄中德培训中心董事会章程》《AHK(上海)-健雄中德培训中心教学指导委员会章程》《AHK(上海)-健雄中德培训中心培训管理委员会章程》《考试管理委员会章程》等规范性文件,积聚中德合作办学资源,规范"一董三委"的责、权、利,对跨企业培训中心的目标定位、管理体制、办学规模、财务运转、招生、毕业生就业等方面进行指导、审议、决策,形成人才共育、过程共管、成果共享、责任共担的政、行、校、企四方联动管理机制。

二、质量管理体系文件

为确定培训中心质量管理的宗旨和方向,保障培训质量及服务质量稳定提高,中德培训中心要按照ISO9001:2008标准要求,印发质量管理体系制度文件,加以实施和保持,并持续改进使其具有有效性,以使实训教学管理体系有效运行,质量管理体系文件主要包含质量手册、程序文件、制度性文件、操作指导文件、质量记录文件等,结构体系(图3-10)。

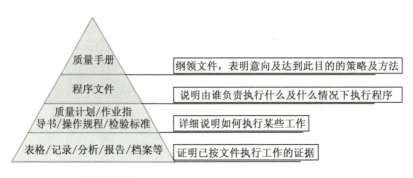

图 3-10 中德培训中心质量管理体系文件结构

(一)质量管理手册

质量管理手册是培训中心质量管理体系的纲领性文件,也是最高层次的文件,要求培训中心各部门及培训师、学徒严格遵照执行。质量管理手册根据规定的质量方针和质量目标,提出了对过程和活动的质量管理要求,规定了质量管理体系、质量管理职责与权限、资源的配置与管理、教育教学服务实现过程控制、教育教学服务监督考评与分析改进的宏观要求及做法。

（二）程序文件

程序文件是培训中心质量管理手册的支持性文件，规定了实现质量管理手册所提出的管理与控制要求的有关过程或重要活动的相应途径和要求，亦即具体实施办法，为达到质量管理体系中所有主要活动要求分配了具体的职责和权限，规定了工作程序和质量要求，提供了实现质量手册要求的方法，是指导教职工运行质量管理体系的基本程序。

程序文件编写的质量和适用性直接决定其可理解性、可操作性、可检查性，因此也直接影响体系运行的质量。培训中心采用表格化的质量管理体系程序文件，具有直观、清楚、易于理解等优点，有助于提高各部门、各岗位执行程序文件的规范性和正确性。

（三）制度性文件

培训中心按常规事务流程、财务管理、资产管理、校企合作、师资绩效考核等大类对管控事项进行归纳分类，形成由工作流程、财务、资产、风险、校企合作、绩效考核为基本结构的中心内部管理制度框架（表3-3）。

表3-3 跨企业培训中心制度性文件说明

制度类别	文件名称	备注
工作流程	各类培训流程图	依据各组织机构职责，各部门管控事项，采用图表式的工作流程保障培训中心的各项核心工作有序进行
	考级考证组织流程图	
	AHK考试组织流程图	
	合理化建议流程图	
	教学巡查流程图	
	就业单位推荐流程图	
	实验实训室管理流程图	
	材料采购流程图	
	日常办公用品采购流程图	
	固定资产领用流程图	
	费用报销流程图	
	设备维修组织流程图	
财务管理制度	财务管理办法	基于职业院校的财务管理制度制定财务管理办法，对培训中心经费投入与使用管理、经费审批与报销管理、经费使用的监督管理等活动进行规定

续表

制度类别	文件名称	备注
资产管理制度	招标管理办法	培训中心明确所需实训设备、耗材等采购品的技术要求后，由学院资产管理处负责组织采购，教学资料订购由学院教务处负责组织采购。物资采购的验证按学院要求进行验收。验收合格的教学设备才允许入库。入库的物品由培训中心实训场室管理人员及时做好相应的标识并妥善管理。设备使用由培训师按 5S 管理规范及 TPM 管理规范进行管理
	物资采购实施细则	
	自制（改造、维修）仪器设备管理办法	
	大型精密贵重仪器设备申购规程	
	仪器设备验收工作规程	
	大型精密贵重仪器设备年度效益考核办法	
	仓库管理条例	
	5S 管理规范及 5S 点检表	
	TPM 管理规范	
	5S 点检表及 TPM 点检表	
风险管理制度	风险管理制度	对突发事件范围、突发事件处置工作的组织机构及其职能、突发事件应急处置分工及专项小组职责、安全事件的报告与现场保护、突发事件处置的程序等内容进行了规定
校企合作制度	企业学徒培训协议	包括培训专业和培训计划、校企双方的权利和义务、培训费用说明等
	行业企业参与教学质量监督与评价实施办法	将企业、行业协会、专业评估机构等社会机构作为重要的评价主体，对培训中心的教学质量进行监督和信息反馈
师资考核指标	师资年度绩效考核指标	主要考核跨企业培训中心培训师开发"双元制"课程、教材、工作页以及参与横向课题及技能大赛等能力

（四）操作指导文件

操作指导文件是确保培训中心教育教学过程的有效策划、实施和控制所需的文件，是程序文件的支持性文件，是对具体的活动与过程进行详细描述，为完成质量管理活动提供依据、指导与保证。操作指导文件包括培训管理手册、现场管理制度、现场管理质量考核标准等（表3-4）。

① 培训管理手册

跨企业培训中心培训管理手册是为培训中心内部培训管理规范化而制定的相应标准及准则。培训中心的培训师及培训学徒应熟悉培训管理手册详细内容，规范培训中心培训标准，严格执行本培训中心制定的标准。

② 现场管理制度

跨企业培训中心应注重学生专业基础、实践技能和创新能力的培养，引进企业 5S 及 TPM（全员生产维护）、CIP（持续改进）、可视化等现场管理体系，实施企业化管理，注重在实践中培养学生职业习惯和职业素养。

③ 现场管理质量考核标准

培训中心现场培训质量考核标准主要分为三大块内容：学徒培训质量考核标准、培训师培训质量考核标准、培训现场的设备及设施的质量考核标准，并分别按照各自的规范和准则开展评价考核。

表 3-4　跨企业培训中心操作指导文件说明

文件名称	制度内容	制度说明
培训管理手册	培训师规范	规范培训师培训前、培训中、培训后的教学行为
	学徒规范	规范学徒在培训前、培训中、培训后的教学行为
	设备管理条例	主要包括 5S 管理、TPM 管理、维修管理说明
	现场管理条例	主要包括区域管理和环境与安全说明
	附录	包括培训师注意事项清单、培训中心培训规范、培训中心内部警告条例、日常行为评价细则、培训过程日常行为评价表
现场管理制度	设备运行、维护和保养管理制度	规范培训中心的设备的使用、设备操作、设备维护和设备保养，以保证设备正常运转，满足教学和生产需要
	仪器设备操作规程	包括设备使用前必备的文件与资料、设备操作人员的技术教育和培训、使用者资格的认定、使用设备的基本要求
	现场 5S 规范管理和标准	每个培训区域场室管理员按不同的实训设备情况制定静态 5S 管理规范和动态 5S 管理规范及配套 5S 点检表
	TPM 管理规范	每个培训区域场室管理员按不同的实训设备情况制定 TPM 管理规范及配套 TPM 点检表
	安全与环境	包括食品饮品管理、消防安全管理规定、相关安全标识
	TPM 全员维护和场室管理看板	每个培训区域场室管理员按不同的实训设备情况填写《5S 点检表》《每日 TPM 点检表》《每月 TPM 点检表》《每学期 TPM 点检表》并按期上看板，严格执行

续表

文件名称	制度内容	制度说明	
现场管理质量考核标准	学徒被培训质量考核标准	基本规定遵守情况考核标准	对照《学生守则》和《培训中心培训管理规定》
		素质考核标准	对照《日常行为评价细则》，填写《日常行为评价表》
		培训过程完成情况考核标准	对照《5S管理规范》《TPM管理规范》，填写《5S点检表》和《TPM点检表》
		培训结果情况考核标准	学徒完成《学徒培训证明》及《学徒实训报告》，给予《项目考核评价成绩单》
	培训师培训质量考核标准	培训基本工作考核标准	学期初完成《培训前设备耗材准备计划表》《授课计划》《授课教案》
		培训过程考核标准	填写《日常行为评价表》，遵守《5S管理规范》《TPM管理规范》《安全与环境》
		培训结果考核标准	结合《学徒培训证明》《学徒实训报告》《日常行为评价表》《5S点检表》《TPM点检表》《项目考核评价成绩单》完成情况以及《学徒对培训师评价表》《区域管理对培训师评价表》进行考核
	培训现场的设备及设施质量考核标准	项目培训条件	依据《现场准备情况考核标准》，检查《培训前设备耗材准备计划表》《授课计划》《授课教案》
		现场维护	可视化《TPM管理规范》《安全与环境》等规范完成《5S点检表》《TPM点检表》

（五）质量记录文件

质量记录文件是一种特殊的文件，是跨企业培训中心实施质量管理手册、程序文件和操作指导文件的过程及结果的记载，是实施有关质量管理活动的书面见证，为质量管理体系审核和评价质量管理体系运行的有效性提供证据。其作用首先是审核培训内容是否满足培养目标要求；其次是审核培训内容的运行成本、培训对设备资源的利用率；再次是审核培训形式是否坚持"客户是上帝"的培训理念，使培训工作令客户满意。

第四章 跨企业培训中心学徒管理

跨企业培训中心学徒管理是校企联合育人、产教融合实训的管理方式。中心严格筛选学徒，经过岗位化过程管理和企业化考核评价，建立一套遵循校企双元培养规律，符合现代学徒制特点，能够深化校企合作关系的管理流程。本章从学徒选拔、学徒管理和学徒评价三个方面来阐述学徒管理的过程。

第一节 学徒选拔

学徒选拔既具有双向性，又具有定向性，要根据企业人才需求和岗位技术要求来确定，主要有单一企业定制班、多企业联合定制班两大类型。在单一企业定制班中，学生毕业后直接进入该企业实习工作，单一企业定制班的设立是为了满足大中型企业自身用人需求；在多企业联合的定制班中，学生毕业后面向需求企业，双向选择进入各家企业，联合定制班的设立是为了满足中小型企业用人需求。

一、选拔条件

跨企业培训中心的主要任务之一是为区域内企业培养优质的复合型技术技能人才，并以此为地方产业转型升级提供人才支撑，这就决定了培训中心在进行学徒选拔时应遵循三个原则（图4-1）。

（一）适合性

培训中心选拔的学徒不一定是合作院校候选学生群体中成绩最好的一部分，但一定是最适合学徒项目的一部分。培训中心的学徒毕业后是要到企业里长期工作的，所以，毕业后想继续提升学历或从事其他行业的学生就不适合此项目。

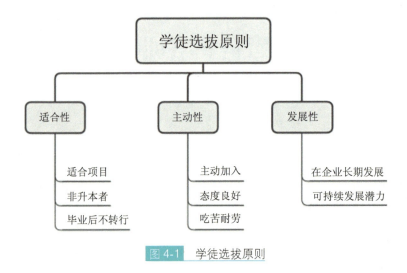

图 4-1　学徒选拔原则

（二）主动性

培训中心学徒项目的培训要求、时长、考核等均具有较高标准，这就要求学徒具有良好的学习态度、吃苦耐劳的品质等，因此，进入培训中心学徒项目的学生必须是自愿、主动加入的。

（三）发展性

培训中心在选拔学徒时要尽可能选择愿意在企业长期发展并具有可持续发展潜力的候选人进入学徒项目。长期性和稳定性是企业选拔学徒的重要衡量标准之一，可持续发展潜力意味着学徒在未来发展中有更高的成长性。

在明确学徒选拔原则后，培训中心和企业即可以按照选拔流程开展工作。

二、选拔流程

培训中心在开展学徒选拔时要先明确选拔时间，明确选拔时间可以确定后续流程的时间节点。培训中心学徒的选拔时间宜确定在合作学校学生入学后3个月，即每年的12月，其理由是：

第一，利用这3个月的时间，培训中心会举行一系列的宣讲活动和讲座，使学生对学徒项目有更深入的了解，增强其选择项目时的坚决性。

第二，任课教师、辅导员和培训师通过3个月的观察，从纪律性、学习态度和主动性、责任心、学习成绩、思想品质、人际关系和认真踏实等7个维度对学生进行评分，以便于选出最适合学徒项目的学生。

确认好选拔时间后，就可以明确专业教育、系列讲座、宣传册制作、项目答疑咨询、宣讲会和组织面试等多个环节的时间节点并明确负责部门和责任人，根据流程（图4-2）开展工作，最终完成班级的组建。

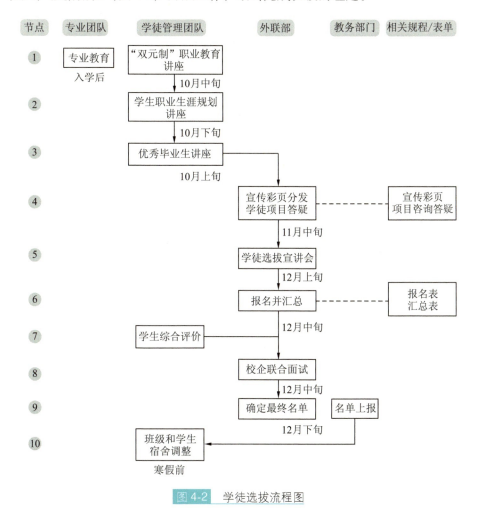

图4-2 学徒选拔流程图

（一）专业教育

专业教育由相关专业教师负责开展，目的是使学生了解所学专业内涵和学习内容，为后续的专业课程的学习打下理论和实践的基础；通过参观合作企业，学生能够感受企业文化和氛围，了解企业的管理和生产流程、学徒培养情况，对学徒项目有更直观的认知。

（二）职业教育讲座

邀请校内或企业职业教育专家，讲述职业教育发展历史、现状及本校职业教育项目情况，使学生了解该项目培养什么样的人，怎样培养人。

（三）职业生涯规划讲座

邀请企业培训经理或者人力资源经理做讲座，让学生了解制造类行业的职业发展规律，明确自己的职业发展路径，并进行初步规划，同时让学生明白参与"双元制"教育是很好的职业发展路径。

（四）优秀毕业生讲座

邀请已参加工作的优秀毕业生，讲述成长轨迹，重点讲述优秀毕业生在校企合作培训项目上的收获，让学生们明白应从一线做起，沉得下心，耐得住寂寞，逐步积累经验并成长的规律。

（五）宣传彩页制作

每一年根据学生具体情况，制作学徒项目宣传彩页，从项目概述、项目优势、成长路径、培训内容、企业岗位、升迁路径和毕业生发展等几个方面详细介绍培训中心学徒项目，并将宣传彩页分发给每一位新生。

（六）项目咨询答疑

项目答疑通过现场咨询的方式使培训中心项目专员与学生面对面进行交流，就培养方式、参与企业情况、选拔规模和专业、选拔方式、假期、培训费用、学徒班与普通班的区别、职业资格证书受认可度和就业去向等问题进行集中答疑。通过现场咨询的方式，学生对学徒项目有了更深入的了解，减少了在选择时的盲目性，项目专员能够选出最适合该项目的学生。

（七）学徒选拔宣讲会

通过校企合作平台，结合企业学徒需求，邀请3~5家紧密合作企业参加学徒选拔宣讲会。参加宣讲会的企业面向该专业全部学生进行选拔，每个企业在现场会从公司情况、培训计划、学徒需求、岗位设定、发展通道等方面向学生做介绍。宣讲后，安排学生与企业人员进行面对面交流，可以加深学生对感兴趣的企业的了解。会后明确报名时间节点，统计学生报名意向后进行校企联合面试。

（八）校企联合面试

结合企业需求和学徒项目组建规模，培训中心和企业联合开展学徒面试，组成联合面试小组，小组成员包括企业招聘和用人部门人员、培训部经理、项目合作专员、培训师等。面试官从动机意愿、主动性、学习能力、责任心、压力应对能力、沟通表达能力和其他几个方面，结合面试指南（表4-1）中的打分标准为面试者打分并择优录取。

面试注意事项：

第一，面试官应注意自身的角色定位，客观观察面试者的反应。

第二，不要有太多假定性的问题，应更多地去考查学生过去的行为。

第三，面试结束后，请面试官进行独立评判、打分。

第四，遵守打分规则，如在1~2分之间，只允许打出1.5分，不可打出其他非整数分数。

第五，动机意愿、学习能力、积极主动三个项目中若有一项低于1.5分，可直接放弃；若有一项等于1.5分，可选为待定，并进行完整备注。

第六，每次面试结束，针对不录取和待定的人员，面试官必须在面试结果旁备注不录取或待定的主要原因。

表4-1 培训中心学徒面试指南

项目	定义	参考问题	打分指南
动机意愿	有意愿加入学徒项目，并愿意在企业长期发展	1. 你为什么会选择申请学徒项目，这个决定是怎么做出的？ 2. 你对这个培训项目有什么了解？ 3. 你希望通过培训达到什么样的目标？	不能接受：学校安排，随便申请，跟风申请，只是来丰富学习经历，并没有想在企业工作的意愿 合格：个人认同该培训项目
积极主动	能够独立、有预见性地开展工作	1. 你怎样安排自己的课余时间？（这里可以结合学徒的兴趣爱好进行提问） 2. 如果同学的回答涉及一些集体活动，可以追问他在集体中扮演了什么角色	不能接受：整天上网、打游戏，不积极参与任何活动 合格：能够积极主动地去了解自己喜欢的东西
学习能力	能以快捷、有效的方式获取新知识，并准确理解	1. 你学得最好和最差的一门课分别是什么？ 2. 为什么会产生这样的差异？（如果答案只涉及个人喜好，追问其他影响因素） 3. 对于成绩不好的科目，有没有一些应对方法？	不能接受：对不喜欢的科目完全不做出努力 合格：虽然有些科目成绩不好，但会寻求一些方法补足，如请教他人，多花时间等

续表

项目	定义	参考问题	打分指南
责任心	愿意承担额外的责任	1. 有没有遇到什么困难？怎么解决的？（更多针对团队活动） 2. 有没有遇到一件自己不想做但必须要做的事情，可以描述一下吗？	不能接受：遇到困难选择逃避或扔给队友去解决 合格：遇到困难想办法解决，能够承担责任（注重过程而不是解决问题的结果）
压力应对	能在不利环境下完成任务	在以往的活动或者学习过程中有没有压力比较大的时候？为什么？怎么应对的？（更多针对个人）	不能接受：逃避压力或在高压状态下情绪比较极端 合格：想办法释放压力
沟通表达	用清晰、有效的方式向他人传递信息	1. 从以上的问题中感受候选人是否能够简洁、清晰地表达自己的想法 2. 慢热型面试者，可以多问些问题来缓解其紧张情绪	不能接受：答非所问，完全不能表达自己的想法 合格：基本能够表达自己的想法
其他	问一些家庭情况、家乡、父母的意见对自己的影响力、未来职业地点选择等（此类问题也很重要，可以预热提问也可作为中间调节）		

三、班级组建

经过前期宣讲、报名和面试，最终完成班级的组建。根据组建班级服务对象和培训工种可以将班级分为以下几种。

（一）根据服务对象划分

培训中心组建的班级既有单一企业定制班，如舍弗勒定制班、亿迈齿轮定制班等，也有多企业联合定制班，例如，博泽、克劳斯玛菲、乐高、慕贝尔和克恩-里伯斯等多企业定制学徒在同一班级学习。

（二）根据培训工种划分

根据开设的培训工种，培训中心有机电一体化学徒班、模具机械工学徒班、工业机械工学徒班和切削机械工学徒班。

新的学徒班级组建之后，从第一培训学年下半年开始，学徒按照"三站互动、分段轮换"人才培养模式，在学校、培训中心和企业3个学习站点开始交替式学习，直至最终毕业。

第二节 学徒管理

学徒选定后,按照"三站互动"模式开始培训,这就涉及学徒在培养过程中的管理(图4-3),培训中心与学校和企业紧密合作,通过一系列手段和方法来保障学徒培训质量、提高学徒职业意识、树立正确的就业观和对企业的忠诚度,以期培养出企业满意的复合型技术技能人才。

图4-3 学徒过程管理

一、协议签署

班级组建好之后,行、企、校、生四方签署协议,协议签署分为两个阶段:

(一)行会、企业、学校三方签署合作协议

行会、企业和学校签署三方合作协议,协议中明确具体培训专业、人数和培训计划安排,以合同的形式规定参与方的责、权、利。同时协议中对于协议的终止及违约责任的界定也做了明确的说明。三方协议的签署标志着校、企、行三方合作的正式开始,签署校、企、行三方合作协议要遵循一定的流程(图4-4)。

图 4-4 行会、企业、学校三方协议签署流程

（二）企业、学校、学徒三方签署培训协议

企业、学校和学徒三方培训协议的签署标志着企业、学校和学徒之间培训和被培训关系的确立。此协议保障了学徒享有培训权利，明确了学徒应尽的责任和义务，同时保障了企业在培训结束后能够获得所需的技术人才。此培训协议对于培训时间、学徒权利和义务、培训津贴、证书、培训试用期、非竞争协议、保密协议等均做出了明确的规定。

上述两份协议的签署，保障各参与方的利益。学校完成了教育任务，获得了良好声誉；企业获得了自己所需的人才；学徒提高了个人技能，找到了满意的工作，各方共享培训带来的好处。

二、档案管理

培训中心为每名学徒设立专属档案，档案中的资料真实记录学徒在三年培训期间的表现。为了有效管理学徒档案，培训中心建立档案归档清单（表 4-2），对每项档案归档时间做了明确规定。

表 4-2 档案归档清单

文件名称	要求归档时间	责任人	时间
学徒个人信息表	每年 1 月	外联部	
学徒培训协议	每年 7 月	外联部	
培训成绩	每年 3 月和 9 月	外联部、培训师、企业	
培训日志	每年 3 月和 9 月	培训师、企业	
年度评价	每年 9 月	外联部、培训师、企业	

（一）学徒个人信息表

个人信息表项目包括学徒个人基本信息、家庭情况和兴趣爱好等，学徒在报名学徒项目选拔时即完成信息表的填写，信息表将保存在自己的档案中。

（二）学徒培训协议

学徒培训协议是企业、学校和学徒建立培训关系，明确各自责、权、利的重要依据和保障，所以，在企业完成选拔后即签署培训协议，并作为重要资料保存于学徒档案中。

（三）培训成绩

培训成绩包括学徒学校理论成绩、跨企业培训中心实践成绩和企业部门实习成绩。每半年完成一次成绩归档。

（四）培训日志

在跨企业培训中心进行培训的学徒须认真填写培训日志，每日填写一次并交予培训师进行批阅。培训日志是学徒每日在培训中心学习和培训的真实记录，也是学徒参加毕业考试的重要材料之一，即只有按时完成培训日志并由主管培训师完成批阅的学徒才可以参加毕业考试。

（五）年度评价

年度评价以谈话方式进行，具体实施方案可参见第三节评价方式第三点年度谈话。要注意的是，年度评价反映的是学徒在学校、培训中心和企业三个学习地点的综合表现，所以在评价表的设计上要注意全面性。

学徒档案中的内容实时更新，是学生三年学习培训的真实记录。学徒档案是培训中心对每名学徒进行考评的重要依据，也是合作企业评价学徒的重要参考。

三、职业生涯规划

（一）学徒职业生涯规划的重要性

职业生涯规划作为学徒所面临的重要课题，是个人职业发展的提前谋划和行动指南。明确的职业目标、清晰的个人定位、务实的发展规划有助于学徒挖掘自身潜力、增强成才动力、提升职业竞争力。学徒将职业发展置于企业发展的大背景下，立足个人实际和岗位要求制定职业生涯规划，在短时间内融入企业环境，在实现自身价值的同时为企业创造价值。

1 对学徒而言

① 缩短成长迷茫期,增加成才内驱力。
② 提供奋斗策略,实现自我突破。
③ 准确评价个人优缺点,理性分析内外部环境。
④ 及时评估阶段性目标和现状的差距,不断校准努力方向。
⑤ 增强责任感,让企业称心,让家庭放心。

2 对企业而言

① 可以深入了解学徒的性格、兴趣和目标。
② 引导学徒将个人目标与企业目标统一起来。
③ 根据岗位需求帮助学徒优化职业规划,保证学徒的稳定性。
④ 有针对性地对学徒进行培训,使其具有胜任岗位的能力。
⑤ 让学徒看到职业发展的美好前景,提升学徒的进取心。

(二)学徒职业生涯规划的流程

学徒职业生涯规划需要贴近实际精心设计,只有这样才更加具有指导性和可操作性。学徒班级组建完成以后,班主任根据学徒培养目标和企业用人标准有针对性地组织学徒进行职业生涯规划(图4-5)。

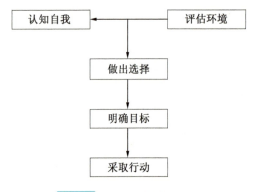

图 4-5 职业生涯规划流程

(三)学徒职业生涯规划的实施

1 认知自我

认知自我环节主要是引导学徒对自己的性格特点、兴趣爱好、个人特长和参与学徒培养的具体原因进行深入思考。指导学徒通过相关测评量表对自己的价值观、性格、气质、情商、职业能力进行评价,进而明确自己所属类型，为认知自我提供科学参考。上述过程结束后，学徒形成书面报告。班级组建完成 1 个月后组织专题研讨会，学徒分享对自我认知结果，班主任和其他学徒给予评价、给出建议，帮助学徒形成比较客观和全面的个人分析。

② 评估环境

评估环境环节主要是学徒对自己所处的家庭环境、学校环境进行详细评估，明确自身所具备的资源。通过参观企业、聆听职业经理人讲座、查阅资料等形式帮助学徒逐步了解行业环境，梳理个人职业生涯发展面临的机遇和挑战。班级组建完成 2 个月后，由班主任指导学徒对评估结果进行汇总、整理。

家庭环境评估包括：父母的年龄、学历、职业、社会资源、年收入状况，家庭人数、年支出状况、其他人员情况以及对家庭环境的总体满意度。

学校环境评估包括：学校的地理位置、师资力量、教学设施、教学水平、管理水平、生活环境、就业形势以及对学校环境的总体满意度。

行业环境评估包括：行业特点、发展趋势、配套政策、就业前景，学校所在区域内的企业类型及数量、相关岗位要求以及对行业环境的总体满意度。

③ 做出选择

学徒在认知自我、评估环境以后基本实现了知己、知彼，在此基础上，班主任引导学徒在班级组建完成 3 个月后做出更为具体的选择。一旦做出选择，除非有不可抗的外部因素影响，否则，不再做改变。该环节是学徒职业生涯规划中的关键点，有助于学徒确定努力方向、不断充实自我。

① 做出选择时需要考虑的因素

学徒将来所从事的行业已经基本确定，在做出具体选择时需要认真考虑的因素主要包括：就业地点、企业类型、所选岗位以及做出上述选择的具体原因。最终目的就是实现个人主观条件与岗位客观要求的最佳匹配，即人职匹配。与此同时，还要充分思考在做出选择的过程中自己存在的困难或顾虑，要适时寻求家长或老师的帮助，适当听取他们的建议，以避免选择的盲目性和片面性。

② 做出选择时采用的方法

班主任在指导学徒做出选择时一般采用 SWOT 分析方法。SWOT 是英文 Strengths（优势）、Weaknesses（劣势）、Opportunities（机会）、Threats（威胁）的缩写。优势是指学徒自身可控且可以利用的内在积极因素，劣势是指学徒自身可控且可以改善的内在消极因素，机会是指学徒自身不可控但可以利用的外部积极因素，威胁是指学徒自身不可控但可以使其弱化的外部消极因素。

在进行SWOT分析时，班主任指导学徒连续不断地自我提问，通过提问和回答进一步了解自己、明确方向。例如：

优势分析：学习主动性、知识储备情况、专业技能水平、社会实践能力、性格方面的优点、兴趣爱好对职业发展的帮助、积极乐观的心态等。

劣势分析：从众心理、排除干扰能力、性格方面的弱点、团队合作意识、自我约束能力、创新能力、受挫能力、个人阅历、工作经验等。

机会分析：家庭给予的支持、企业所处地理位置、行业发展趋势、配套政策、人际关系网络、业务培训等。

威胁分析：社会环境、相关政策和市场需求的变化、技术的更新、严峻的就业形势、具有丰富工作经验的竞争者等。

4 明确目标

学徒根据自己做出的选择进一步明确个人目标，目标要清晰、具体，符合自己的性格，能够激发自己的兴趣、发挥自己的特长，既要具备挑战性也要具有激励性。目标确立以后并不是一成不变的，可以根据个人需要和现实变化进行及时调整和不断完善。个人目标涵盖分期目标和具体目标两个层面，分期目标与具体目标需要遵循一致性原则，各个时期的目标要循序渐进、切合实际。分期目标需要在大一结束前完成，具体目标在每个学期开学后2周内完成。

（1）分期目标

分期目标分为短期目标（大学毕业前）、中期目标（大学毕业后5年内）、长期目标（大学毕业后5~10年）。学徒职业生涯规划以短期目标为重点，将中期目标作为努力方向。

（2）具体目标

学徒需要围绕学业、文体活动、社会实践三个方面在每个学期（共计5个学期）制定具体目标，以便为短期目标的实现奠定基础。每个学期末组织主题班会，对学徒本学期的目标完成情况进行考核，根据学徒个人能力及时调整下学期具体目标。

5 采取行动

学徒根据自己在学业、文体活动、社会实践等方面确定的各时段目标制订具体的行动计划，内容包括何时做、做什么、如何做，要求在每个学期开学后4周内完成。

（四）完成学徒职业生涯规划书

学徒需要在大二上学期结束前对认知自我、评估环境、做出选择、明确目标、采取行动等相关内容进行整理，在班主任指导下完成一份较为完整的职业生涯规划书。大二下学期，由辅导员组织学徒开展职业生涯规划比赛，学徒通过比赛展示各自职业生涯规划书的内容，相互学习，取长补短，辅导员对学徒的职业生涯规划书进行逐一点评，重点解决共性问题，提升职业生涯规划书的导向性和实战性，便于学徒以此指导具体行动。

四、职业素养养成

（一）学徒职业素养的重要性

职业素养是指职业内在的规范和要求，是员工在职业过程中表现出来的综合品质，是学徒自身价值追求、能力建设和职业行为的重要体现，也是学徒职业生涯成败的关键因素。

1 对学徒而言

① 认同企业管理的流程、标准和要求，减少从学校到企业产生的不适与迷茫。

② 指导职业生涯规划的具体落实，在学业、文体活动、社会实践等方面不断进步。

③ 解决职业能力与岗位要求不匹配的问题，提高就业竞争力和职业稳定性。

④ 增强成长、成才的自信心和内驱力，实现人生价值。

2 对企业而言

① 学徒能够在短时间内适应企业环境，"召之即来，来之能战，战之能胜"。

② 降低企业的培训成本，提高生产效率，营造良好的工作氛围。

③ 有助于保证产品质量，增强企业的竞争力，为企业创造更多价值。

④ 参与校企合作、工学结合的主动性和积极性得以提升，为职业教育发展贡献力量。

（二）学徒应具备的职业素养

大多数企业希望员工具备与企业相符的价值观、良好的职业道德和职业所需的专业技能，在工作中做到爱岗敬业、吃苦耐劳、精益求精。学徒作为企业的准员工，理想信念、职业意识、敬业精神和团队文化是基本要求，需要不断提升和强化。

① 理想信念

首先，学徒是学校的学生，需要强化理想信念教育。坚定的理想信念有助于学徒形成正确的人生观和事业观，自觉把个人成长与国家发展、个人价值与民族复兴结合起来，努力成长为既有坚定信仰又有优良品德、既有坚强意志又有过硬本领的时代新人；同时，有助于学徒树立正确的劳动观，崇尚劳动、尊重劳动，在学习、实习、工作过程中养成吃苦耐劳、脚踏实地的良好习惯。

② 职业意识

其次，学徒是企业的准员工，需要深化职业意识的培养。要严格遵守职业规范和公司制度，以诚实守信的态度对待职业；全力维护公司利益和品牌，克服自私心理，树立节约意识；积极应对工作中的困境，具备创新精神，为企业注入新元素；制订时间管理计划，提升工作效率；明确个人职业目标，学以致用，把知识转化为职业能力。

③ 敬业精神

敬业精神是使学徒成长为优秀员工的关键因素之一。学会热爱本职工作，把工作当成自己的使命并全身心地投入其中；树立主人翁意识，养成认真踏实、恪尽职守的工作态度，始终保持高昂的工作热情；全力以赴做好本职工作，以虔诚的态度对待自己的职业，努力追求事业上的卓越成就和良好口碑。

④ 团队文化

团队协作是企业不断追求的目标，也是学徒亟待提升的职业素养。学徒作为企业中某个团队的一员，需要懂得团队是个人职业成功的平台，个人因为团队而更加强大；面对问题要学会借力与合作，能够与不同性格的团队成员默契配合，对团队成员坦诚相待，愿意共享信息和成果；主动提出建设性意见，积极支持团队决策，为了团队业绩可以适时放弃个人利益。

（三）学徒职业素养养成的具体措施

学徒班级组建完成以后，在进行职业生涯规划指导的同时开展职业素养养成教育。跨企业培训中心作为学徒培养的中转站，将学校教育的引导性和企业管理的职业性有机结合，使学徒的意识、身份和能力结合企业特征自然转换，从而实现学徒职业素养的提升。

① 强化理想信念

① 多方协同，统筹开展理想信念教育。实行思想政治理论课教师、跨企业培训中心教师、专职辅导员定期交流、互动制度，及时掌握学徒思想动态。

② 思政课教师结合跨企业培训中心的培训项目、企业文化和岗位要求设计授课内容，融入具体案例和人物事迹，使学徒懂得提高专业技能和职业道德的价值所在。

③ 跨企业培训中心推行课程思政改革，将思想政治教育能力作为考核内容，在进行技能培训的同时帮助学生解决思想问题，按照企业标准提升学徒职业道德和操作技能水平。

④ 专职辅导员聚焦主旋律开展丰富多彩的校园文化活动，执行学徒定期谈心谈话制度。以学徒在培训中心遇到的具体问题为切入点，及时进行心理疏导和答疑解惑，适时对学徒进行职业生涯教育。

❷ 树立职业意识

① 班主任指导学徒制定起点较高的职业生涯规划，每月召开一次主题班会，反馈和总结各阶段目标的完成情况，学徒介绍个人收获、分享成长感悟，班主任、辅导员有针对性地进行指导，帮助学徒进一步完善职业规划内容。

② 定期组织企业讲坛、校友讲坛。邀请企业经理人谈行业发展趋势和职场用人标准，邀请优秀毕业生站在学徒角度谈成长经历和个人体会，不断提升说服力和专业性，增强感染力和共鸣性。

③ 参照企业模式进行实训教学。操作规范、着装要求、工具摆放、任务发布和现场管理等环节执行企业标准，强化学徒的时间观念和成本意识，在提高工作效率的同时节约实训耗材。

④ 充分利用校企合作平台，帮助学徒近距离接触企业。组织学徒走进企业，合理设计参观内容，让学徒充分了解企业的生产流程和管理制度。利用寒、暑假时间安排学徒到企业进行专业实践，使其了解岗位要求和工作责任，在知行合一的过程中树立职业意识。

❸ 培养敬业精神

① 建立学徒成长跟踪机制，梳理优秀毕业生相关信息和成长历程，通过微信公众号进行宣传；定期组织校友交流访谈活动，树立起看得见、能效仿的先进典型，帮助学徒进一步了解敬业精神的深刻内涵。

② 加强对工匠精神的宣传力度，各班每学期组织1~2次工匠精神主题研讨活动，每学期组织一次学徒专业实践总结交流活动，营造宣传、践行工匠精神的浓厚氛围。鼓励和引导学徒积极参与各类技能比赛，以此为契机，将工匠精神渗透至学徒专业技能提升的过程中。

③ 将敬业精神纳入学徒考核，联合企业设立奖学金。细化学徒常规管理，引导学徒积极参与校园文化活动，在实训教学和宿舍文化建设中实行5S管理

制度。将实训成绩、上课出勤、宿舍卫生和校园文化活动参与度作为企业奖学金评定标准，重点奖励学习认真、做事踏实的学徒。

④ 增强家校互动，形成共同育人机制。学徒班级建立家长微信群，班主任及时反馈学徒的学习情况和心理状态，便于家长参与引导。每年召开一次学徒家长座谈会，集中反馈学徒的综合表现。家校双方共同努力，引导学徒理智调整个人心态，以良好的精神面貌和踏实的工作态度面对职场。

❹ 塑造团队文化

① 学徒班级组建完成以后，组织学徒共同制定班级规章制度。制度中包括个人发展规划制度和个人行为规范制度，以宿舍为小组，每月进行综合表现评比。对于排名垫底的宿舍，写出整改报告。整改措施要具体，整改目标要明确，为塑造团队文化奠定基础。

② 每学期组织一次塑造团队文化主题班会，逐步完善班级规章制度，提出建设性意见。每年组织一次团队文化主题讲座，邀请企业经理人或优秀毕业生介绍企业对团队建设的要求和标准。每年组织一次团队建设户外活动，让学徒亲身体验团队文化的重要意义。

③ 对为班级争得荣誉或做出贡献的学徒进行表彰和奖励；对于学习存在困难的学徒，实行班级内部帮扶制度；对于不遵守规章制度、学习态度不端正、工作懈怠、自由散漫的学徒，在多次教育无果的情况下，启动淘汰机制。

④ 在项目化教学中实行分组教学，以小组为单位完成具体项目。注重过程考核，以项目完成情况和团队合作性作为重要考核指标，每位成员的表现将直接影响小组内其他成员的成绩。对于项目完成进度较慢的小组，培训师要组织小组成员共同商讨对策，从而拿出有效的整改方法。

五、企业在岗培训学徒管理

由于培训中心学徒是按照"三站互动、分段轮换"的人才培养模式进行增养，学徒在学校、培训中心和企业三个学习站点进行交替式学习，所以在企业站培训期间，学徒的管理是同样重要的，这关系到学徒是否能够快速熟悉、适应企业环境和流程，并最终在企业长久就业，所以培训中心对于合作企业在学徒管理上也给予了明确的建议：

第一，企业应为学徒制订详细的培训计划，并按照计划实施。

第二，避免仅在一个岗位上培训学徒，将其作为劳动力使用，建议在培训期间进行轮岗培训，正式签约后确定其最终工作岗位。

第三，企业应安排具体技术人员作为学徒岗位培训的师傅，对师傅要制定必要的培训职责，出台相应的考核津贴措施，让师傅真正发挥带学徒的作用。

第四，指定专人负责学徒的管理，关注学徒的状况，定期与学徒进行交流，了解学徒的心理状态，及时解决相关的问题；加强企业文化、价值观的植入，增加企业的吸引力。

第五，要给予学徒从学生向企业员工转变的过渡期，加强引导，让学徒尽快转变。

第六，建立并向学徒明确培训考核机制，定期组织考核，对考核不理想的学徒进行诫勉谈话，甚至淘汰。

第七，定期与学校项目专员保持联系，及时沟通，共同处理出现的相关问题。

第八，定期组织培训师傅开展关于培训方法等方面的培训，可由培训中心免费提供帮助。

六、定期走访

当学徒在企业站进行培训时，培训中心项目专员会定期走访合作企业，目的是：

（一）了解学徒动态

培训中心项目专员需及时掌握学徒在企业站接受培训的情况，倾听学徒诉求，搜集企业在学徒培训和管理上存在的问题。

（二）反馈企业需求

项目专员对企业走访期间搜集到的问题进行分类和分析，将培训中的问题及时反馈给培训部，以便在下一培训阶段进行合理调整。学徒管理上出现的问题由项目专员和班主任紧密配合，及时进行干预和解决。

七、素质拓展项目体验

（一）学徒素质拓展意义

积极进取的工作态度和良好的团队精神是学徒应有的能力素质，也是学徒优秀特质的两大核心内涵。在产教融合进程中，学徒的理论知识和专业技能只有在这两种特质的驾驭下才能产生价值。素质拓展项目可以帮助学徒进一步融入企业文化，建立与之相适应的价值观，培养团队合作意识，增强归属感和凝聚力，为个人成长、企业发展注入能量。

（二）学徒素质拓展前期准备

① 日程安排

制定学徒素质拓展日程安排表，明确素质拓展的时间、地点，详细列出每个时间段的任务和安排。

② 项目预算

确定素质拓展项目，根据参与人数、所需道具，确定项目预算。

③ 物品准备

采购素质拓展所需道具，参与素质拓展的学徒准备好个人生活用品。

（三）学徒素质拓展项目

① 破冰、建立规则

（1）自我介绍

首先填写素质拓展个人信息卡，向其他学徒介绍、展示自己（表 4-3）。

表 4-3　素质拓展个人信息卡

	素质拓展个人信息卡			
1	姓名：			
2	年龄：			
3	学校：			
4	专业：			
5	住址：			
6	兴趣爱好：			
7	特长/优点	组织协调能力 沟通能力 团队精神 参与活动的积极性 运动能力	应变能力 唱歌 适应环境能力 接受能力 心态	动手能力 跳舞 意志力 做饭能力 责任心
8	其他：			
备注：你所具有的特长和优点可以打钩，并且可以补充说明，重视自我介绍，之后会有选人环节。				

（2）分组规则

先由裁判员挑选四名学徒，由这四名学徒猜拳决定挑选小组成员的顺序；

二年级学徒只能选择一年级学徒，一年级学徒只能选择二年级学徒；

由被挑选成员挑选下一位成员，最后一名成员挑选一名老师。

（3）游戏规则

每位参与者需严格遵守游戏规则，奉行"友谊第一，比赛第二"的原则。

每场游戏都会决出名次，第一名积3分，第二名积2分，第三名积1分，第四名积0分。

游戏总分最多的为获胜方，获得奖品；作为惩罚最后一名的团队需做100个俯卧撑（可分5组）。

（4）做饭、吃饭规则

不允许邀请其他组成员参与做饭。

不允许去其他小组蹭吃蹭喝。

不允许去其他小组拿取食材。

不允许浪费食材、食物。

饭后要把现场清理干净。

❷ 素质拓展项目

（1）神笔马良（图4-6）

项目介绍：各组根据提供的材料制作1支毛笔；将准备好的10根绳子绑在毛笔上；小组成员只能在距离毛笔1.5米以外的地方抓住绳子；要求团队共同写出规定的文字。时间为45分钟。

项目意义：培养团队协作能力，强化团队精神，提升团队士气，激发团队斗志；让学徒认识到在合作中应该容许他人犯错，学会及时共同调整团队目标，理解合理分工、各司其职的内涵，使学徒懂得应为实现团队目标锲而不舍、专注努力。

图4-6　神笔马良

（2）有轨电车（图4-7）

项目介绍：各组使用道具将本组成员的脚绑在一起，小组成员调适完毕后开始共同前进，需要齐心协力、步调一致才能到达终点，道具脱落则重新开始；时间为30分钟。

项目意义：培养学徒之间相互包容、相互理解、相互扶持的合作氛围，从而增强团队的凝聚力。

图4-7　有轨电车

（3）能量传递（图4-8）

项目介绍：各组每位成员手拿1块U型槽，团队合作使球在U型槽中传递，直至球到达终点；传递动作从最后一名成员开始，该名成员完成一次传递后要跑到队伍的最前端，继续参与传递，以此循环，完成4个球的传递；每位成员必须要等前面的成员到达队伍最前端后才可以开始移动；传递过程中如果球落地则整个队伍回到原点重新开始。时间为45分钟。

图4-8　能量传递

项目意义:通过竞争调动学徒的积极性,培养学徒分工协作的意识;使学徒在遇到问题时学会重新调整策略,攻坚克难;让大家理解优秀的团队需要好的竞争对手,团队活力源自竞争,成功也源自竞争。

(4)摸石头过河(图4-9)

项目介绍:各组成员面向同一个方向直线排列,每人脚下踩一块垫子;最后一名成员手中拿一块垫子,踩着其他成员的垫子走到队伍最前端,倒数第二名成员拿起前一名成员留下的垫子以同样的方式走到队伍最前端,重复此过程,直至终点。游戏过程中所有成员的脚不能接触地面,否则队伍回到起点重新开始。时间为60分钟。

项目意义:每个团队的资源是有限的,当因个人失误而让团队面临资源匮乏的困境时,团队成员须在不违规的前提下大胆尝试、勇于创新。

图4-9 摸石头过河

(5)穿越电网(图4-10)

项目介绍:每两组面前有1张电网,每组分配到12个格子,每个格子只允许使用一次;每位成员需依次穿过电网,在穿越过程中触碰电网的成员被淘汰出局,不计成绩;穿越过程中,成员之间可以互相帮助。穿越电网后的成员可以在另一侧接应其他成员,但不可以回到原来一侧帮助其他成员;没有穿越电网的成员不允许到另一侧接应其他成员;四组同时进行,通过电网人数最多的为获胜组,如果人数相同,则用时短的为获胜组。时间为120分钟。

项目意义:通过改变沟通方式,倾听他人建议来更好地开展合作;让学徒理解资源浪费对团队目标的影响;个人利益与团队利益之间的关系将直接决定目标能否达成;体会团队协作、充分利用资源的重要性;过于好胜者与莽撞者都将被淘汰,只有依靠团队的力量才能顺利完成任务。

图 4-10 穿越电网

(6) 隔空取水 (图 4-11)

项目介绍：每位成员每次只能获得一瓶水，其他水源需要团队协作来获取；每组在指定的界限外进行取水，不允许越界取水，在取水过程中身体不能触碰地面；取水数量没有上限，四组同时开始，进行水源争夺；如果在取水过程中违反规则，该成员失去取水资格。时间为 15 分钟。

项目意义：有助于增强团队成员之间的协作与沟通，使学徒理解合理分工、制订有效方案、利用有效资源的重要性；让学徒体会到个人与团队之间的相互作用，加强学徒之间的相互信任；使学徒在合作过程中体会团队的合力，感受超越自我的可能性。

图 4-11 隔空取水

第三节　学徒评价

学徒评价是对学徒在学校、培训中心和企业三个学习站点阶段性学习和培训的总结和反馈，评价结果可以作为企业岗位聘任的重要参考依据。

一、设计评价表

在设计评价表（表4-4）时既应考虑如技术水平、学习表现、工作质量等技术方面的能力，也应考虑团队合作意识、沟通能力、安全意识、学习态度等社会能力等方面。评价表要综合反映学徒在三个学习站点的表现，三方在评价上各有侧重，评价表要尽量涵盖三方的评价要素。

评分标准：

第一，请在考虑学徒当前教育水平的基础上进行评估。

第二，1分，超出期望的；2分，完全满足要求的；3分，基本满足要求的；4分，部分满足要求的。

表4-4　学徒评价表

项目	表现	学徒自评	培训师评
技术水平	学徒对基础的理论和技术知识有很好的理解；在执行任务和面对挑战时能运用学到的知识和技能；能够有技巧地、专业地对工作材料、机器和设备等进行处理和操作	☐☐☐☐	☐☐☐☐
工作质量	学徒知道质量要求并将其体现在工作中；独立地检查工作结果并采取适当的步骤；甚至在困难的条件下都能够达到质量要求	☐☐☐☐	☐☐☐☐
工作方法	学徒系统地计划工作流程，并且按照计划流程实施；恰当地运用合适的工作方法、媒体、工作技巧、工具和资源；注重5S	☐☐☐☐	☐☐☐☐
工作安全/数据保护/环境保护	学徒完全了解这些规章制度并遵守；能注意到风险和不正确的动作，能对改善措施，考虑环境保护和废弃物处理的工作材料选择，使用有必要安全措施的设备和设备材料等方面提出建议	☐☐☐☐	☐☐☐☐
客户导向	学徒为公司和客户的利益进行沟通，在公司利益下与客户交流时行为得当；告知客户项目状态	☐☐☐☐	☐☐☐☐

续表

项目	表现	学徒自评	培训师评
解决问题的能力	学徒能将现有的知识、经验和技能运用到新的任务中；对非传统、非常规的解决方案持开放态度；能发现和找到替代解决方案；能意识到工作过程中的问题并指出来	☐☐☐☐	☐☐☐☐
责任心，高效地思考和工作	学徒能评估某项活动的结果；能承担责任，承认错误和进行改善措施；小心使用资源，提出低成本的替代方案	☐☐☐☐	☐☐☐☐
可靠性	学徒遵守规章制度和约定的事项；为了避免偏离方向，能够足够早地进行反馈；在截止日期前合格完成任务	☐☐☐☐	☐☐☐☐
自愿学习	学徒采用适当方法学习获得了知识并有目的地、明确地、目标导向地使用可用的学习辅助资源；了解自己的学习行为并优化/改善自己的学习技巧，并且于必要时寻求帮助	☐☐☐☐	☐☐☐☐
自愿工作	学徒工作踏实；恰当地开发其成功的潜力；接受额外的任务	☐☐☐☐	☐☐☐☐
自我激励和独立性	学徒在工作中能做出决定；收集并提供必要信息；做事主动	☐☐☐☐	☐☐☐☐
自愿提供帮助和进行团队协作	学徒帮助和支援他人；客观公平地对待他人；有贡献于团队的解决方案并发表，公开讨论冲突；对他人容忍和理解	☐☐☐☐	☐☐☐☐
沟通	学徒能提出和接受建设性的批评；明确地阐述容易理解的事实；能够对不同的人调整自己的表达方式，能接受别人的观点	☐☐☐☐	☐☐☐☐

二、评价方式

在对学徒的评价上尽量从多个维度来进行考量，以期能够全面、真实地反映一名学徒在学校、培训中心和企业的综合表现，因此，评价方式包括：

（一）教学评价

主要从两个方面对学生进行教学评价。

一是学徒在学校和培训中心的理论和实践成绩等显性数据；

二是学生在团队合作任务中团队意识和沟通能力表现及在企业中工作质量完成度的评价。

（二）纪律评价

一是根据学生在学校、培训中心和企业的出勤情况进行评价；

二是对学生责任心、主动性和态度进行评价。

（三）年度谈话

每年进行一次年度谈话，每学年结束前由企业、培训中心和学校代表与学徒共同完成年度谈话。评价表以自评和他评相结合的方式对学徒在三个学习站点的表现进行总结和反馈，让学徒了解其在过去一年中各方面的综合表现、存在的不足，以期在新的培训学年能够加以改进。

三、退出机制

在三年培养期间，难免会出现因个人原因、企业原因等导致学徒数量波动的情况，培训中心依据不同情况，启动 A 类或 B 类管理程序，完成学徒退班或转班工作。

（一）主动退出机制

学徒主动提出退出学徒培养项目的，根据不同情况，启动相关管理程序。

由于学徒行为能力、适应能力、思想认识、健康状况等个人原因导致无法按程序完成各种技能培训、AHK 考试的，学徒可以主动提出退出学徒培养项目。

非因学徒个人原因，而是因培训管理不到位、培训质量不高、企业实习监管不够，使学徒主动提出退出学徒培养项目的，由培训中心培训指导委员会和用人企业共同审查、鉴定，若情况属实，启动 A 类管理程序（图 4-12）。

A 类管理程序：

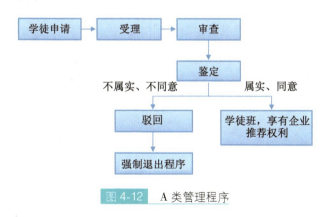

图 4-12　A 类管理程序

（二）强制退出机制

由培训中心主动提出并强制要求学徒退出学徒培养项目的情况被称为"强制退出"，根据不同情况，启动相关管理程序。若在 5 天内与主动退出相继发生，培训管理委员受理强制退出，执行相关管理程序，不受理主动退出管理。

培训管理委员会根据学徒行为、思想、纪律表现及考试、考察结果情况以及身体健康状况，进行学期性鉴定，若学徒出现不服从管理、多次违反培训纪律、违反法律法规、培训不合格、理论课程 3 门不及格、身体健康状况不佳等，培训中心将强制学徒退出"双元制"培训模式，启动 B 类管理程序（图 4-13）。

B 类管理程序：

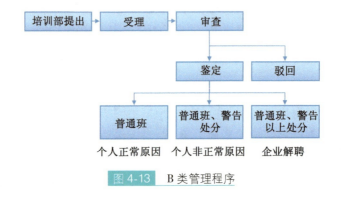

图 4-13　B 类管理程序

（三）企业解聘机制

应由企业人力资源管理部门向培训中心提出解聘学徒的申请，解聘说明经由学徒本人认同，培训中心培训管理委员会调查、鉴定，根据不同情况，启动相关管理程序。

（1）企业发生人事规划调整导致学徒培训需求减少；企业搬迁；合作中断等突发性事件，导致企业不得不解聘学徒。由企业人事部门向培训中心提出解聘，经学徒和培训中心鉴定、认同，学徒退出三方协议，可继续留在学徒班学习，并享有学徒选聘的优先权。

（2）非学徒本人意愿，但因学徒个人缘故，如突发疾病进而导致无法适应技能培训或企业实习的，企业率先提出解聘，培训中心启动强制退出机制，并启用 B 类管理程序。

（3）学徒在企业实习期间不服从管理、违反纪律、不服从岗位安排，且导致严重后果的，由企业提出强制解聘，培训中心将强制学徒退出学徒培训项目，启动强制退出机制，启动 B 类管理程序。

(四) 淘汰机制

学徒班每班为 24 名学徒，培训中心引进德国职业教育先进的培训体系，实现一流的培训质量，但若学徒学期考试、考核结果出现普遍不达标、培训质量不高等情况的，培训中心有权对学徒实施末位淘汰机制，且淘汰的名额不限。

以下为淘汰机制的相关说明：

学分置换程序：若退出发生在学期的上半段，学徒退至同类专业普通班学习，立即实施学分置换，以完成培训课程取得的学分来进行置换，若课程不及格导致学分不够的，学生可进行重修或补考；若退出发生在学期的下半段，学徒在完成期末考核后才退至同类专业普通班学习，则对原有课程实施学分置换。在培训同一时期，培训中心学徒的培训内容含该同类普通专业的培训内容、培训质量高于同类普通专业的，在每学期末处理相关退出程序或解聘程序后，进入普通班学习时实施学分替换，但需要遵循"同类课程学分置换"原则。

完善的学徒管理使学校、培训中心和企业三方共同参与学徒的选拔、管理和评价，保障了各参与方的利益，使企业参与学徒培养的积极性更高，使学校在此方面获得更高的声誉。企业的积极参与和学校的声誉也会吸引更多优秀的学生加入学徒培养项目。

第五章 跨企业培训中心培训师队伍建设

在跨企业培训中心建设中,培训师队伍建设是关键。培训师不同于职业院校专业教师,特殊的角色定位和工作内容决定了特别的素质和能力要求。在培训师选拔与培养、考核评价上要建立一整套有利于打造优质培训师队伍、调动培训师积极性的制度体系。

第一节 培训师的素质和能力

跨企业培训中心培训师的职责主要是了解学徒的发展规律,熟悉合作企业的典型职业工作及其实际操作流程,开发、设计、制订以工作过程为行动导向的培训计划,从事培训准备、培训实施、培训考核指导等工作,促进学徒学习,引领学徒职业素养形成,传承企业文化,为学徒提供职业发展咨询、服务。

一、培训师应具备的职业素质

跨企业培训中心的培训师应具备的职业素质主要分为三个层面,即教师应具有的职业素质、在培养学徒的过程中应具有的职业素质和从事专业领域岗位工作应具有的职业素质(图5-1)。培训师的职业素质是保证培训质量的关键,也是培训工作可持续发展的基础。只有具备良好职业素质的培训师,才可以通过言传身教促使学徒提升职业道德和职业意识。

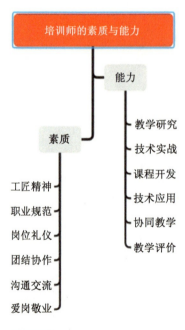

图5-1 培训师的素质与能力

二、培训师应具备的技术能力

要成为一名合格的培训师，不仅要具有扎实的专业知识、丰富的工程实践经验，还必须熟悉合作企业的典型职业工作流程，并且能独立以工作过程为导向，向学徒传授企业典型技术活动的职业知识和能力。培训师能结合现场实践进行讲解，在实操指导过程中能准确发现学徒操作中的不规范行为和错误方式，讲解示范精准到位。

三、培训师应具备的专业能力

跨企业培训中心的培训师除了要具有自己负责传授的职业模块课程所要求的技能、知识和能力以外，还要具备基于行动领域的职业教育教学能力，主要包括职业教育基础知识、培训计划制订能力、培训前期准备能力、职业模块培训课程实施能力、培训考核指导能力、沟通技能、团队合作能力、解决问题能力等关键技能。

四、培训师的角色定位

基于对学徒的个人因素、企业背景和培训课程特征的分析，培训师在学徒培训期间充当"注重新旧集合，把握学习方向的引导者""关注学习全过程，带动学徒参与的促进者""跟进学习效果，促进学以致用的催化者""了解专业流程业务，准确把握培训需求的咨询者"。

第二节 培训师的工作内容

一、培训工作准备

（一）制订企业培训计划

培训师以培训条例为基础，结合企业实际，制订以行动和流程为导向的企业培训计划。该计划应大致包含学习内容、知识层次、所需掌握技能及知识、适用岗位（表5-1）、传授方式、时间框架、时间标准值和学习场所等方面的内容。

表 5-1　2020—2021 学年上学期工业机械工培训计划

年	2020 年																		2021 年			
月	9				10					11				12					1			
周	36	37	38	39	40	41	42	43	44	45	46	47	48	49	50	51	52	53	1	2	3	4
日	30-05	06-12	13-19	20-26	27-03	04-10	11-17	18-24	25-31	01-07	08-14	15-21	22-28	29-05	06-12	13-19	20-26	27-02	03-09	10-16	17-23	24-30
培训内容	入职培训	1 / 1	新生报到	学校	国庆放假	制图1、钳工工具1、加工方法1、金属材料1	1 / 1	1 / 1	1 / 1	制图2、钳工工具2、加工方法2、金属材料2	1 / 1	1 / 1	1 / 1	1 / 1	2 / 1	钻床知识、安全知识1、孔加工工艺、刀具知识、制图3、车床知识			1 / 2	3 / 2		

说明：

1		在学校理论学习	3	2	跨企业培训中心学习:钻削
2	1	跨企业培训中心学习:钳工	4	3	跨企业培训中心学习:车削

（二）制订个人培训计划

制订企业培训计划是企业进行员工培训的常规流程，仅仅反映了企业培训的最低要求。培训师须在企业培训计划的基础上，根据每名学徒已储备的知识、已掌握的职业技能，以及他们的年龄、学习经历、工作熟练程度和职业规划等因素，对企业培训计划中已经规定的学习内容和时间进行调整，形成"量身定制"的个人培训计划。

（三）选择培训现场

培训师必须依据培训计划确定培训场所（可随培训人数和工作流程的不同而改变），同时要了解培训场所可能存在的事故风险。根据相应的事故预防规定、企业安全规范、器械制造商的操作说明书和安全数据表，提前进行事故预防教育和安全教育，避免学徒因个人疾病或错误操作而造成损害。

二、培训工作实施

培训师工作的核心在于实施培训。培训师的基本任务是，在学习、激励和引导的基础上，有针对性地进行培训入门引导，制订专业培训计划，并选择和使用恰当的培训方法和培训手段。其工作目的在于使学徒提高以过程为导向的独立学习能力。

(一)准备阶段

培训师要根据企业培训计划,确定课程的教学计划、教案等,提前准备与培训课程相关的知识点信息、工具书手册、图纸等教学资料和教学过程中所需的耗材、工具、量具、辅具等教学工具,以及所需的仪器设备(图5-2)。

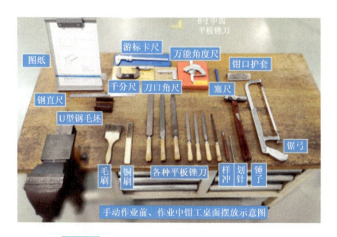

图5-2 课前图纸、耗材、工具准备例图

(二)示范阶段

在每次课程示范阶段开始前,培训师必须要明确本次课程的学习目标,指明本次课程所授知识和技能的作用和意义,最重要的是强调实践操作中安全的重要性。培训师在围绕本次实践任务所涉及的知识点进行简短的讲解后,进行示范操作(图5-3)。示范操作时,培训师要注意操作的规范,对于实践操作中每一个分解操作进行讲解,并指出操作过程中容易出现的错误以及可能导致的后果。在示范操作过程中,培训师应秉持动态5S的教学态度,以身示范,使学徒了解5S在实际岗位工作过程中的重要性。

图5-3 培训师讲解示范

(三)模仿阶段

由学徒代表进行模仿演示,培训师在其模仿演示过程中及时指出该学徒的错误或危险操作,并强调该错误可能产生的后果。

(四)自主练习阶段

学徒分组进行自主练习,培训师在自主练习过程中及时跟踪每组实践操作进度及规范性,对可能出现的紧急情况进行预防,对每组存在的错误操作进行指导更正,同时时刻提醒学徒进行5S整理。

(五)评价总结阶段

培训师在课程涉及的每一个实践操作练习后都要与学徒进行面对面的现场评分和实时点评,对存在的共性问题要统一总结,最后再对课程的学习目标进行总结回顾(图5-4)。

图5-4　培训结束后培训师评价总结

三、培训档案管理

为了全面反映学徒的培训情况,跨企业培训中心为每一位学徒建立个人业务档案。个人业务档案详细记录了学徒选拔、培养、上岗的全过程,真实、完整地记录学徒的培训学习情况,方便培训师和学徒及时发现学习中存在的问题,既推动了学习过程的改进,也有利于企业了解学徒的政治表现、学习态度、学习内容、已掌握的专业知识和技术技能,方便企业后续更为准确地为其安排工作岗位。

个人业务档案归档（图 5-5）范围和内容主要包括：① 基本信息。具体包括学徒基本情况登记表、入职体检表、学徒选拔考试材料等。② 学习培训。具体包括学徒培训计划、出勤表、学徒培训日志等。③ 业务考核。具体包括项目学习测评表、学徒技能自评表、学徒绩效考评表、毕业考试材料等。

图 5-5　个人业务档案

第三节　培训师的选拔与培养

一、培训师的选聘条件

培训师的选聘条件（表 5-2）应包括但不限于以下几点：
第一，了解企业和学徒个人发展规律；
第二，在企业专业技术岗位上一般要有 5 年以上的工作经验；
第三，熟悉职业教育或培训的组织、实施、过程监管等工作；
第四，有较强的组织能力和语言表达能力。

表 5-2 某德资企业职业培训项目专员/培训讲师岗位说明书

职位描述	职业培训项目专员/ 培训讲师
上级领导	中国区副总裁
主要职责	负责整个学徒中心的培训工作,不断完善、改进学徒培训计划及教学内容,测评整个教学体系
日常工作	1. 为所属场所确定培训理念及培训内容 2. 筛选出合适的工作任务和项目,准备培训的材料,管控培训费用,监管培训过程的运营 3. 根据公司的要求设定独立标准,对学徒进行所有课程的培训 4. 指导专业知识和社会能力的实际练习 5. 提供和评估培训材料包括视觉和演示数据,提供必要的保养和维修服务 6. 为学徒及其他员工开发新的培训内容与学习方式 7. 对培训中心的安全及 6S 负责 8. 为了保持一个包括安全和质量在内的高水准的培训标准,鼓励反馈并支持个体的发展 9. 为培训测试做准备 10. 其他分配的任务
任职要求	1. 教育程度:大专学历以上,机械工程或相关专业 2. 语言:良好的口头和书面英语表达 3. 电脑:较强的办公软件应用能力,包括文档、数据表格等 4. 专业经验:专业技能方面的知识,如机械加工、数控、装配、电气等能看懂图纸;在电子及编程 PLG 方面有较全面的知识;会 CAD 制图掌握电脑操作技能 5. 其他:有较好的书面表达能力及沟通能力;有一定的领导能力;较强的动手解决问题的能力;有一线生产的工作经验

二、培训师的培养过程

培训师的培养总的来说具有开放性、自主性和灵活性的特点。通常情况下,要正式成为培训师必须经过三个阶段的学习与实践,分别是教育学习阶段、应用实践阶段以及考评认证阶段。

(一)教育学习阶段

教育学习阶段分为基础教育阶段和职业教育阶段。基础教育以各基础学科为教育重点,使学生为接受职业教育打下文化素质基础,为专业发展、技能提高搭建平台。接受职业教育是获取职业技能的重要方法和手段,同时也是扩充教育学知识的重要途径,使学生为通过与工作岗位相符的考评认证打下基础,为未来成为培训师迈出坚实一步。

（二）应用实践阶段

应用实践阶段是指在具备实践生产工作能力以后，进入工作岗位，进行反复实践和经验积累的阶段，这一阶段的工作能让实际操作技能达到娴熟的程度，同时锻炼在生产中解决实际问题的能力，使工作者最终成长为一名合格的培训师。

（三）考评认证阶段

培训师的工作性质要求其具有精深的专业能力，同时具备教育相关专业知识。相关评估机构、行会或企业将培训师应具备的知识和能力进行归类，提出要求，形成培训师能力考试或考评大纲。参加培训师能力考试或考评或通过企业内部的考评，取得相关部门认定的培训师资格证书，是成为一名培训师必不可少的环节。

企业重视培训师队伍建设，将培训师分为新入职培训师和变更课程培训师，其中新入职培训师又分为新入职有培训经验的培训师和新入职无培训经验的培训师。企业对于新加入无培训经历的培训师和变更课程培训师进行技能培训，例如，对机械培训师进行车、铣、磨、钻、钳、CNC 等方面的培训，对电气培训师进行接线、电器柜、电子焊接、EPL、PLC、气动液压等方面的培训；同时也需要通过教学技能培训，如四步教学法、六步教学法、工学结合法、角色扮演法等教学方法培训。

新入职培训师与变更课程培训师要完成授课项目中的课程，并进行技能考核，以公开课方式进行教学技能、培训技巧的考核；考核达标则进入实习培训师阶段，不达标则要再次进行培训。实习培训师独立给学徒授课三个月或传授三项专业技能后，由学徒对培训师进行师资评定，认同度达到 85% 以上为达标，正式成为培训师的可以进行课程授课；否则，认定为不合格。

第四节　培训师的考核评价

培训师工作中的态度、质量对保证培训工作效果起到关键的作用；加强推动培训师的考核工作，有利于提高跨企业培训中心的培训质量。当前，对跨企业培训中心培训师的考核主要包括学徒培训效果考核和上级主管考核两个方面。跨企业培训中心根据学徒培训效果考核和上级主管考核情况，形成培训师考核评价最终结果，这一结果将会影响其薪酬待遇（表5-3）。

一、学徒培训效果考核

学徒培训效果考核主要是依据柯氏四级评估理论，从反应、学习、行为以及结果层次4个基本角度进行评价。

① 反应层次，即培训反应。该层次是评价的第一部分内容，相对次要。在培训结束时，向学徒发放满意度调查表，了解学徒对培训的反应和感受。主要包括：对培训师培训技巧的反应、对课程内容设计的反应、对选取教材内容和质量的反应、对课程组织的反应等。

② 学习层次，即知识学习。该层次是评价的第二部分内容，相对次要。重点关注学徒学习所得，一般通过对学徒进行笔试考试和技能测试，比较学徒参加培训前和培训结束后各项能力测试的结果，检验他们是否习得新的知识和技能。

③ 行为层次，即行为改变。该层次是评价的第三部分内容，相对重要。经过培训后，了解学徒在多大程度上改善了工作方式，提高了业务能力，并将培训所学知识和技能灵活运用到实际岗位工作中去。

④ 结果层次，即培训结果。该层次是评价的第四部分内容，相对重要。通过对学徒所在企业主管进行满意度调查，根据其对学徒在培训后是否满足工作岗位的任职条件和对企业业绩带来积极影响等方面的评价，来判断经过培训的学徒是否满足工作岗位的基本任职条件。

二、上级主管考核

上级主管考核，主要是指上级主管通过与培训师本人访谈、沟通，结合平时工作表现情况，从工作量与工作效率、工作质量、知识和技能、责任心、卫生安全、交流与团队合作等方面对培训师进行考核（表5-3）。

表5-3 培训师绩效考评表

A. 个人资料

姓名		工号		入职日期	

B. 评定项目，记分和结果

考评说明
1. 此表由直属上级和员工共同完成。
2. 就考评项目评分，每项分值均由高值"5.0"至低值"1.0"，允许准确到小数点后一位；实际分值乘以其比重为该项总分值。

分值	135~150	120~134	90~119	60~89	0~59
等级	5.0 显著超越 岗位要求	4.0 超越岗位要求	3.0 100%达到 岗位要求	2.0 基本达到 岗位要求	1.0 未达到岗位 要求

续表

考核项目	表现	表现水平 1.0	2.0	3.0	4.0	5.0	比重	分值
工作量与工作效率	• 目标导向 • 工作产出 • 个人工作效率 • 对内外部客户要求的反应速度						6	
工作质量	• 投身质量 • 第一次就做对 • 内外部客户满意度 • 数据维护和数据准确						6	
知识和技能	• 培训师岗位要求的知识和技能 • 一岗多技 • 学习能力						6	
责任心	• 积极工作态度 • 忠诚，认同公司目标及价值观 • 遵守规章制度和记载 • 建设性意见和合理化建议 • 成本意识 • 主人翁精神						4	
安全和环境	• 工作场所空气有毒物质测定 • 遵守安全规定，确保本人和他人的安全 • 执行环保规定						5	
交流与团队合作	• 同事间以及部门间的尊重，交流与合作 • 资源、知识及信息的共享 • 对社会和跨文化的感知 • 激发他人对工作，目标以及工作前景的热情						3	
考评结果							30	

第六章 跨企业培训中心培训与考试

跨企业培训中心的核心任务是实施培训及组织职业资格考试。区别传统的课堂教学与考核，跨企业培训中心结合企业和职业院校需求，针对学徒特点，经教学指导委员会完善培训模块体系后，在培训管理委员会组织下实施培训及培训质量管理，并在考试委员会组织下实施职业资格考试。本章从培训模块开发与实施、考试内容与组织两方面来阐述跨企业培训中心培训及组织考试的任务。

第一节 培训模块开发与实施

跨企业培训中心通过地域企业调研，明确行业、企业所需培训的职业工种及其所需培训的岗位技能需求后，开发匹配的培训模块及制订对应的培训实施计划。本节以德国职业工种类型培训专业为例，描述培训模块开发的原则与实施的方案。

一、培训计划制订

跨企业培训中心连接职业院校和企业，明确培训专业后，形成"三站互动、分段轮换"的人才培养路径。学校站负责行为领域课程（专业理论课程和基本能力训练），跨企业培训中心站负责行动领域课程（职业培训模块）、企业站负责岗位领域课程（专项岗位技能）。跨企业培训中心依据这一培养路径，制订符合三站需求的培训计划。

（一）培训计划制订原则

德国"双元制"职业教育要求培训企业必须执行《培训框架计划》和全国职业学校统一落实《框架教学计划》，即《企业培训大纲》和《职业院校课程大纲》。这两份大纲明确指定了培训企业和职业院校需要实施的培训内容及实施进程（附录1、附录2）。

部分企业由于存在培训师不足及企业内部条件不足等情况，无法实施全部培训内容，因此委托跨企业培训中心实施部分或全部培训内容。同时职业学校只为学徒提供理论基础知识教育的情况已经不存在，而越来越多地以职业实际的工作任务为导向来开展课程教学。而职业院校同样存在师资力量不足及内部培训场所条件不足的情况，需要委托跨企业培训中心实施部分学习领域课程。

跨企业培训中心接受企业和职业院校的委托培训任务后，依据《企业培训大纲》和《职业院校课程大纲》的指导意见，为学徒培训制订完整的培训计划。这一计划是学徒培训的流程计划，在部分职业院校也称为教学进程计划。

在制订培训计划时，应着重注意的原则是：

① 参照职业大纲指导意见。通过研究各职业《企业培训大纲》和《职业院校课程大纲》的原则意见，确认各培训内容和实施参考时间。模具机械工的企业培训大纲部分摘录（表6-1）：

表6-1 企业培训大纲摘录

科目序号	专业培训内容	能够独立进行职业所需的计划、执行以及检查的各项核心技能
一	职业教育，劳动法与劳资协议	1. 理解培训协议的含义，尤其是考试、培训时间以及协议的终止等内容 2. 培训协议中双方的责任与义务 3. 介绍职业领域的进修机会 4. 培训协议中的重要部分 5. 企业劳资协议中的重要条款
二	培训企业的组织与结构	1. 了解培训企业的结构与业务 2. 了解培训企业的基本情况，如采购、加工、销售与管理 3. 了解培训企业及其员工与经济组织、行业协会以及工会的关系 4. 企业内部工作章程的基本内容、基本任务、工作流程以及人员管理的情况

② 确认承担的培训任务。与企业和学校确认在培训中心实施的培训内容和时间，确保培训中心能够实施。

③ 保障软硬件条件。分析培训内容实施需要的条件，如培训师、场地、设备等资源。

④ 制订符合职业发展规律的计划。培训计划应该符合职业发展规律，使学徒从新手到生手，到熟手，再到能手，最后成为专家。

⑤ 制订完整的计划流程。与企业和院校充分协商，为每一位学徒制订个人培训计划。这是针对每一个学徒详细制订的计划流程，需要涵盖完整的职业培训内容和整个学徒阶段（如高职类型需要三年）；计划中要确定毕业考试的时间点，以及在三个学习地点（企业、学校、培训中心）的交替安排表。

⑥ 制订统一的培训计划。如果有多个企业委托跨企业培训中心进行学徒培训，制订多方都能接受的计划流程。

⑦ 明确培训细节。培训计划要详细安排培训内容、培训地点、培训时间（要精确到具体哪一周）及培训人员（要精确到具体学徒和培训师）。

⑧ 实施小班分组轮换制。区别与学校教学和企业岗位培训，班级人数要严格控制，目前推荐的人数是一个班不超过 24 人。在这样一个班级中，也依旧要根据培训模块的特点，制订班级内分小组轮换计划表，严格控制培训师指导人数以及学徒使用工位设备的数量。

⑨ 跟踪培训计划。培训中心要定期进行多方协调会议，要对培训计划进行跟踪。

（二）培训计划制订案例

此处以中德培训中心模具机械工专业方向的培训计划为例，具体介绍培训计划的制订情况。

中德培训中心接受多家企业和学校委托培养模具机械工专业方向的学徒。中德培训中心的培训模块主要由学校的部分课程和企业的部分培训任务组成（图 6-1）。

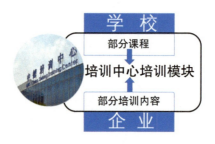

图 6-1　跨企业培训中心培训模块组成

在与学校和企业充分协调后，中德培训中心制订模具机械工三年的三站互动培训计划，即教学进程表（表 6-2）。培训计划将三站（学校、企业、培训中心）的学习领域课程和培训模块进行详细的规划，实现交替运行（图 6-2）。培训计划中需要充分体现职业发展规律。

第六章 跨企业培训中心培训与考试

表 6-2 模具机械工三站培训计划

第一年阶段安排	暑假	第一学期 主要在学校和培训中心学习和培训（开展中德合作班级的宣传与选拔工作）				寒假	第二学期 本学期主要在学校和培训中心学习和培训			
第二年阶段安排	与企业签约的学徒，暑假由企业安排	第三学期				与企业签约的学徒，寒假由企业安排	第四学期			
		4周	6周	4周	6周		4周	6周	4周	6周
		学校理论	在企业或跨企业培训中心培训	学校理论	在企业或跨企业培训中心培训		学校理论	在企业或跨企业培训中心培训	中期考试 学校理论	在企业或跨企业培训中心培训
第三年阶段安排	与企业签约的学徒，暑假由企业安排	第五学期			寒假	第六学期				毕业典礼
		4周	6周	4周		30周				
		学校理论	在企业或跨企业培训中心培训	学校理论		企业真实岗位培训 On-Job Training			考试毕业	

图 6-2 模具机械工第二年培训计划

在此过程中企业也会制订相应的年度培训计划，明确学徒在企业进行岗位培训的时间和内容，实现企业与学校和培训中心三个地点交替学习。例如，某企业三年学徒培训计划，明确了与其签约的学徒的培训时间、培训地点和培训内容（图6-3）。

2018-2019 培训计划

序号	日期 (2018-2019年)		年周	第一学年 2018级	第二学年 2017级	第三学年 2016级
1	2018-9-3	9-9	36	新生入学	☆ 数学	☆ 冲孔落料连续模(AHK2015)
2	9-10	9-16	37	☆ 军训课 【健雄学院】	☆ 思政课 【健雄学院】	☆ 冲孔切断连续模(AHK2016)
3	9-17	9-23	38	☆ 军训课	☆ 文体课	☆ 气动实习 【中德培训中心】
4	9-24	9-30	39	☆ 模具操作与维护（企业参观）	☆ 英语	
5	10-1	10-7	40	国庆节 National Day		
6	10-8	10-14	41	☆ 手动加工实训	☆ AHK2003毕业考试 I	☆ 逆向工程与产品分析
7	10-15	10-21	42	【中德培训中心】	☆ AHK2007毕业考试 I	☆ 塑料模具设计与制造
8	10-22	10-28	43		☆ 气动基础教程（1周/每位）	☆ 毕业设计（任务布置）
9	10-29	11-4	44	☆ 数学 【健雄学院】	【中德培训中心】	☆ 机床电气维护
10	11-5	11-11	45	☆ 思政课	留料 简易冲裁模	【健雄学院】
11	11-12	11-18	46	☆ 文体课		
12	11-19	11-25	47	☆ 英语	☆ 三维建模与结构设计	☆ 模具技术系统规划
13	11-26	12-2	48	☆ 机械图样的识读与绘制	☆ 模具子系统规划	到企业定岗实习24周：
14	12-3	12-9	49	学徒选拔开始	☆ 气液传动控制技术	☆ 模具制造
15	12-10	12-16	50		☆ 机械CAD软件及应用	☆ 模具修理、安装、调试
16	12-17	12-23	51		【健雄学院】	☆ 线切割 【企业岗位】
17	12-24	12-30	52			☆ 电火花
18	2018-12-31	1-6	1		简易冲裁模	☆ 冲压车间
19	1-7	1-13	2		☆ AHK2012毕业考试 I	☆ 产品制造
20	1-14	1-20	3	寒假 Winter Vacation	☆ AHK2017 【中德培训中心】	☆ 数控机床操作
21	1-21	1-27	4			☆ 质量检验
22	1-28	2-3	5			☆ 调机及样品制做

图 6-3　企业三届学徒年度计划

　　培训计划需要为每一位学徒制订个人培训计划，考虑学徒数量及培训设备条件，也可以制订小组式的培训计划。例如，工业机械工培训专业学徒个人的培训计划（图 6-4），对每一位学徒的培训时间及培训内容都进行了详细的规定。

　　在培训计划中，区别于传统整班教学模式，培训中心的培训计划严格执行小班轮换制教学（对比图 6-5 与图 6-6）。不同学徒或者小组，在同一个地点或者同一个时间段内按培训计划实现轮换。轮换计划的安排可以每一年或半年制订一次，要充分考虑培训计划要求及培训条件现状。制订轮换计划的原则是：满足学徒个体或小组间的公平性，可以适当结合学徒或小组特点提高或降低培训难度；保证在同一阶段培训内容完成程度的一致性，比如保证在进入下一阶段培训前完成全部培训内容，在毕业考试前完成所有培训内容。

第六章 跨企业培训中心培训与考试

Year			2020							
Month			Feb.				Mar.			
Week			6	7	8	9	10	11	12	13	14
Day			02-08	09-15	16-22	23-29	01-07	08-14	15-21	22-28	29-04
学徒2020年培训计划	培训专业：工业机械工	学徒	中德培训中心					健雄学院			
		杨**	1	3	2	3	4	生产线、安全知识、丝杆加工工艺、注塑加工工艺、数控铣知识、数控车知识、磨削知识、切削刀具、齿轮			
		沈**									
		朱**									
		季**									
		郭**									
		高**									
		周**									
		周**	2	2	3	4	3				
		姜**									
		熊**									
		朱**									
		曹**									
		邹**									
培训模块1	1		钳工/Hand work								
培训模块1	2		钻削/Drilling								
培训模块1	3		车削/Turning								
培训模块1	4		铣削/Milling								

图6-4 学徒个人培训计划

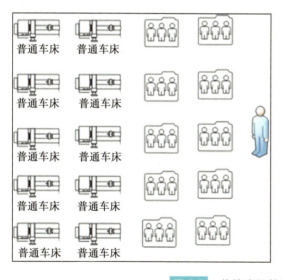

图6-5 传统班级教学

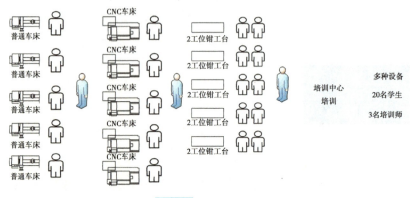

图 6-6 小班教学形式

二、培训模块开发

《企业培训大纲》《职业院校课程大纲》明确规定了该职业资格培训涉及的学习领域与培训内容的数量、顺序、目标要求、核心内容和基本学习时间。确定学习领域与培训体系极大地便利了职业学校的教师和企业培训师有的放矢，设计和组织学习活动，也方便了职业资格的鉴定和评价。例如，培训中心机电一体化工第七个学习领域课程描述，对这一课程的目标和内容等进行了详细的描述（表6-3）。

表 6-3 机电一体化工学习领域课程描述

教学范围　7 机电一体化部件系统的实现	第 2 培训学年 目标学时（单位小时）：100
目标描述： 　　学徒会描述机电一体化部件系统的构造；会阐述传感器和互感器的工作模式，能调校传感器 　　学徒会通过电气、气动和液压部件实现线性运动和转动，能使用关于控制和调节的知识实现行程和移动方向控制 　　学徒会通过检查信号对部件的功能进行检验并清除故障 　　学徒会设计基本电路，并用英语描述工作模式 　　学徒掌握简单的编程方法	
内容： ● 控制链和控制循环，方框图 ● 控制和调节的参数 ● 传感器和互感器的工作模式 ● 传感器和互感器的信号性能 ● 简单的动作流程和控制功能的编程 ● 电路的设计 ● 控制和调节流程的图形表示 ● 信号的测量 ● 驱动模式的原理图 ● 功能图中驱动单元的说明	

然而,《企业培训大纲》和《职业院校课程大纲》并没有阐述如何具体地组织学习过程,只是提出了基于行动导向的教学形式原则要求,强调职业教育机构要将知识体系与基于工作任务的行动体系结合起来,培养学徒从事相应职业所需的行动能力。因此,如何根据当地产业经济特点及企业岗位的需要来设计和组织学徒的学习活动,特别是如何确定相关职业实践的典型工作任务并将其转化为学徒的学习任务,就成为职业教育机构(企业培训师和职业院校教师)必须自行解决的现实课题,成为培训师和教师的"典型工作任务"。

培训师与职业院校教师在分析学习领域与培训内容后,需要进行具体的培训模块的设计。根据相应职业的典型工作任务来开发相应的学习任务是培训师(教师)组织行动导向学习过程的前提条件。培训师(教师)不再拘泥于系统性地讲述知识,而更注重编制学习过程指南,从整体上指导和调控学徒在行动中学习的过程。这样,设计培训模块的学习任务和编制学习过程指南,就构成了开发教学方案的核心任务。

培训师(教师)自行设计培训模块学习任务一般有以下四个步骤。

(一)分析典型工作任务

部分职业的《企业培训大纲》《职业院校课程大纲》中的学习领域或培训模块描述已完善,可以从其中仔细分析各职业工作的典型工作任务。对于新职业或者大纲不完善的职业,可以通过召开实践专家研讨会(图6-7),来确定典型工作任务体系。

图6-7 实践专家研讨会

(二)构建学习情境中的工作任务

对应典型工作任务(图6-8),遵循职业发展规律以及从新手到专家的程序原则,在企业里开发学习情境下的工作任务。由于培训过程要求开展行动导向的职业教育,对工作过程的认识及工作过程的可视化对于培训来说非常重要，所以在选择工作任务时，需要确保其与业务流程保持联系。在选择工作任务时，需要从以下几个角度来思考。

- 专业工人从哪里着手处理这一工作任务？
- 专业工人在哪个阶段处理这一工作任务？
- 专业工人具体要做什么，才能完成这一工作任务？
- 在完成这一工作后，下一步要处理什么？

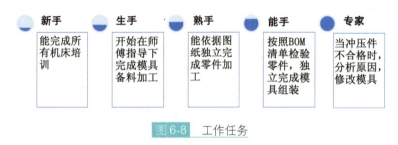

图 6-8　工作任务

（三）细化学习情境的工作任务

明确工作任务后，对每一个工作任务的目标和内容要进行细化，具体步骤分为：

第一步，界定可观察的学习结果；

第二步，陈述发生预期学习的条件（使用的材料设备和时间要求等）；

第三步，明确学习水平，即培训结束后预期的行为数量和质量；

第四步，在工作任务中，将思政教育、职业素养教育常态化。

在确定目标后，就可以确定各工作任务的具体学习内容。行动导向的学习内容就是工作，包括工作对象、工具材料、工作方法、劳动组织方式和工作要求等完整的企业业务流程内容。

（四）编制培训教材

培训教材是为培训服务的。培训教材的内容应该包含学习情境下的工作任务实施过程，具体化的操作步骤。完整的培训教材应该由三个部分组成。

第一部分：知识手册。知识手册系统地对培训教材中涉及的大部分的知识点的整理和解释，以及应用的方式方法的展示。

第二部分：学徒工作指导手册。学徒工作指导手册是学徒在培训学习过程中使用的指导文件，可帮助学徒按照一定的流程完成工作任务，并指导学徒进行知识点和技能点的总结反思。

第三部分：培训师培训指导手册。培训指导手册是培训师在培训教学过程中使用的指导文件，可帮助培训师正确选择和运用教学方法，指导培训师遵循标准的培训流程，合理使用培训资源。

三、培训模块实施

在实施的培训过程中应该围绕培训目标与内容采用行动导向的教学方式，把认知过程同职业活动结合起来，强调为行动而学、通过行动而学。

培训师的核心工作是实施培训，其基本任务是在学习、激励和领导管理的基础上有针对性地设计培训，专业地制订培训计划，选择并使用合适的培训方法与培训手段。培训师的工作职责就是在陪伴学习的状态中，以过程为导向促进学徒独立学习。

培训师要坚持将学徒置于学习过程的中心。因此必须特别注意分析学徒的个人情况、学习基础与条件，并调动其学习积极性；及时鼓励，并为其提供学习效果的准确评判；个别学徒有学习困难时必须做出适当反应，并为其提供额外的机会，使其能够发扬自己的个性，发挥自己特有的能力，克服困难。

（一）培训实施计划

培训计划是一个培训企业确定培训专业的培训方案。虽然此计划已经针对职业和企业的培训目标进行了详细阐述，但是并未就如何具体实施和实现培训目标，以及如何针对学徒的情况设定培训目标进行具体规定。因此，培训师要制订每一个单元的培训实施计划，设定详细的有针对性的培训目标，其中也包含附加能力培训，这些附加能力是根据职业素质要求所作的补充，比如语言与沟通能力、职业素养培养、5S 习惯及课程思政元素等内容。

我们将培训目标分为三个层次（图 6-9），一个粗略培训目标由多个培训目标组成，在培训目标中可展现与职业相关的特定内容。

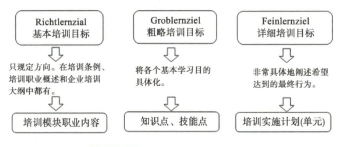

图 6-9　三个层次的培训目标

培训目标应对应一定的培训实施计划（单元）（图 6-10）。

项目2 十字块、滑阀、导板的配合铣削加工

任务提示

一、工作方法

- 读图后回答引导问题，可以使用的资料有图样、《简明机械手册》（湖南科学技术出版社，2010 年出版）、ISO 标准等标准文件、“知识库”中的相关知识等。
- 以小组讨论的形式完成工作计划。
- 按照工作计划，完成十字块、滑阀、导板的外形尺寸铣削的任务。对于出现的问题，请先自行解决。如确实无法解决，再寻求帮助。
- 与培训教师讨论，进行工作总结。

二、工作内容

- 调整平口虎钳。
- 正确装夹盘铣刀。
- 夹紧工件。
- 铣削工件宽度。
- 铣削工件厚度。
- 更换装夹立铣刀。
- 铣削工件长度。
- 锉削棱边，去毛刺。
- 以相同的方法加工完三件工件。
- 利用检查评分表进行自查。

三、工具

- 平板锉 A300-1。
- 平板锉 A250-2。
- 平板锉 A150-3。
- 盘铣刀 ϕ80 mm。
- 4F 波刃立铣刀 ϕ16 mm。
- 4F 立铣刀 ϕ16 mm。

四、量具

- 刀口平直尺 100 mm。
- 刀口角尺 63 mm × 90 mm。
- 游标卡尺 150 mm。

五、知识储备

- 常见铣床的种类。
- 铣刀的种类及加工范围。
- 刀具与工件的装夹。
- 铣刀的结构。
- 铣刀的材料。
- 切削参数的计算方法。

六、注意事项与工作提示

- 铣削前，应对平口虎钳进行校平。
- 铣削前，应检查铣刀及工件是否装夹紧固。
- 铣削前，应先调整合适的主轴转速和走刀速度。
- 工件装夹时，应检查虎钳、垫块及工件是否清理干净。
- 工件装夹时，应视情况留出安全高度。
- 铣削时，应区分粗、精加工。
- 自动走刀开启前，应先将手轮拉出。
- 铣削完，应及时检查工件尺寸。
- 检查工件尺寸前，应先去毛刺。
- 及时清理工作台面上的铁屑。
- 加工过程中，做好动态 5S 管理。

七、劳动安全

- 参照相关规章制度。
- 佩戴防护眼镜。
- 装夹铣刀时应带防护手套。
- 铣削时，禁止戴防护手套。
- 铣削时，一人一机操作，禁止操作人员离开机床。
- 清理铁屑时，停转主轴，用毛刷清理。
- 工件去毛刺，避免划伤。

八、环境保护

- 参照绪论中的相关内容。
- 做好锉屑的处理。
- 完成垃圾分类处理。
- 做好 5S 管理。

31

图 6-10 培训实施计划（单元）

首先，一个详细的培训实施计划，应该包含以下几个元素：

- 可控制的行为结果和可描述的工作结果；
- 可运用的工具和手段；
- 时间、成本的设定；
- 评价标准（含自我检查）；
- 职业素养教育；
- 思政元素。

其次，一个详细的培训实施计划，应该考虑以下几个问题：

- 培训目标应当怎样明确、详细地描述？

- 哪一培训目标是主要的（认知方面、情感方面或精神运动方面）？
- 培训目标的难易程度如何？
- 碰到要求程度高的培训目标怎样才能将其分解成若干个分目标？
- 如何避免过度要求（仅个别人能够达到），避免过低要求（缺少学习刺激）？
- 达到培训目标的具体时限是多长（分钟、小时、天、周、月、年）？
- 目标在给定的条件下可能达到（先期知识/相关基础知识，激励和学习条件，学习类型）吗？
- 能对培训目标情况进行检查吗（难以确定学徒在情感、目的方面是否达成培训目标，例如，难以确定其是否准备/乐意终身学习）？
- 成效/成果标准阐述得足够清楚吗？是否可以通过比较计划成果与实际成果来衡量学习成果？
- 用何种方式检查"达到目标"情况（谈话、观察、测试等）？

最后，在实施过程中，需要对培训实施计划进行及时评价，评价的步骤为：定标准—观察—描述—评价—反馈。

评价表应反映评价标准及评价方式（图6-11）。

图6-11 评价表

只有非常明确每一个培训单元的结果才能进行系统地学习。一个详细的单元培训实施计划，需要在实施之前通报给学徒。这将有助于参与培训的学徒有效地做计划和集合资源，有效地理解培训意图，配合实施培训的各种手段，及时地相互检查，明确培训企业与职业学校之间的合作与分工。

（二）培训流程

在培训企业中，培训计划的实施场地与职业学校有所不同，培训内容主要是完成工作任务而不是记忆书本知识。在培训实施过程中，要遵循职业工作的特点，将学习过程变成工作过程。培训师要成为学习的陪伴者而不是主导者。

因此针对职业特点，制订适合培训企业的培训计划，并针对培训计划设计培训流程是非常重要的。对于不同程度的学徒，培训模块、培训计划、培训流程也相应地有所不同。学徒在适应培训流程的同时，逐渐成为独立的学习者。例如，基于四步法的机加工类标准培训流程就能有效促进学徒独立学习（表6-4）。

表6-4　现场培训流程标准——机械加工

培训环节	详细要求
准备阶段	1. 提前准备教学计划、教案等资料 2. 培训师提前准备与训练课程相关的知识点信息、工具书、图纸等教学所需资料 3. 课前准备项目教学所需的耗材、刀具、工具、量具、辅具等，检查所需的机床设备，保证能够正常进行教学 4. 提前提醒即将参加实训的学徒，上课时穿戴整齐工作服、工作裤、安全鞋及工作帽等，并告知上课地点（可通过辅导员进行提醒） 5. 每天对当天需使用的机床设备进行 TPM 点检，每周对场室内所有机床进行周检。若有损坏，须及时上报进行维修（此工作可由培训师带领学徒进行）
示范讲解	1. 强调实践操作中安全的重要性，可举出案例有针对性地说明 2. 对学徒进行简短的理论讲解，仅围绕本次工作任务所涉及的知识点，避免过度扩展，重在实践操作能力培养 3. 在示范讲解时，培训师应声音嘹亮，口齿清晰，使用普通话进行讲解，如果场室内嘈杂，可利用扩音设备 4. 在示范讲解时，培训师应操作规范，如进行机床操作时应佩戴防护镜，注意操作方法的正确性，且强调机床加工时不允许佩戴手套等要求。并指出工作过程中容易出现的错误操作与可能造成的后果 5. 在示范过程中，培训师应秉持始终维持动态 5S 的教学态度，以身示范使学徒了解 5S 在工作过程中的重要性

续表

培训环节	详细要求
学徒模仿	1. 在学徒模仿操作的过程中，培训师应及时指出该学徒错误或危险的操作，以免发生安全事故，并及时强调该错误可能导致的严重后果，使所有学徒铭记在心，将错误率降到最低 2. 控制学徒模仿的操作时间，避免用时过久导致其他观看的同学产生急躁、厌烦的情绪。
自主练习	1. 机床分配需合理，尽可能避免一台机床超过3人操作的情况，一来避免安全事故，二来避免工作时间过长。若机床数量有限，可安排其他工作给空闲的学徒，后期进行轮换工作 2. 学徒自主练习时，培训师必须在现场跟踪加工状况，若出现紧急情况，可及时采取应对措施，避免出现安全事故 3. 时刻提醒学徒对工作台面进行5S整理，随时保持机床工作台面及工具箱整齐、整洁 4. 工作完成后，前一位学徒应简单地清洁机床，方便下一名学徒进行操作练习
评价总结	实训课程中，若有多个项目练习，待项目结束后及时与学徒面对面进行现场评分，并实时点评，有共性问题的统一总结点评。若整个课程中只有一个大项目，则待最终加工装配完成后视情况进行评价总结
其他工作	1. 每次课程结束前，留有足够的时间对场室进行清洁，并将所用的工具物归原位，以便下次使用。培训师负责检查或抽查 2. 总课程结束后，对场室进行彻底大扫除，5S整理，使场室恢复原状

（三）培训教学方法

在培训模块中，由于教学地点转为培训企业、教学内容转为完成培训任务，须据其特点选择合适的教学方法。此处简单介绍几种适合培训模块教学使用的教学方法。

❶ 六步教学法

在完全以行动为导向的培训过程中，学徒的学习过程通常遵循完全行动模型的六个阶段（图6-12）。第一个阶段——"搜集信息"阶段，要明确"做什么"，这是明确工作任务和目标，获取和处理信息的行动环节。导入型报告、引导文法、卡片询问法、头脑风暴法等具体方法可以在这一阶段运用。第二个阶段——"计划"阶段，要明确"怎样进行"，这是根据已经明确的任务设想出工作行动的内容、程度、阶段划分和所需条件的环节。脑图、工作计划和时间计划以及"未来车间"这些方法适合应用于此阶段。第三个阶段是做出"决定"的过程，要明确"选择什么途径"，这是从计划阶段列出的多种可能中确定最佳解决途径的环节。通过粘贴和决策矩阵图可以将决策过程可视化和清晰化。第四阶段将计划付诸"实施",这"怎样工作"。很多方法可以在这一阶段使用,比如采访法、角色扮演法、正反辩论法或四步教学法,可以采用报告、海报或展示等形式展现。第五个阶段是学徒对自己的工作成果所做的"检查",即"检查订单任务是否按照要求处理"。观察表和评价表有助于此阶段任务的完成,同样,一点询问法、靶子、闪光灯、优缺点分析法或项目的完结报告也有助于此阶段任务的完成。第六个阶段"评价"是学徒与培训师一起对工作成果进行的评价和分析,师生共同探讨如何做得更好。由小组成员将其工作成绩展示给大家,比如分析企业考察结果,将学徒的测量记录同"标准答案"对照。

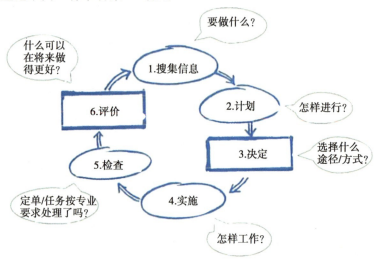

图 6-12　六步教学法

该方法适用于完全行动教学模式,往往适合有一定基础的学徒,配合的培训任务也应该是开放性的工作任务。采用六步教学法时应明确学徒与培训师的工作内容(表 6-5)。

表 6-5　六步教学法工作内容描述

步骤	学徒的工作	培训师的工作
1 搜集信息	分析工作任务 搞清缺乏的知识 选择信息来源	观察学徒 必要时给学徒咨询指导 让学徒能够利用信息源
2 计划	检查分工可能 做出几种解决方案 计划出步骤/评价标准	启发学徒思考 观察学徒 必要时给学徒咨询指导

续表

步骤	学徒的工作	培训师的工作
3 决定	认清几种解决方案的优缺点 决定出一个解决方案 写出解决途径，作工作计划用	进行谈话 让学徒说出决定理由 必要时给学徒咨询指导
4 实施	注意劳动保护 按工作步骤办 工作行动实施	观察学徒 必要时给学徒咨询指导 有危害时进行干预
5 检查	按标准检查结果 按检查步骤做 记下自检结果	观察学徒 必要时给学徒咨询指导 有危害时进行干预
6 评价	搞清故障/错误原因 对过程和结果进行评价 得出针对将来的结论	进行谈话 确认/批改评价 必要时给学徒咨询指导

❷ 四步教学法

四步教学法是培训师在培训中心中对学徒实际操作技能的直接指导，其实施的几个要点为：

（1）以工作或岗位的实践操作技能的强化为导向；

（2）提高学徒的独立工作方式，通过物质产品或精神产品的产出而确认其成果；

（3）为使理论指导实践而做准备，为学徒完成工作任务给出具体的提示。

运用四步教学法，一般分为四个阶段（图6-13、表6-6）：

图6-13　四步教学法

第一，解释工作任务，使学徒熟悉技术资料，以及所需要的材料，了解时间要求、质量参数和劳动保护。

第二，由培训师示范工作技能，如果有可能，可分步骤完成，可放慢进度，可重复，具体情况参考难度系数。

第三，由学徒独立操作，如果有可能由培训师指导和检查。

第四，由培训师和学徒共同对工作任务进行分析和评价。

表 6-6　四步教学法工作内容描述

第一步：准备和讲解（题目）	• 培训师准备，比如做工作分析/剖解（做什么、为什么、怎么做） • 宣布学习目的，讲明益处，讲解实施方式 • 给学徒做准备，激励学徒 • 准备工位
第二步：示范和讲解（工作过程）	• 培训师将整个工序或有意义的部分分阶段示范一下 • 培训师解释自己在做什么、怎么做和为什么恰恰这么做
第三步：让学徒模仿着做并且边做边解释	• 学徒第一次执行工作步骤，并要进行解释和说明理由（做什么、为什么、怎么做）
第四步：让学徒独立练习	• 培训师布置深化练习题 • 培训师评分、做学习目的检查

该方法主要用在示范非常固定的、形式化的工作过程时使用，适合传授基本技能；同时让学徒掌握行动模式；教学中学徒数量应很少，最好为 1 至 5 人；往往适合不具备或只具备很少相关基础知识的学徒，配合的培训任务也应该是封闭性的工作任务。

③ 谈话式教学法

谈话式教学的谈话内容可能是一个事情、一个任务或者学习对象，也有可能是学徒的行为。这有助于进入一个新的教学领域或者加深对知识和技能的理解。培训师可以通过教学谈话来确定培训内容、培训目标和培训计划。学徒可以通过积极参与制订培训计划来提高学习效果、掌握程度、学习积极性和学习意愿。该方法不适合超过 15 人的学习小组（图 6-14）。

④ 报告、展示教学法

报告是信息传递最快的方式（除了阅读和视频外）。报告人必须根据听众的知识水平来解释新的概念，通过图片、案例和比较使报告灵活多样。经验已经证明，以提问题的方式开始报告，会激发学徒的自我思考，调动其积极性。

展示法最重要的是报告与媒体（工具、机器、图表、幻灯片）运用的结合。在展示中，通过运用媒体手段，实现对展示内容的清晰表达；而报告起到的是补充的作用，比如展示在视觉、听觉和感觉上无法传递的内容。

采用报告、展示教学方法，必须针对学徒特点进行前期策划。而策划的核心内容是教学内容和组织形式，其要求是选择合适的媒体手段或其他方式，将教学内容完整表达出来，并确保学徒能理解接受。

图 6-14　谈话式教学

❺ 引导文教学法

引导文是引导学徒利用准备好的资料，尽可能独立地学习知识的一种方法，主要侧重于学习方法的引导。在设计引导文时，应尽量设计出可以实现引导学生进行完整的行动过程的引导问题（图 6-15）。

下面是引导文法的几个要点：

① 引导文法是在传授知识和掌握知识的过程中，使用书面引导课文的一种方法；

② 引导文法要遵守一定的步骤，这个步骤应遵循一定逻辑；

③ 引导文法应当能够通过直接对掌握知识过程的控制，引导学习者得出具体的结果，生产出产品；

④ 引导文法能够让学习者自己决定学习速度，复习已完成的部分内容；

⑤ 引导文法可以用于独立学习和小组学习。

引导文的核心组成部分为如下四个部分：第一，引导问题；第二，工作计划表；第三，检查表；第四，信息源。

一、信息

1. 在下面几个选项中，选出适合 Φ80 盘铣刀的转速。（   ）
   A. 400 r/min   B. 800 r/min
   C. 200 r/min   D. 1 150 r/min
2. 请写出图片上对应的铣刀名。
   (1)
   (2)
   (3)
   (4)
   (5)
3. 简述导板外形加工步骤。

4. 怎样对虎钳进行校平？

5. 铣削时，为什么要区分粗精加工？

6. 为什么端面铣削时会产生交叉纹？

7. 右图所示的工作人员是否有操作不当的地方？如果有，请说说哪里不当。

图 6-15　引导文

选择哪一种培训教学方法取决于以下方面：
① 培训单元的主题和内容；
② 需要传授的理论知识、专业技能和一般能力以及需要实现的详细培训目标；
③ 学徒情况及学习阶段；
④ 培训目标的难度；
⑤ 跨专业的学习目标和能力；
⑥ 现有的时间、工作环境等条件；
⑦ 准备采用的学习形式，比如小组工作形式。

四、培训模块案例

（一）培训模块——铣削加工实训

在模具机械工《职业院校课程大纲》中有一学习领域——"机加工"，对学习目标和内容进行了描述（表6-7）。

表6-7 机加工学习领域描述

科目 机加工和所涉及的方面	60 课时 fpL 12 课时
目标描述： 　　学徒们能够完成组件的加工；能够阅读总图、单件图、草图和零件清单；能够使用应用软件根据加工文件进行图纸的绘制和修改；知道工艺流程对加工质量的影响；掌握必要的切削和辅助工具的技术参数；能够选择并设置机床；能够在考虑到技术功能原则的情况下选择合适的加工方法；能够选择量具，拟定测量计划并记录测量结果；能够优化工艺流程，考虑到劳动保护及环境保护，能够演示工作成果；能够以正确的态度接受别人对自己工作的批评；能够考虑到经济因素选择合适的加工方法，也知道产品质量对企业的重要性。	
内容： • 技术信息 • 工作计划，安装表，刀具参数表 • 车削，铣削，磨削 • 加工参数 • 设备寿命，切削功率，主要使用时间 • 刀具及工件夹紧技术 • 质量保证 • 表面质量 • ISO 质量管理体系的极限与配合 • 形状与位置公差	

《企业培训大纲》对培训模块2的内容也进行了描述（表6-8）。

表 6-8　机加工培训模块 2 培训内容描述

科目	专业培训内容	能够独立进行职业所需的计划、执行以及检查的各项核心技能	课时
5	企业内技术沟通（§18 Abs. 1 Nr. 5）	1. 信息的处理与评估 2. 完成草图及零件清单 3. 能够安排、补充、评估和使用该职业所需的技术资料等文件	5~7个月
6	工作流程的计划与控制，成品的检查与评估（§18 Abs. 1 Nr. 6）	1. 选择刀具和材料，进行及时的运输、测试和部署 2. 根据经济性和规定的时间计划和执行工作流程 3. 测量方法和量具的选择和使用	
7	材料的区分、分配和整理（§18 Abs. 1 Nr. 7）	根据使用状态对材料进行整理、分配和处理	
8	部件和组件的安装（§18 Abs. 1 Nr. 8）	1. 刀具和机床的操作 2. 选择刀具和夹紧装置，工件的夹紧和调整 3. 手工加工和机器加工的方法 4. 工件的分割与成型	
13	使用不同的加工方法完成工件（§18 Abs. 1 Nr. 13）	1. 设备参数的确定和设置，刀具的选择、准备和使用 2. 在考虑到半成品和工件的加工方式和材料特性的情况下进行校准和夹紧	
18	测量（§18 Abs. 1 Nr. 18）	1. 根据使用目的选择测量方法和测量工具 2. 使用机械、光学、电子、气动等量具测量零件的公差	

其中，科目序号指的是《企业培训大纲》中将专业培训内容进行分类后排列的序号，而培训模块则是对多个专业培训内容的实施。

针对这一个培训内容的描述，培训师设计《铣削加工实训》的培训模块，确定培训目标和内容（表 6-9）。

表 6-9　铣削加工实训培训目标与内容

课程 5：铣削加工实训		第二学期　学时：96
教学目标	能熟练操作普通铣床，具备普通铣削的能力；能合理规范地使用铣床；能合理选择和使用各种常见铣床刀具及通用和专用夹具；能正确选择铣削技术参数；能够分析组件图、工作计划以及零件图；能够计划加工流程、确定技术参数；能够依据工艺流程对尺寸和表面质量的要求，选择合理的量具并制作测量记录表，评估质量；具备搜集资料、阅读资料和利用资料的能力	
教学内容	5S 现场管理及 TPM 生产维护；铣床的功能、操作方法及保养方法；常规铣削技术的相关方法与知识；常规检测工具的使用方法；国标及德标工程图纸的解读；工作计划的制订方法；完成 AHK 培训要求的较复杂零件的铣削加工	

续表

课程5：铣削加工实训		第二学期　学时：96
培训单元设计	培训内容	拟实现的核心技能
	安全生产和规范操作	1. 能做到安全文明生产、遵守培训纪律 2. 能主动按要求穿戴好劳保用品 3. 能够进行机床和场室管理的5S规范及TPM管理规范
	十字块加工	1. 能对各类台阶铣削，进行正确装夹 2. 能熟练操作铣床，完成零件加工 3. 能正确铣削长方体各平面 4. 能正确控制长方体各平面的平行度和垂直度 5. 能正确铣削十字台阶 6. 能保证各种台阶的尺寸精度和位置精度 7. 能掌握台阶的质量分析方法
	导板加工	1. 能对各类台阶、沟槽加工用铣刀进行正确装夹 2. 能熟练操作铣床完成零件加工 3. 能正确铣削长方体各平面 4. 能正确控制长方体各平面的平行度和垂直度 5. 能正确铣削台阶、通槽、键槽 6. 能熟练进行尺寸控制
	滑阀加工	1. 能正确使用平面度的检验方法 2. 能根据尺寸公差掌握各平面的铣削步骤 3. 能正确铣削台阶、通槽、键槽 4. 能保证各台阶、通槽、键槽的技术要求及尺寸控制 5. 能掌握配合尺寸的控制方法
	六角盘盖加工	1. 能铣削圆盘件端面 2. 能正确检测圆盘件厚度 3. 能正确铣削六角盘台阶、十字槽 4. 能保证六角盘的技术要求及尺寸控制 5. 能正确铣削十字槽 6. 能保证十字槽的技术要求及尺寸控制
	设备维护和保养	使用机床后能进行简单维护和日常保养

对应铣削加工实训培训模块应设定恰当的评价标准（表6-10）。

表6-10　学徒成绩评价与考核表

评价项目	评价内容	评价形式	权重	分值
培训证明	培训证明的工作质量	培训证明	9	9
课堂考勤和平时表现	依据《日常行为评价细则》进行工作态度评价	《日常行为评价表》汇总	21	21

续表

评价项目	评价内容	评价形式	权重	分值
十字块加工	工作质量	工作成果（具体参考评分表）	15	15
导板加工	工作质量	工作成果（具体参考评分表）	15	15
滑阀加工	工作质量	工作成果（具体参考评分表）	20	20
六角盘盖加工	工作质量	工作成果（具体参考评分表）	20	20
合计			100	100

根据评价标准设计相应的评分表（图 6-16）。

1. 工作页评价和技能操作成绩

（各项的"百分制成绩"＝"中间成绩 1"÷"除数"，各项的"中间成绩 2"＝"百分制成绩"×"权重"；"工作页评价"和"技能操作成绩"分别为它们上方的"中间成绩 2"之和）

序号	工作页评价	中间成绩 1	除数	百分制成绩	权重	中间成绩 2
1	信息	A1	0.2		0.2	
2	计划	A2	0.3		0.3	
3	决策	A3	0.3		0.1	
4	实施	A4	0.7		0.4	

Feld 1 得分：　　／100

工作页内容填写成绩（满分 100 分）　Feld 1

序号	技能操作	中间成绩 1	除数	百分制成绩	权重	中间成绩 2
1	工作过程检查	B1	0.3		0.5	
2	目测检查	B2	0.6		0.5	

Feld 2 得分：　　／100

技能操作成绩（满分 100 分）　Feld 2

2. 总成绩计算

（各项的"中间成绩 2"＝"中间成绩 1"×"权重"；"总成绩"为其上方的"中间成绩 2"之和）

序号	项目	中间成绩 1	权重	中间成绩 2
1	工作页评价	Feld 1	0.7	
2	技能操作	Feld 2	0.3	

总成绩：　　／100

总成绩（满分 100 分）　总成绩

图 6-16　评分表

本书收录了《铣削加工实训》培训模块案例——任务"外形尺寸铣削"的部分摘录内容（附录 3）。

（二）Mini-company 模块

通过构建 Mini-company（迷你企业），学徒在培训师领导下，接受内外各部门的真实订单任务。通过 Mini-company 运营，提高学徒生产理念，使其熟悉生产流程和企业各部门合作关系。学徒接受的订单有以下几个来源：培训中心自身生产与改造需求、签订学徒协议的企业生产研发订单和职业院校科研与后勤部门改造任务等。Mini-company 模块的实施是完全的行动过程，培训师运用六步教学法指导学徒完成企业订单这一开放性的工作任务。在工作过程中，会涉及工作流程、质量管理、制造与设计、采购、分工合作、客户洽谈、产品移交以及维护维修等内容（表 6-11、图 6-17）。

表 6-11　Mini-company 实施流程表

流程	内容
客户提出订单	客户提出明确需求（文件确认），根据客户需求，得到客户需求信息
培训中心确认	带学徒到客户现场根据需求情况及各方面因素（实施难度、交货周期、刀具、材料、人员等）确定是否能接受订单
培训中心报价	培训师根据涉及的费用（材料，刀具，工时，运输等花费），给出相应的报价单
客户确认	客户收到报价后，确认实施，启动生产计划及跟踪，学徒须定期汇报生产进度
样件加工	培训师根据客户指定的交货期，规划项目生产顺序；根据设备使用情况，调配学徒加工时间段；根据加工数量，实施难度，原材料，工具等问题，做出对应的规划 学徒接到项目后，需制订加工方案，填写加工流程单，编写工艺及加工参数 培训师需审核学徒填写的加工流程单，审核确认合格后学徒才可以批准生产 学徒在制作样件时，必须先按图纸要求生产样件产品，没有得到培训师确认合格不可以做下一个零件。培训师应在学徒加工过程中给予示范及建议
客户确认	项目中做的第一个零件需给客户确认，零件符合要求需填写回执单给客户签字确认；零件若不符合要求，培训师带领学徒和客户筛查原因，更正流程，更新方案，重新加工，直到客户确认首件合格
批量生产	收到客户回执单后，学徒可根据图纸、样件的要求进行生产。生产时对零件进行检验，并将检验数据填写到检测报告上

续表

流程	内容
交付客户	加工全部完成后，在发货之前，须对零件进行再一次全检（出货检验和加工检验不能同一个人），合格后再交给客户。若不合格，将根据零件不良情况进行返修，若不能返修则做报废处理。学徒须分析加工不良的原因，将所得经验分享给大家 最终检验完合格的零件由培训师带领学徒交付给客户 客户接收的产品，若合格，投入使用；若不合格，则交付给培训师进行修复
财务清算	培训师指导学徒进行财务结算
项目总结	学徒将所有项目资料全部归纳存档（图纸、照片、报价单、服务单、检测报告等），填写项目报告，开展经验分享

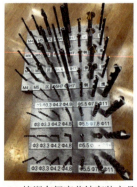 

(a) 培训车间麻花钻套装产品　　(b) 院校创新项目订单产品

图 6-17　Mini-company 产品图

第二节　考试内容与组织

跨企业培训中心在考试委员会组织下，进行相关职业工种的考试组织与实施。与传统的考试不同，跨企业培训中心在学徒培养全过程中，采用学校、企业、行业协会等在内的多元评价体系，对学生的培养质量作出实事求是的评价，提升了评价的信度与效度。本节以德国 AHK 职业考试为例，阐述跨企业培训中心考试内容与组织形式。

一、考试大纲及形式

跨企业培训中心的"双元制"学徒分两次参加毕业考试，即毕业考试第一部分和第二部分（旧称"期中考试"与"期末考试"），取得由 AHK 工商业协会颁发的证书，才算是完成了职业教育的学业（图 6-18）。

图 6-18　AHK 证书样本

（一）考试目的

AHK 考试是为了验证学徒是否具备必备的知识和技能，是否拥有一定工作经验，是否熟练掌握学校和企业教授的内容；考试的目的是检查学徒的技能与学习能力。AHK 颁发的职业资格证书不仅能证明持证人的专业技能，而且可以使持证人在求职过程中有权要求得到相应的工作和劳动报酬，使技能与工资真正挂钩。

（二）考试形式与内容

一般情况下，学徒在接受一年半教育后参加由行业协会组织的统考（毕业考试第一部分），不合格的将取消"双元制"学徒资格；在 3 年或 3.5 年的学习全部结束后（一般在培训结束前一个月）参加由行业协会组织的统考（毕业考试第二部分）。

在德国，职业教育毕业考试分为夏季和冬季两个考期；而在国内，考期由行业协会与职业院校共同确定。

毕业考试又称为"职业入门考试"，考试通过与否会直接关系到学徒能不能结束学业。毕业考试未通过者可以补考两次，补考不及格的学徒将被取消毕业资格。考核合格后，学徒可以获得职业学校的毕业证书、企业培训证书和 AHK 颁发的职业资格证书。

学徒在考试前一个月收到考试通知后，须向协会递交书面报名资料及相关资料申请等，再由协会审核并确定其是否有资格参与考试，给有资格参加考试的学徒发准考证和考试通知。

毕业考试的形式主要是书面考试、实操考试和口试。毕业考试第一部分主要是完成一个企业订单任务及理论考试。企业订单任务是学徒从企业日常任务中选出来的具有可行性和评估标准的考试模块。毕业考试第二部分则由工作计划、功能分析和经济与社会学三个考试项及理论考试组成。毕业考试的总成绩至少达到及格（总分的 50%）要求，其中各个单项成绩至少达到及格（总分的 50%）要求。

毕业考试内容直接选自日常职业或企业现实生产，是一个基于行动导向的完整行动过程。毕业考试第一部分：检查学徒在培训期间的学习和培训情况，审查学徒是否有资格参加第二部分考试。毕业考试第二部分：检查学徒在培训后是否掌握了《企业培训大纲》和《职业院校课程大纲》所规定的实际技能和理论知识。

以下是毕业考试内容选定的标准与样题示例（图 6-19、图 6-20）。

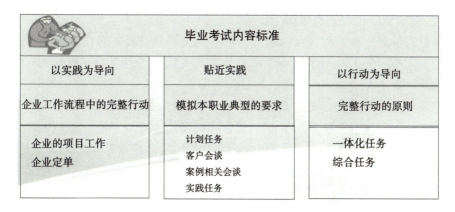

图 6-19　毕业考试内容标准

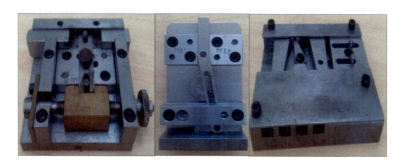

图 6-20　模具机械工第一部分考试订单任务样题

二、考试准备与组织

(一) 毕业考试报考条件

主管毕业考试资格审查的是德国工商大会。由工商大会检查学徒是否具备条件，宣布参考资格。学徒需要填写考试申请信息，同时学徒需要满足以下条件。

（1）已完成职业培训或最迟在毕业考试日期前两个月内能完成培训期所有培训。

（2）参加规定的期中考试并持有相关培训证明。培训证明是学徒在参加毕业考试前的培训过程记录，需经培训师确认并给予评价。

（3）将职业教育关系（培训师和学徒）条款列入职业培训合同中。

毕业考试分成两个部分，并于不同时间对学徒进行考核。完成职业教育条例所要求的培训的学徒才可参加结业考试第一部分；已参加过结业考试第一部分考试的学徒，才可参加结业考试第二部分的考试，未参加结业考试第一部分考试的不允许参加第二部分的考试。

（二）考试委员会的组成和任务

考试委员会是在工商大会的指导下成立的，必须选择一名主席与一名副主席，二人应不属于同一单位。考试委员会有决议权，但至少有三分之二的委员到场，且不得少于 3 人。考试委员会委员不一定是专业技术方面的专家，但一定要具备考试专业必要的职业知识和动手能力；而最关键的是考试委员会委员必须是考试专业领域的专家，适合参与考试事务。同时，考试委员会委员要具备优秀的职业道德、严谨的工作态度，能够客观对待考试和学徒，具备相当丰富的职业与劳动教育学知识。一般情况下，需要参加考官培训获得考官证书（图 6-21），才能加入考试委员会。

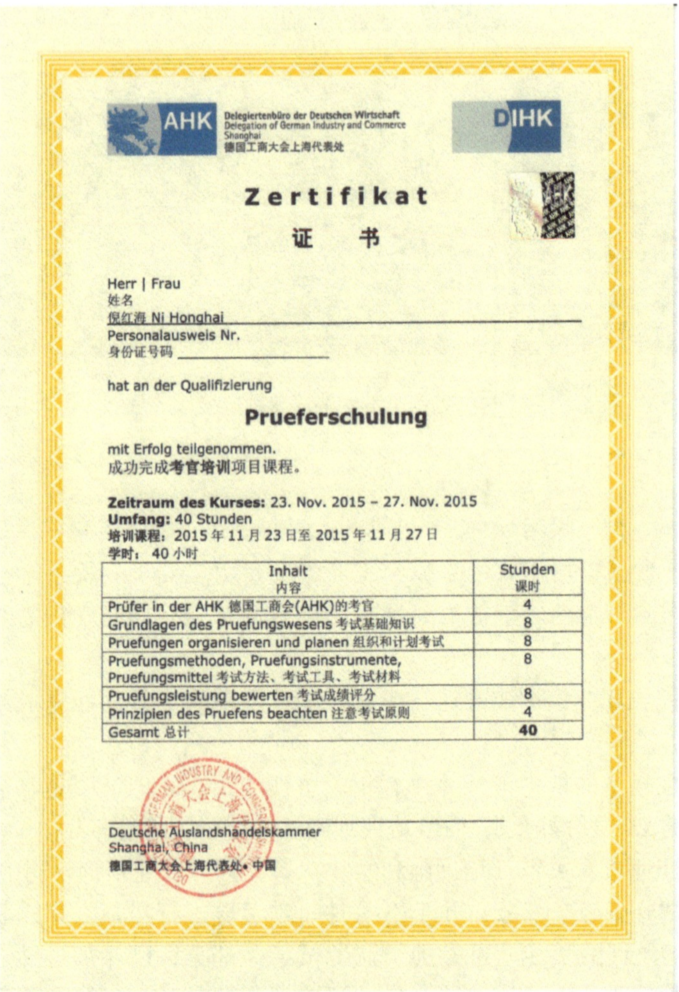

AHK Delegiertenbüro der Deutschen Wirtschaft
Delegation of German Industry and Commerce
Shanghai
德国工商大会上海代表处

DIHK

Zertifikat

证 书

Herr | Frau
姓名
倪红海 Ni Honghai
Personalausweis Nr.
身份证号码 __________

hat an der Qualifizierung

Prueferschulung

mit Erfolg teilgenommen.
成功完成**考官培训**项目课程。

Zeitraum des Kurses: 23. Nov. 2015 – 27. Nov. 2015
Umfang: 40 Stunden
培训课程： 2015 年 11 月 23 日至 2015 年 11 月 27 日
学时： 40 小时

Inhalt 内容	Stunden 课时
Prüfer in der AHK 德国工商会(AHK)的考官	4
Grundlagen des Pruefungswesens 考试基础知识	8
Pruefungen organisieren und planen 组织和计划考试	8
Pruefungsmethoden, Pruefungsinstrumente, Pruefungsmittel 考试方法、考试工具、考试材料	8
Pruefungsleistung bewerten 考试成绩评分	8
Prinzipien des Pruefens beachten 注意考试原则	4
Gesamt 总计	**40**

Deutsche Auslandshandelskammer
Shanghai, China
德国工商大会上海代表处 • 中国

图 6-21 考官培训样本

考试委员会委员最主要的任务就是笔试阅卷评分、口试及实操考试实施与评分。考试委员会主席每年定期召集会议，会议的主要任务有：

（1）决定考试委员会成员更替；

（2）考查考试企业和培训企业的考试前期组织工作是否符合相应工种培训条例和考试要求；

（3）确定考试场地与人数及考试职业方向；

（4）商定考试场次，安排巡考人员（图6-22）。

No. 序号	Place 考试地点	Name 考官姓名	Time 考试时间		Remark 备注
1	DAWT 太仓德资企业专业工人培训中心　39人	Shi Jianhao 施建浩	2015/4/10 理论		
		Zheng Yong 郑勇	2015/4/13	2015/4/17	
		Shi Jianhao 施建浩			
2	CSI 苏州健雄职业技术学院　27人	Zhu Bing 朱兵	2015/4/10 理论		
		Yu Jingfen 余敬芬	2015/5/4	2015/5/6	
		Zhu Bing 朱兵			
3	Maanshang 马鞍山工业学校（切削）				未知
4	BBT 巴伐利亚培训中心				暂无
5	Bosch Suzhou 苏州博世　2人	Ma Xinfeng 马新风	2015/4/10 理论		
		Ni Honghai 倪红海	2015/5/7		
6	湖北轻工职业技术学院（切削）　21人		2015/5/24 理论		
			2015/5/25	2015/5/26	
7	TCVEC 太仓中等专业学校（切削）　>30	Shi Jianhao 施建浩	2015/6/22 理论		
		Shi Jianhao 施建浩	2015/6/25	2015/6/26	
8	北京博世力士乐				未知

图6-22　2015年AHK模具机械工及切削机械工毕业考试考官安排

三、考试实施与评价

（一）考试实施的前期准备

学徒通过资格审查，考试委员会确定考试职业方向和考试场次后，在正式考试开始前二至三个月，考试委员会将为培训企业和考试企业提供工作订单任务的准备资料清单（图6-23、图6-24）。由于毕业考试的内容选用的是

"企业订单任务",而实际正式实操考试只有一到两天的时间,因此需要在正式考试前,做好"企业订单任务"的大量基础性准备工作。

培训企业通过分析工作订单准备资料,为学徒提供必备的设备、工量辅具及各类标准件等,并帮助学徒完成考试前工作订单的前期准备。由于前期准备涉及物品的采购、加工布置和安装调试等工作,因此准备周期会随工作订单难度、参与考试人数及培训企业软硬件条件的具体情况有所不同。

考试企业通过分析工作订单准备清单,为学徒提供正式考试所需的工作环境、工位、设备、工量辅具及标准件等。"企业订单任务"的前期准备内容,由培训企业协助学徒准备好后,带到考试企业的考试环境中,供学徒考试时使用。

由于部分企业和培训企业可能不具备条件,不能完成前期准备,允许培训企业为学徒通过指定机构购买完整的"企业订单任务"准备物品套件。

在此,以模具机械工 2015 年的前期准备资料为例。

AHK 毕业考试第2部分——2015年	
考试企业标准准备清单	模具机械工 冲压技术

下列一个总的材料清单,考生根据清单选择加工工件所需的工具、检具和辅具。
也可以使用企业通常使用的、类似的工具、检具和量具。

Ⅰ　必须为每个考生准备的设备和工装:
1.　1个带台虎钳的工位(钳口宽度100至150mm,配保护钳口或者磨削过的钳口)。

Ⅱ　必须为每1至3名考生准备的设备和工装:
2.　1个划线工位
　　用于划线的附件
2.1　1把250mm高度尺
2.2　1把划线角尺
2.3　1个划线V型垫铁
3.　1台带机用虎钳和附件的台式钻床,钻削范围至10mm。
4.　1台带机用虎钳和附件的立式钻床,钻削范围至16mm,适合铰孔。
5.　　立钻的附件
5.1　1个φ1至φ13mm的钻夹头和用于最大16mm钻头的过度锥套。
6.　　冷却液
7.　1台带夹紧附件的手动压力机,或者类似设备,所用模具规格:160×200mm,模柄螺纹M24×1.5
　　　　　　　　　　　　　　　　　　　　　　　　　　(为每1至8名考生准备)
8.　1台砂轮机　　　　　　　　　　　　　　　　　　(为每1至20名考生准备)

W14 3953 C1-C AHK 2015　　　　　　　　　　　　　　　　　　　-1-(2)

图 6-23　考试企业标准准备清单

图 6-24　培训企业准备资料

（二）考试实施

毕业考试分为理论考试和实操考试两部分，考试流程基本相似，先在学校或考试企业笔试，然后在企业或考试企业进行实操考试，考试分为两大部分（图6-25）。

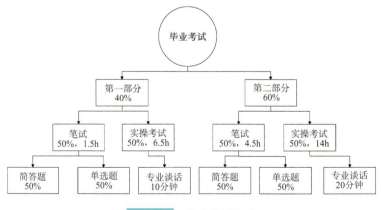

图 6-25　毕业考试组成

虽然毕业考试有统一标准的实施方案，但是针对具体的职业，考试过程应该有所区别。本节以模具机械工的毕业考试为例，阐述考试的具体实施。

① 理论考试

毕业考试第一部分的理论考试时间为 1.5 小时，毕业考试第二部分的理论考试分为"订单与功能分析"和"加工技术"两套，各为 105 分钟，共 4.5 小时。每套试卷会提供对应的图纸，所有题目和对应图纸的技术知识相对应。

每套试卷有选择题 28 题和简答题 8 题。其中，在 28 道选择题中，学徒只要答 25 道即可，哪 3 道题不答，由学徒自己决定；在给出的 28 道选择题中，有 8 道是必答题，如果选择不答必答题，视为答错；选择不答的题必须在答题纸上将该题的 5 个备选答案选项全部划掉，如果没有将不做的题的备选答案在答题纸上划掉，最后 3 道题将不予评判。

开始理论考试前，应注意辨别每套试卷对应的专业方向；开始考试后应注意辨别每套试卷对应的图纸。考试过程中，允许使用相应的职业手册、无编辑存储功能的计算器、学徒自己整理或购买的公式集、绘图工具。

② 实操考试

毕业考试第一部分的实操考试内容是工作任务（包含情景专业对话），时间为 6.5 小时。具体内容对应一定的权重（表 6-12）。

表 6-12　毕业考试 1 工作任务实施内容

实施内容	权重
实施	85
检查	10
情境专业对话（最多 10 分钟）	5

毕业考试第二部分的实操考试内容是"企业订单任务"，时间为 14 小时。其中在考试企业实践任务准备时间为 8 小时，主要是核对培训企业在考试前期准备的考试物品，熟悉考试企业提供的工作环境、工位、设备等；并对第二天开展任务的工作计划，准备工量辅具标准件；这一部分中的信息与计划的分数占总分的 10%。在考试企业实践任务实施时间为 6 小时，主要是依据制订的工作计划完成工作任务，并进行检查，以及完成一次不超过 10 分钟的专业对话；考官通过对实践工作任务的过程进行观察并进行专业对话，对与实践任务实施相关的过程处理能力做出评价。

在考试实施阶段考官必须要注意，不允许学徒之间私下交流并建议所有学徒在考场同时开始考试。考试过程中，学徒可使用相应的职业手册、无编辑存储功能的计算器、学徒自己整理或购买的公式集、绘图工具。

毕业考试第二部分具体内容也对应一定的权重（表6-13）。

表6-13　毕业考试2工作订单实施内容

实施内容	权重
信息与计划	10
实施	80
检查	10
观察，考试当中的专业对话（最多20分钟）	分配到各阶段

❸ 毕业考试实践任务实施过程

下面针对毕业考试第二部分，具体阐述工作订单实施过程：

（1）给学徒发放以下资料，处理工作订单："工作订单说明"工作页；图纸；"信息与计划"工作页；"检查"工作页。

学徒在规定的时间（6个小时）内熟悉考试资料。然后分（搜集）信息和制订工艺计划阶段、实施阶段、检查阶段来完成所要求的工作任务。至于处理的顺序，则由学徒根据实际需要自行决定。

（2）信息和计划阶段

考试一开始，学徒应该查找信息和制订工艺计划，因为这直接关系到对工作订单试题的理解。评分直接在"信息与计划"工作页上进行。另外，地方考试委员会可以另外增加题目，但在增加时必须对各题的权重做相应调整。

（3）实施阶段

学徒必须按"工作订单说明"工作页上的规定要求学徒独立处理工作订单。学徒在规定的6个小时内按照加工资料要求独立完成工作订单要求。学徒必须在监考人员监督下做功能检查。

如果工作订单的功能不完善而学徒规定的时间尚未用完，则必须给学徒查找故障和排除故障的机会。考试委员会在"信息与计划"阶段、实施阶段及检查阶段对学徒进行观察，并做记录，进行情景专业对话，根据观察结果进行打分；必须要注意的是这些均不能干扰学徒的思路，不能影响学徒的加工操作。但若发现安全隐患或学徒操作存在较大错误有可能会影响考试进程时，则须立即指出。

（4）检查阶段

学徒要评价工作订单的各种功能和整体功能，并要制作"检查"工作页。"检查"工作页的内容可以在实施期间完成。考试委员会可针对给定的特征值另外增加其他的特征值。需要注意的是，必须对"检查"工作页上的权重进行相应调整。当学徒发现故障时，应允许其在规定考试时间内纠正。

对"检查"工作页列出的特征值的评价，其意义是检查学徒是否能正确评价所做的工作结果，而工作结果是否满足要求和这一项评分项无关。

考试时间结束后，学徒必须把资料和完成加工的工作订单交给考试委员会。此时考试委员会必须确认在工作页上及完成加工的工作订单上都有学徒的考号。

（5）情景专业对话

工作任务的情景专业对话，目的是反映学徒对综合专业知识的掌握程度，以及学徒是否能开展专业技术交流。要求学徒通过针对工作任务的情景专业对话证明以下能力：能够表述专业方面的问题及其解决办法；能够阐述与工作订单相关的专业背景情况；能够说明处理工作订单时采取某种实施方案的理由。

情景专业对话在学徒处理工作订单时进行，并进行记录，然后由考试委员会在"情景专业对话"评分表上评分（满分10分）。情景专业对话的成绩结果要转填到"工作订单"评分表上。

考试中何时考专业对话不做规定，只是要注意不要粗暴地打断学徒工作。对话可以集中一次性完成，也可以分几次进行，但总时间不能超过20分钟，此时间含在工作任务规定时间内。

工作任务情景专业对话没有规定主题，考核内容围绕学徒做的工作任务展开。比如，可以是在接受任务时和客户（考试委员会）的对话、针对信息与计划阶段的对话、针对实施阶段的对话、针对检查阶段的对话、针对给客户移交产品时的对话。

（6）观察

观察是由考试委员会实施的。主要观察学徒在毕业考试第二部分中展示的过程处理方面的能力，同时对劳动保护、安全生产及环境保护等方面做出评价。

应明确整个毕业考试各个部分情况及内容和时间安排（图6-26）。

模具机械工毕业考试			
毕业考试第一部分 权重：40		毕业考试第二部分 权重：60	
综合工作任务		考试科目	
- 工作任务（包括情景专业对话）	- 理论考试	- 工作定单 "实践任务"	- 定单与功能分析 - 制造技术
权重： 50 规定时间： 6.5小时	权重： 50 规定时间： 1.5小时	权重：50 规定总时间： 14小时	权重： 50 规定总时间：4小时30分
- 工作任务（包括情景专业对话的实施）	- A部分 权重： 50 23道选择题，其中： 选3道划掉不答 6道为必答题，不得划掉 3道数学题 3道技术交流题（制图题）	- 准备 规定时间： 8小时 - 实践任务的实施 规定时间： 6小时	- 定单与功能分析 规定时间： 105分钟 权重： 50 - A部分： 28道选择题，其中： 选3道划掉不答 8道为必答题，不得划掉 4道数学题 4道技术交流题（制图题）
阶段｜权重 实施｜85 检查｜10 情景专业对话（最多10分钟）｜5	- B部分 权重： 50 8道主观题，每道必答	阶段｜权重 信息与计划｜20 实施与检查｜40 观察，考试当中的专业对话（最多20分钟）｜40	- B部分 · 8道主观题，每道必答 - 制造技术 规定时间： 105分钟 权重： 50 - A部分： 28道选择题，其中： 选3道划掉不答 8道为必答题，不得划掉 4道数学题 4道技术交流题（制图题） - B部分 8道主观题，每道必答

图 6-26　模具机械工毕业考试各部分情况表

（三）考试评价

工作订单的评分主要包括信息与计划，实施与检查，观察及情景专业对话等项目。在评价过程中，对不同类型的评分项应该采用针对性的评分标准。在毕业考试中，各评分项可以概括成主观题和客观题两类，考试委员会推荐的评分等级如下。

客观题10分或0分，主要涉及选择题和检查阶段的特征值评价。

主观题0~10分；主要涉及简答题、信息与分析、专业对话及观察等。主观题和情景专业对话的评分应参照一定的标准（表6-14、表6-15）。

表 6-14　主观题推荐评分标准

分值（分）	程度
10	所做工作特别符合要求
9	所做工作完全符合要求
8	所做工作基本符合要求
7	
6	所做工作有缺陷，部分符合要求
5	
4	所做工作不符合要求，但能正确运用基础知识
3	
2	所做工作不符合要求，不能运用基本知识，或根本未做
1	
0	

表 6-15　情景专业对话推荐评分标准

分值（分）	程度
10	解释/回答的结果，没有任何不足
9	解释/回答的结果，有很小不足
8	解释/回答的结果，有一些不足
7	
6	解释/回答的结果，有不足，但能解释/回答提问
5	
4	解释/回答的结果，有很大不足
3	
2	解释/回答的结果，不能解释/回答提问
1	
0	

第七章

跨企业培训中心现场标准化管理

跨企业培训中心将国际标准、国家标准、行业标准与企业现场管理有效结合,转换成跨企业培训中心现场管理独特的标志,将企业文化与培训中心文化融为一体,创造独具一格的跨企业培训中心现场管理标示系统,从而让跨企业培训中心现场管理水平达到较高程度。

培训中心在环境、安全、健康、5S及TPM(全员生产维护)、CIP(持续改进)、可视化等现场管理推行过程中通过更多指引,改变学徒的行为习惯,形成良好职业素养,这是一个庞大的系统工程。因此,跨企业培训中心现场标准化管理应运而生。

第一节 安全管理

现场安全管理应从引起安全事故的原因入手,建立安全责任落实到位制度和措施,制定现场安全作业标准,配好个人劳动防护用品,确保机械设备的安全,消除现场习惯性违规操作,识别和控制好危险源,做好消防管理,配备急救药箱等基础上,强化和重视安全教育,加强现场安全检查管理,完善现场安全应急预案,正确并及时做好现场安全事故处理。

一、安全管理措施

(一)签订安全责任书

在开展培训活动前,首要的就是将安全责任落实到位,树立安全责任意识。培训中心要建立四级安全责任人管理制度,签订安全责任书。第一级,培训中心总经理要签订培训中心安全培训第一负责人任命书;第二级,各场室管理人员要签订场室管理员安全培训责任书;第三级,培训师签订培训师安全培训责任书;第四级,学生进入培训中心实训前,培训师要给学徒讲解保证安全的重要性,并要求学徒在进行安全宣誓后,签订学徒培训规范责任书。

培训中心要做好安全责任宣传工作，通过在宣传栏张贴"安全培训，人人有责""安全第一、预防为主"等系列标语，使领导、场室管理员、培训师、学徒时时意识到自己的安全责任。

（二）制定安全作业标准

为了减少安全事故的发生，培训中心除了遵守国家及省教育厅教育安全法律法规的规定，还要结合场室自身特点自行制定现场安全作业标准，促使培训师和学徒养成自觉遵守作业规范的习惯，逐步培养良好的操作习惯，进而提升职业素养。为了保证师生的安全规范作业，培训中心根据相关文件制定相应的现场安全作业标准，主要有以下内容：

① 通道、各区域划线，加工品、材料、搬运车等不可超出线外或压线放置；

② 工装夹具、模具、机械结构件以及工具等，使用完之后归还原处；

③ 物品按要求放置，堆积时要注意一定的高度限制，以免倾倒；

④ 灭火器放置处、消防栓、出入口、疏散口、配电盘、医药急救箱放置处等禁止放置无关物品；

⑤ 应将易燃易爆危险品放置在专区，并由专人管理；

⑥ 将材料或工具靠放在墙边、柱旁或指定区域时，一定要采取措施，以防倒下；

⑦ 专业人员使用的机动车、设备，其他人不得违规使用；

⑧ 制定各机床电气设备安全操作规程及作业指导书。

（三）消除习惯性违章

师生应知晓习惯性违章和常见违章行为条款，并采取有效措施预防，从而降低安全事故的发生率。

① 消除学徒的常见违章行为

① 培训师要加强监督，发现学徒实训时在培训场所聊天、打闹、串岗或离岗、玩手机等违反劳动纪律的行为，要加强教育引导。

② 发现学徒不按规范穿戴劳动防护用品，留有长发（披发或梳发辫，长度超过颈部），不戴工作帽或不将头发置于帽内就进入有旋转设备的实训操作区域，或在操作旋转类机床设备时敞开衣襟等这些现象时，要加以制止并进行教育。

③ 发现学徒操作前不检查设备、工具和工作场地，发现设备有故障或安

全防护装置缺乏、损坏，发现设备或现场存在隐患不排除、不报告，并冒险操作；在禁火区域吸烟等现象时，培训中心培训主管，培训师一定要对学徒进行批评教育，要求学徒写反思报告。

④ 学徒跨越运转设备，在设备运转时传送物件、触及运转部分或开动报废设备，攀爬吊运中的货物，以及在吊物、吊臂下通过或停留时，培训师亦要加强教育，批评指正。

❷ 提高师生习惯性违章的预防能力

师生在培训中心培训，应对习惯性违章行为采取预防性措施（表7-1）。

表 7-1　习惯性违章防范措施

责任人	违章行为	防范措施
培训师	不遵守培训中心规章制度的行为	在每天培训前要对学徒进行遵守纪律、注意安全的集中教育；提出纠正意见，并督促学生加以改善
场室管理员	不遵守机床操作规程，不按操作指导书规范操作行为	监督与规范学徒实训操作行为
培训中心经理	出现违规违纪行为	具体分析违章违纪的发生过程及发生状况；有针对性地举例对学徒进行教育，以起到警示作用
培训师	不了解、不熟悉操作规程，并不认真执行安全规范或错误操作方法，防止因不理解盲目操作	运用展板宣传的方式进行展示，开展专业技术培训，提高学徒对违章行为的认识
培训中心	经常性和习惯性违章	定期组织实训学徒参加安全培训；主要讲解安全方面的政策、法律法规和规章制度；采用防错、容错措施

（四）危险源管理

师生对危险源的认识要到位，要知晓在一个系统中具有潜在能量和物质释放危险的、在一定的触发因素作用下可转化为事故的部分、区域、场所、空间、岗位、设备及位置。

❶ 熟悉危险源的类别

师生要认清常见的危险源的类别，本书列举了常见的具体类别（表7-2）。

表 7-2 常见危险源的类别

序号	类别	说明
1	事故类型	能量源或危险物的产生、储存
2	物体打击	使物体落下、抛出、破裂、飞散的设备、场所、操作
3	车辆伤害	车辆、使车辆移动的牵引设备、坡道
4	机械伤害	机械的驱动装置
5	起重伤害	起重、提升机械
6	触电	电源装置
7	灼烫	热源设备、加热设备、炉、发热体
8	火灾	可燃物
9	高处坠落	高度差大的场所，人员借以升降的设备、装置
10	坍塌	料堆、料仓等

② 危险源辨识的方法

危险源辨识方法很多，本书列举了多种识别危险源的（表 7-3）。

表 7-3 辨识危险源的方法

序号	辨识方法	说明
1	询问交流	与经验丰富的企业、培训中心管理人员交流，发现工作中存在的危险源
2	问卷调查	准备好一系列问题，到现场观看，与培训师及管理人员交流沟通，以危险源的信息
3	现场观察	对培训中心培训现场进行观察，发现存在的危险源；现场观察人员应有安全技术知识并掌握职业健康安全环境等方面的法规、标准
4	查阅有关记录	查阅培训中心的历史记录，从中发现存在的危险源
5	获取外部信息	通过有关组织、文献资料、专家等获取有关危险源的信息，并加以分析研究，以辨识培训中心存在的危险源
6	工作任务分析	分析培训中心培训师、学徒在培训、训练中所涉及的危害，以识别危险源

③ 危险源的控制

对危险源的控制有多种方法，本书列举了主要的具体控制方法及措施（表 7-4）。

表 7-4　危险源的控制方法及措施

序号	控制方法		具体措施
1	技术控制		消除、控制、防护、隔离、监考、保留、转移等
2	个人行为控制		加强教育培训，避免出现人为失误（操作失误、指挥错误、判断错误、粗心大意、厌烦、懒散、疲劳、紧张或生理缺陷、错误使用防护用品和防护装置等）
3	管理控制	制度管控	建立健全各项规章制度（培训师安全培训规范、危险源控制实施细则、安全操作规程、日常管理制度、检查制度、反馈制度、异常情况应急措施等）
4		定期检查	明确责任人，明确定期检查责任和工作
5		设置安全标志牌	在危险源的显著位置悬挂安全标志牌（标明危险等级、负责人、注明防范措施），也可列出职业健康安全告示牌
6		建立档案	建立健全危险源的安全档案，专人保管，定期整理
7		整改隐患	建立危险源信息反馈系统，制定信息反馈制度并严格贯彻实施，落实责任人
8		考核评价和奖惩	建立考核标准（量化、划分等级），定期考核评价

（五）消防安全管理

严格的消防安全管理是培训中心教学、技能训练的重要保障。因此，培训中心现场管理人员必须加强消防安全管理。

① 做好消防管理

① 保持消防通道畅通，防火门要敞开，门上应有明确标志。
② 禁止在消防栓或配电柜前放置物品。
③ 设置消防宣传栏，加强消防宣传。
④ 易燃品的存放量要在允许范围内，其周围区域应有"禁止烟火"标志，防止因吸烟引起火灾。
⑤ 现场所有消防设施设备应处于正常状态。
⑥ 电源、线路、开关及使用应指定专人负责。
⑦ 安全出口指示标志必须保持完整无损。
⑧ 培训中心要有消防系统分布及逃生示意图。

② 消防器材管理

消防栓、灭火器平常备而不用，但万一需要使用，往往又分秒必争。因此，对于消防器材管理尤为重要，一定要按规定放置，以备不时之需。本书列举了消防器材的具体管理方法（表7-5）。

表7-5 消防器材管理方法

序号	方法	内容
1	定位	将灭火器等消防器材放置于固定的场所，当意外发生时，员工可以立刻找到灭火器
2	标示	消防设备前面或下面禁止放置任何物品
3	设立禁区	划出安全区，提醒师生共同遵守安全规则
4	张贴操作说明	在放置消防器材的墙壁上，贴上一张放大的操作说明图
5	明示更换日期	明确更换时间，并标示在灭火器上

❸ 定期组织师生进行消防培训和演练

为了提高培训中心火灾防控能力和突发事件应急救援能力，可定期组织师生进行消防安全知识培训及应急疏散演练。

在各项灾害中，火灾是威胁公共安全和社会发展的主要灾害之一，加强消防安全培训与演练具体内容如下：

（1）认识火灾的分类

常见的火灾有固体物质火灾、气体火灾、金属火灾、液体火灾（包含可溶固体、熔化的固体物质）四类（表7-6）。

表7-6 火灾分类及含义

序号	火灾分类	说明
1	固体物质火灾	木材、棉、毛、麻、纸张等
2	气体火灾	煤气、天然气、甲烷等
3	金属火灾	钾、钠、镁、铝镁合金等
4	液体火灾	汽油、煤油、原油、甲醇、沥青、石蜡等

（2）认清引起火灾的原因

引起火灾的原因有自然因素，但主要还是人为因素。本书列举了引起火灾的几种主要原因（表7-7）。

表 7-7　引起火灾的原因

序号	引起火灾的原因	说明
1	违反电气安装安全规定	导线选用、安装不当；变电或用电设备安装不符合规定
2	违反电气使用安全规定	发生短路；超负荷
3	违反安全操作规定	违章进行电焊、气焊
4	吸烟	乱扔未熄灭的烟头或在禁止吸烟处吸烟
5	自燃	物品受热自燃；氧化性物质与还原性物质混合自燃
6	自然原因	雷击起火

（3）熟悉火灾的性质与发展阶段

知晓火灾具有突发性、多变性和瞬时性的特点，熟悉火灾有初起、发展、猛烈、熄灭 4 个阶段，一旦发生火灾，立即进行火灾报警并开展扑救。

（4）熟知灭火的方法

灭火方法包括冷却法、窒息法、隔离法、抑制法 4 种方法，本书列举了具体操作方式（表 7-8）。

表 7-8　灭火方法

序号	方法	操作方法
1	隔离法	把火与可燃物隔离开
2	冷却法	使燃烧物的温度降低到燃烧点以下
3	窒息法	将燃烧物与空气隔绝，使燃烧缺乏足够的助燃物而熄灭
4	抑制法	采用化学灭火的方法，将化学剂喷射到燃烧物上，使燃烧终止，如二氧化碳和干粉灭火器

（5）会使用灭火器

灭火器种类有干粉灭火器、泡沫灭火器、二氧化碳灭火器、1211 灭火器等，其中干粉灭火器使用最广泛，常见的手提式灭火器，其使用步骤如下。

首先，左手提起灭火器，将灭火器上下颠倒几次，使干粉预先松动。接着，跑向距离起火地点约两米处，站在着火点的上风向，逐渐靠近火点或燃烧物，拔去保险销，右手握住喷嘴，左手用力压下压把，对准火焰的根部，左右扫射；由近及远，快速推进；不留残火，以防复燃。对因油类起火引起的火灾，应避免冲击液体，以防液体溅出，扩大着火点。

（6）会使用消防栓

在使用消防栓时，应先打开消防栓门，再按下内部火警按钮。按钮主要用于报警和启动消防泵。

(六) 安全检查管理

现场安全检查是培训中心开展培训教学、技能训练的基本保证，也是对师生人身安全及机电类相关设备正常运行的重要保障。因此，建立完善的检查体系，明确检查项目内容和检查方法，以及对安全隐患的整改及处理等工作是保证现场培训的有效方法。

① 建立完善的检查体系

使用前整体摸排检查，并对检查时发现的问题进行反馈，要求培训中心进行整改；培训中心安排相关负责人进行日常安全检查；各区域实验实训场室负责人要对本区域进行定期安全检查；学校安全管理人员或培训中心主任要机动巡查；另外，对各场室的各类机械、电气设备要进行学期前和学期末的检查、维保，真正形成"四级一专"（校级职能部门、培训中心、各区域管理人员、培训师及专检五个级别）检查组织构架体系。

② 检查时间及方式

培训中心检查时间可分为一日一查、一周一查、一月一查；也可在寒暑假（放假前和开学前）、节假日期间（国家法定假日）进行检查，或进行机动式、不定期、季节性（台风雷雨前后）检查。

③ 检查项目内容及方法

本书列举了培训中心安全检查项目内容及方法（表7-9）。

表7-9 培训中心安全检查项目内容及方法

序号	检查项目	检查内容	检查方法
1	安全培训责任制	培训中心各场室管理员、培训师、学徒是否明确自身安全职责，是否履行自身安全职责	检查资料、现场提问
2	安全规范操作指导书	1. 检查是否建立设备安全规范操作指导书 2. 师生是否有违章操作设备现象	检查现场或日常记录
3	安全宣传教育	学徒进入培训中心，做过安全规范教育，是否知晓培训规范及内部警告条例	检查培训内容、规范及条例记录
4	用电安全	1. 各类电气设备档案是否完好 2. 电气线路铺设是否规范 3. 漏电保护装置或开关是否完整有效 4. 有无接零或接地、保护接零或接地是否完好 5. 电气设备是否有防护装置	检查使用记录、保养记录、故障处理记录

续表

序号	检查项目	检查内容	检查方法
5	机械设备	1. 张贴安全操作指导书或操作提示 2. 开展各种保护装置安全检查和维保 3. 操作机床设备使用记录 4. 普车、铣床等设备是否安装防护装置	检查设备检查、维保及现场抽查等方面的记录
6	车间环境	1. 通风、照明等设施是否完好 2. 工作台面或工具摆放是否合理 3. 紧急通道是否有物品阻碍 4. 过道或安全出口是否堆放物品	现场巡查

❹ 安全隐患的整改与处理

在巡查中，若发现安全隐患，要立即向管理部门汇报，及时进行限期整改处理，并将整改结果反馈给安全管理部门。

二、安全防护

安全防护管理工作在现场安全管理过程中发挥着很重要的作用，能使师生免遭事故伤害或减轻事故伤害。安全防护包含设备安全防护和个人安全防护两个方面，同时，在培训现场应配备急救药箱。

（一）设备安全防护

培训中心设置各类安全防护看板、宣传画等，推广防护知识，提高防护管理水平。要确保机械设备的安全，就必须对设备进行安全防护，进而有效防止操作事故。因此，要考虑安全装置的可靠性、有效性和稳定性。具体做法有以下3种。

（1）固定或设置防护，以防止人员接近设备的危险部分，确保使用者不易取走或挪为他用。一般情况下，固定防护器都装有交织钢丝、拉伸铁皮、穿孔铁皮、围栏、护栏、固定底座等，可以用在冲床、台钻、车床、焊接区、自动化生产线周边等设备上（图7-1）。

（2）连锁防护器。当设备发动时，连锁防护器会自动将设备封锁，避免操作者触及危险部分。当连锁防护器打开时，设备停止运转，例如车床的护栏、盖子（图7-2），注塑机的安全门、安全杆、机器人区域安全门（图7-3）等。

图 7-1　台式钻床外围栏　　　　　图 7-2　车床主轴防护罩

（3）其他电气设备、防爆、防火、防坠落及防崩溃等方面发生的设备安全（图7-4）。

图 7-3　机器人区域安全门　　　　　图 7-4　防坠落防护顶罩子

（二）个人安全防护

个人安全防护主要是包含个人身体防护和个人卫生保健两个方面。

❶ 个人身体防护

在个人身体防护上，要做到以下几点：

（1）劳动防护用品要求

① 培训过程中，要根据培训工种岗位要求，佩戴安全帽、安全带、绝缘护品、防毒面具、防尘口罩等劳动防护用品；② 在易燃、易暴，需进行烧灼或有静电的实训场所，禁止发放和使用化纤防护品；③ 劳动防护用品要统一定制，以穿戴舒适方便、经济耐用为宜。

（2）头部的防护用具

在操作性培训中，为了防止被掉落物体砸伤，必须佩戴安全帽、头盔（图 7-5）；操作旋转类机床时，留有长发的操作人员，必须将长发卷起，盘到工作帽内，避免头发卷入机器（图 7-6）。为了防止学徒遭到火星、热金属的伤害，可佩戴耐火材料制成的头帽。

图 7-5　佩戴安全帽

图 7-6　头发卷入机器

（3）眼睛的防护

用机床加工工件时，产生的高温金属切屑常常会以很快的速度从刀具下飞出来，有的可能弹得很远，稍不留神就可能导致周围的人眼睛受伤。因此，进行任何磨削、钻削操作时，必须佩戴防护罩眼镜（图 7-7），主要是防止飞溅的磨削颗粒和碎片从侧面打进眼睛。

图 7-7　防护罩眼镜　　　图 7-8　防护面罩

若佩戴近视镜，可使用防护面罩（图 7-8），对眼睛进行安全防护。

（4）听力的防护

国家卫生部发布的《工业企业职工听力保护规范》适用于各类企业噪音作业场所职工的听力保护。凡有职工每工作日 8 小时暴露于等效声级 85 分贝的企业，都应执行该规范。第六章护耳器第二十五条规定，企业应当提供三种以上护耳器（包括不同类型不同型号的耳塞或耳罩）（图 7-9），供暴露于等效声级 85 分贝作业场所的师生选用。

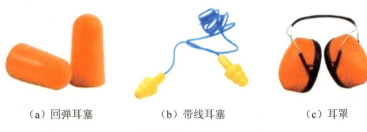

（a）回弹耳塞　　　　（b）带线耳塞　　　　（c）耳罩

图 7-9　防护耳塞

图 7-10　防毒面具

学徒在机械加工车间进行实训，离噪声较大的机床加工设备较近时，应当佩戴降噪耳塞来保护自己的听力。

（5）面具防护

在模具抛光或打磨时，火花和灰尘飞溅，需佩戴口罩；为了避免化学药品、毒气的伤害，务必戴上防毒面具（图 7-10）。

（6）脚和腿的防护

在实训过程中，搬运重物时，重物很有可能会落到脚上，同时也应注意地面上尖利的金属切屑。因此，实训学徒务必穿着脚头有防护钢板的劳保鞋（图 7-11）。

图 7-11　钢包头劳保鞋

图 7-12　用刷子清除切屑

（7）手部的防护

在加工过程中，机床上或虎钳上的金属屑不要用手直接接触，应使用刷子清除（图 7-12）。另外，操作时严禁戴手套。若手套被机床部件剐带，手臂可能会被带入旋转的机器中（图 7-13）。

各种切削液、冷却液和溶剂对人的皮肤都有刺激作用,经常接触可能引起皮疹或感染。所以应尽量少接触这些液体,如果无法避免,结束后应立即洗手。

(8)脊背的保护

以错误的姿势搬抬重物可能会导致脊椎的永久性损伤,甚至使个人完全丧失劳动能力,以将力量全部施加在脊背上的方式搬抬重物是错误的(图7-14)。应以正确的姿势搬抬重物(图7-15)。

图 7-13　戴手套被卷入钻床

图 7-14　搬抬重物错误姿势

图 7-15　搬抬重物正确姿势

本书列举了正确搬抬重物的步骤(表7-10)。

表 7-10　正确搬抬重物的步骤

序号	步骤
1	保持腰背平直
2	下蹲,膝盖弯曲
3	腿部肌肉平稳地用力,抬起重物,保持背脊成直线
4	将重物放在易搬运的地方,搬运时要注意周围环境
5	把抬起的重物放回地面时,要采用与抬物时相似的姿势

❷ 个人卫生保健

在个人卫生保健方面,要做到以下几点:

(1)进入培训场所前,应穿着工作服(含工作裤)、防护鞋(长发女生须佩戴安全帽),根据需要需佩戴防护眼镜。

(2) 学徒实训结束后,要及时洗澡更衣。

(3) 不得带食物进入培训中心场室,培训期间不得饮食;改变不卫生的习惯和行为,严禁随地吐痰、乱扔垃圾,严禁在培训中心区域内吸烟。

(4) 实训结束后或饭前应洗手。培训中心各洗手区域贴出洗手要诀,指导师生正确洗手。

3 配备急救药箱

在培训现场配置急救箱,确保能让每一位师生以最快速度找到,在急救箱周边标示明显标志(图7-16);急救箱应备有常用药物(按国标 M281745),还须定期检查药品有效期。

三、安全教育

安全教育工作是培训中心安全管理的一项重要内容,开展安全教育,可以提高师生的安全意识,帮助学生掌握安全知识和相关技术,做好师生全员安全管理。本书列举了安全教育的基本内容(表7-11)。

图 7-16　配置急救箱

表 7-11　安全教育内容

序号	教育内容
1	安全知识内容:了解和掌握机械设备结构、功能和性能;熟知灾害发生的原因
2	安全法规及培训中心的相关规定
3	安全规范操作
4	工作过程中遵守安全纪律的安全态度
5	安全健康
6	发现和解决安全问题

培训中心要通过宣传栏、现场看板、安全活动(展览、讲座或座谈)等方式开展安全教育。

培训师是学徒在培训中心培训的现场管理者、组织者、教育者、领导者和指挥者,培训师的思想素质、技术素质和培训管理素质对培训中心安全管理起到决定性作用,对学徒在培训前后管理、安全管理,标准化、规范化及5S管理等方面起到引领作用。因此,培训中心安全管理不能片面理解为现场简单管理和培训安全管理,其操作更为简单化,而应将这些安全管理精髓渗透到学徒日常培训中,使学徒的行为意识有所改变,养成良好的职业习惯,最终使学徒形成良好的职业素养。

第二节 5S 管理

5S 管理是现场管理工作的基础,是现代企事业单位行之有效的管理理念和方法,对改善企业现场管理起到巨大作用,被全世界管理界所认同。随着经济社会发展,很多企业提出 7S、9S 甚至 10S,但其目标是一致的,只不过不同企事业单位,有着不同的要求和重点。本节主要讨论一下 5S 管理。

一、5S 管理基础

(一)认识 5S

5S 是指整理(Seiri)、整顿(Seiton)、清扫(Seiso)、清洁(Seiketsu)和素养(Shitsuke)。因这 5 个词在日语中的罗马拼音首字母均为"S",故简称为"5S"(表 7-12)。

表 7-12 5S 的简要含义

序号	中文(日语罗马拼音)	简要含义
1	整理(Seiri)	区分必需品和非需品
2	整顿(Seiton)	合理、有序地放置必需品
3	清扫(Seiso)	清除打扫,保持干净卫生
4	清洁(Seiketsu)	清除、整理、清理持续化,标准规范化、制度化
5	素养(Shitsuke)	提升素质,自强自律,形成习惯

(二)理解 5 个 S 及安全之间关系

师生要深入理解 5 个 S 以及与安全彼此之间相互关联。整理是整顿的基础,整顿是整理的巩固,清扫是在整理与整顿后的效果,前 3 个 S 是进行日常 5S 活动的具体内容;而清洁是对前 3 个 S 活动的规范化和制度化管理,是持续化执行和维持的结果;素养就是要求员工养成良好的习惯,自强自律;在保持良好工作环境的基础上,注重并强调安全,坚持推行 5S 活动。强调 5S 之间的关系及其与安全的关系(图 7-17)。

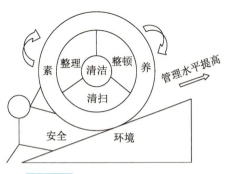

图 7-17 5 个 S 及安全之间关系

二、推行 5S 管理模式

跨企业培训中心采用 5S 现场管理模式,其目的是为师生营造健康的培训环境,创造出令人心旷神怡的培训场所,塑造出标准化的培训中心的形象,孕育出良好的安全文化,使学徒改变环境、提高技能,逐步形成一种职业习惯,最终养成良好职业素养,让学徒、家长、社会和企业满意。因此,培训中心推行 5S 管理势在必行。

(一)5S 的推行顺序

5S 管理是通过推行整理、整顿、清扫来强化管理,以清洁来巩固效果,安全始终贯穿全过程,强调从"形式化"转变成"行事化",最终变成"习惯化",从而规范师生行为,使其改变工作态度,形成了良好职业素养。推行 5S 管理模式应遵循一定的顺序(图 7-18)。

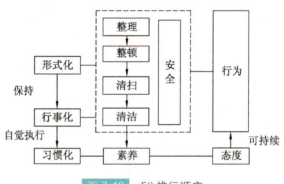

图 7-18　5S 推行顺序

(二)5S 的推行步骤

5S 管理不是表面上表决心、喊口号就能推进的。在执行过程中领导不重视、执行力和管控力差,师生参与积极性不高,认识不到位,管理部门没有持久力,没有相应的管理激励制度等,都可能导致 5S 管理模式推行受阻,这些都是无法实现 5S 有效管理的重要原因。因此,成功地推行并实施 5S 管理模式,就要有计划、有步骤,持之以恒地开展工作,这样才会有效果。

1　成立推行组织

培训中心为了有效推进 5S 活动,成立了 5S 工作小组委员会,对组织人员进行分工,明确了责任,推行委员会具有清晰的组织构架(图 7-19)。

第七章 跨企业培训中心现场标准化管理

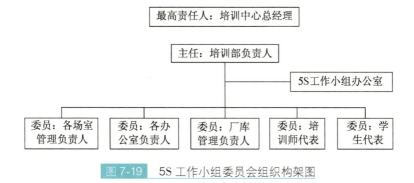

图 7-19　5S 工作小组委员会组织构架图

工作小组委员会由最高责任人、主任、委员及 5S 工作小组成员组成，不同的责任人承担不同的职责，具体职责如下。

① 最高责任人（培训中心总经理）：任命主任，批准 5S 推行计划书，评价 5S 活动结果及改善成果，是 5S 推行的最终责任人；

② 主任（培训部主管）：负责委员会的运作、筹划，组织各委员负责具体的推荐工作，定期向培训中心总经理汇报推进状况；

③ 委员（各区域代表）：负责 5S 推进工作实施及改善的评价和确认；

④ 5S 工作小组：拟订推行方案，监督计划的实施，组织对各场室负责人培训，负责对活动的宣传，制定推进办法和奖惩措施，主导培训中心 5S 活动的开展等工作。

2 制订推行计划

执行任何任务，都需要明确做什么、为什么做、什么时候做、由谁做和怎么做，因此，为了更好地推行 5S 管理模式，制订推行计划及实施方案显得尤为重要。培训中心建成后，先拟订首次推行计划；待运行一段时间后，需制订持续推行计划。

（1）首次推行计划

培训中心建成运行后，首次推行 5S 管理模式时，需要拟订一份进度计划表（表 7-13）。

表 7-13　培训中心 5S 推行进度计划表

序号	阶段	工作内容	1月	2月	3月	4月	5月	6月	7月
一	组织策划	5S 现状分析与诊断	■						
		成立 5S 工作小组，明确岗位职责	■	■					
		5S 骨干培训		■					
		制订 5S 推行计划		■					
		5S 宣传工作开展		■	■				
二	体系设计	全员 5S 内训			■				
		5S 骨干外训			■				
		确定 5S 方针及目标			■	■			
三	5S 体系建立	编写 5S 管理手册				■			
		5S 相关文件及表格				■			
		样板区场室区域整理、整顿开始				■			
		5S 评分标准及竞赛办法制定				■	■		
四	5S 运行	5S 实施动员大会					■		
		整理					■		
		整顿					■	■	
		清扫						■	
		5S 审核						■	
		清洁						■	■
		管理层 5S 评审							■

从表 7-13 中可以看出，培训中心利用半年时间初步推进 5S 管理模式，通过暑假时间进行整改、完善，从秋季学期正式推行 5S 活动。

（2）持续推行计划及实施办法

培训中心在经过半年初步推进 5S 管理模式后，须计划以一个学期（或季度）来持续推行计划表，促使 5S 管理能够在良性循环中执行和改善（表 7-14）。

表 7-14　春学期（季度）培训中心现场 5S 管理持续推行计划表

步骤	项目	推行计划									备注
		1周	2周	3周	4周	5周	6周	7周	8周	...20周	
1. 5S管理推行准备	（1）确定 5S 管理推行负责人和小组，并修改相关 5S 实施文件										
	（2）培训部负责提交各场室责任区域图，以及提交 5S 其他负责人或上级部门解决的问题清单										
	（3）进入培训中心培训的师生培训及模拟测试，5S 宣传										
2. 5S管理执行	（1）各场室负责人开始实施整理并提交整顿清单										
	（2）各场室确定清扫责任区，具体落实到每一个人，并实施清扫										
	（3）各场室实施整理整顿（目视管理）										
	（4）各场室实施清洁										
	（5）培训中心 5S 管理开始实施评比										
3. 5S管理的维持	（1）每周由 5S 工作小组对各场室进行周评比，并纳入场室负责人或培训师的月评比中										
	（2）每月由 5S 工作小组抽取部分委员对各场室区域进行评比，对于前三名给予奖励，计入学期奖励考核中										

根据表 7-14 计划实施，会发现执行过程中还存在很多问题，这就需要全体成员各负其责，相互配合，通过团队协作不断完善 5S 管理标准。

3 培训教育

为了开展 5S 推行工作，首要任务是将培训中心的全体教师、培训师培养和教育好；其次，要求师生遵守培训中心现场 5S 管理规定，按标准执行 5S 管理模式，就必须组织师生进行教育培训。

（1）制订培训计划

可根据实际情况制订年度、学期、月度培训计划或临时培训计划，同时要考虑管理人员、培训师、学徒等不同情况，安排培训内容。培训教育内容主要包含 5S 的内容及目的、实施方法、评比方法等。本书列举了具体培训计划及内容（表7-15）。

表7-15　5S培训教育计划表

序号	任务	内容	要求	对象	时间	地点
1	5S管理知识培训	（1）5S的起源和适用范围 （2）5S的定义和作用 （3）5S的实施方法 （4）5S的考核方法	考核合格	即将参加培训的学徒	认识实习阶段或培训前一周	培训中心各实训区或培训教室
2	5S管理活动步骤	（1）推进步骤 （2）宣传教育方式 （3）5S推行内容 （4）检查要点 （5）考核和评比方法 （6）各人员的职责	全面理解并能实施	管理人员	5S管理工作开展之前	培训车间、会议室

（2）开展教育培训工作

① 培训场室负责人及培训师。5S活动能够持续开展，离不开培训中心全体人员的共同参与，这就需要5S工作小组制订活动方案、规范标准，对5S活动进行全面指导，并组织人员进行培训，激发参与人员的热情，培训一批骨干人员，使其在推行5S活动中起模范带头作用。为了提高管理水平，组织培训场室负责人参加5S现场管理理论培训（图7-20）；同时，为加强培训师现场管理实施能力，组织培训师参加德企培训中心5S现场管理现场观摩活动（图7-21）。

图7-20　5S现场管理理论培训

图7-21　5S现场管理现场观摩

② 培训学徒。任课教师会在学徒进入培训中心实训前进行5S管理知识培训，主要让学徒正确认识现场5S管理的重要性，熟悉5S管理基本知识，推行5S活动意义。

通过对培训中心师生进行教育和考核，提高了师生对5S活动的重视程度，更有利于5S管理模式的顺利推广。

④ 建立5S活动样板区

培训中心推行5S管理，首先要集中5S骨干人员快速地建立5S活动样板区，向培训中心全体师生展现 5S 管理成果，可给大家带来推行 5S 管理模式的激情和信心。同时，在积累建立样板区的经验后，可在培训中心全面展开推行 5S 管理模式的活动，做到以点带面，保证 5S 活动推行深度。由此，从建立 5S 活动样板区的程序选择、活动重点、活动效果及反馈四个方面进行概述。

（1）开展样板区 5S 活动的程序

在设计 5S 样板区时，要简化或整合程序步骤，要有先有后，完善建设思路。主要是为了能够快速开展 5S 活动，起示范带头作用。本书列举了培训中心 5S 工作小组开展样板区 5S 的主要程序（图 7-22）。

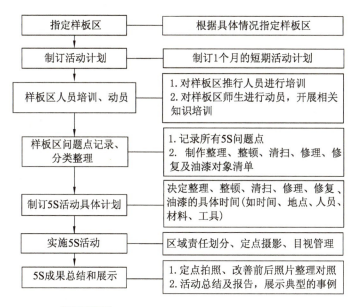

图 7-22　样板区 5S 活动的主要程序流程图

培训中心只要确定了开展样板区 5S 活动，就必须全力以赴争取在短时间内取得成效，否则 5S 活动计划将会受到影响。

（2）样板区的选择

在选择 5S 样板区时，遵循以下原则：一是选择设备多，种类不同，且改善难度大的综合类实训区域；二是选择具有代表性的区域；三是选择改善意识强的区域责任人。

（3）样板区的活动重点

在样板区推行 5S 活动，重点是落实整理、整顿和清扫活动，改变现场面貌。

（4）样板区 5S 活动效果及展示

对样板区 5S 活动成果进行系统的总结，并制作板报，集中展示，可通过工作群、现场观摩、工作汇报会等方式进行宣传，让培训中心全体员工了解样板区的 5S 活动，以点带面，推动后续活动的全面开展。

⑤ 5S 活动的全面开展

在样板区成功开展 5S 活动后，培训中心将样板区的工作管理经验全面推广到各实验实训区、厂库，进而在培训中心全面推行。

（1）实施区域责任制，将 5S 活动内容规范化

① 办公室区域教师负责自己区域的 5S 规范，公共区域由当天值日的教师负责。

② 现场区域由各大现场负责人（现场管理员）负责，各实验实训区域由场室使用人员（培训师）负责，暂不使用的区域由场室负责人（场室管理员）负责。

③ 各场室责任人要督促培训学生每天清扫各区域，清扫范围包括该场室区域以及车间主干道、次干道等，5S 活动时间约为半个小时。

本书收集了培训中心 5S 活动责任区域划分表（表 7-16）。其中各场室具体管理员和使用人未列其中。

表 7-16　培训中心 5S 活动责任区域划分表

序号	现场区域	责任区域	责任人
1	自动化控制区	电工电子实训室、电气传动控制实训室、气动培训中心、自动化控制技术实训室、自动化技术综合应用实训室、维修电工实训室	周××
2	工业机器人区	工业机器人实训室	李××
3	机床装调维修区	机床电气维修实训室、数控机床维修与调试实训区、机床拆装区	邱××
4	机电系统装配区	工业控制网络实训室、机电一体化技术综合实训区、机电系统装配实训区	汤××
5	产品设计及逆向工程区	工程测绘室、机电产品数字化设计中心、精密测量与逆向工程实训室	王××
6	数控加工区	数控仿真实训室、数控车加工区、加工中心区、数控加工铣削区	张××
7	模具制造与装配区	模具装配区、模具特种加工区、模具拆装实训区	许××
8	机械制造与装配区	手动加工区、车削区、铣削区、机械系统综合制造区	苏××
9	培训教室		苗××
10	办公室	培训部办公室、经理办公室、行政办公室、会议室、大师工作室、专家室	贾××
11	仓库	机械仓库、电气仓库	倪××
12	其他区域	砂轮房、空压机房、拖把池、废料区、油品库	沈××

在表7-16中,实训区过道归各大区域负责人管;楼层过道和车间外过道归后勤管。

(2) 培训中心实验实训室使用管理流程

为了能够更好地进行5S活动,就必须按照详细流程(图7-23)对实验实训室使用进行规范管理。

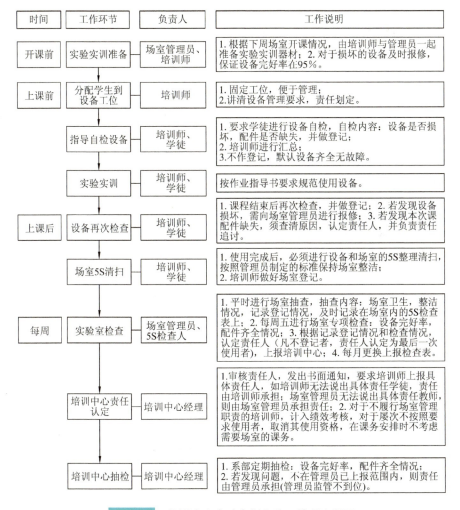

图7-23 培训中心实验实训室使用管理流程图

其中,各场室管理员对使用场室培训师进行监管,及时上报使用者使用情况,不及时真实上报则责任在管理员;在5S管理方面,由场室负责人制定5S管理规范文件,5S管理小组进行初步检查,最终由培训中心经理审核通过。场室负责人负责对使用人进行培训,明确要求,场室管理员负责检查,培训中心负责抽查。

❻ 5S 活动检查

培训中心 5S 工作小组由培训中心领导担任组长，负责对培训中心所有的实验实训场室、办公区域及其他区域进行检查。5S 检查采用自查、抽查和例行检查相结合的方式。

（1）自查方式

实验实训场室的自查工作由在场室内上课的培训师自行完成，并在 5S 每日自查表上做好记录并签名。

（2）抽查方式

实验实训场室的抽查工作由 5S 工作小组完成，小组对所有 5S 实施区域进行不定期检查，在 5S 抽查表格中做好记录并签名。

（3）例行检查

每周组织一次培训中心全面的 5S 检查，检查工作由 5S 工作小组牵头，与所有场室管理员和办公室负责人实施 5S 检查并做好记录。

❼ 5S 活动的评比与考核

5S 活动的评比与考核是为检验培训中心各区域是否有效开展 5S 活动，以及开展 5S 活动的效果而进行的内部自检过程。它是培训中心推行 5S 活动的一种有效手段。

（1）评比与考核准备

开展评比与考核前要做好准备工作。首先，要从培训中心实际情况出发，为不同区域设定不同考核标准。

培训中心大体分为两种考核评分标准。

① 用于培训现场的评分标准（表 7-17），适用于实验实训室、仓库及培训教室等区域。

表 7-17　培训现场 5S 评分表

5S	评分项目	评分内容	评分				
			1	2	3	4	5
整理（15）	对现场工具、物品等是否进行分类	1. 有无不要的物品、工具、设备等 2. 不要的物品、工具、设备是否现场清除 3. 丢弃物品的判断标准是什么 4. 其他要求					
整顿（20）	是否实施标志大行动	1. 有无场所标示及位置标示的看板 2. 是否采用有颜色胶带划分各区域 3. 工具、量具及辅具的放置方法是否合理 4. 其他要求					

续表

5S	评分项目	评分内容	评分				
			1	2	3	4	5
清扫（25）	是否有清扫标准	1. 地面是否经常保持干净 2. 是否经常做机器的清洁工作 3. 是否对设备的跑气、漏油、漏水等现象进行点检 4. 其他要求					
清洁（20）	是否对前3个S的成果进行检查	1. 是否有粉尘、恶臭 2. 温度、照明度是否良好 3. 师生是否仍穿着污脏的工作服 4. 弄脏后除了清扫，能否想出避免弄脏的方案 5. 是否遵守整理、整顿、清扫的规定 6. 其他要求					
素养（20）	是否制定师生行为规范	1. 学生服装是否整齐一致，教师服装是否整齐一致 2. 师生间是否在会面时打招呼 3. 师生是否遵守培训中心时间及场所方面的管理规定 4. 师生是否按照操作指导书进行操作 5. 教师是否按照培训师培训规范进行培训 6. 其他要求					
合计		对评分状态做出诊断					

② 用于行政管理及教师办公区域的评分标准（表7-18），适用于办公室等区域。

表7-18　办公室5S评分表

5S	评分项目	评分内容	评分				
			1	2	3	4	5
整理（15）	是否对办公区域进行整理	1. 抽屉中有无不要的资料、物品 2. 个人桌面、抽屉中有无不要的资料、备品等 3. 是否制定文件或资料处理标准 4. 其他要求					
整顿（20）	是否实施标志大行动	1. 场所标示是否一目了然 2. 品名标示是否一目了然 3. 物品放置是否易于取用 4. 区域划线是否清楚 5. 其他要求					

续表

5S	评分项目	评分内容	评分				
			1	2	3	4	5
清扫（25）	是否经常进行清扫	1. 垃圾是否分类放入垃圾桶，桶内是否还能放置垃圾或纸屑 2. 清扫擦拭是否已成习惯 3. 地面、桌面、窗台、玻璃、电脑、键盘、显示器是否清扫 4. 其他要求					
清洁（20）	是否检查前3个S的成果	1. 空气是否流通 2. 温度、照明度是否良好 3. 教师是否穿着污脏的工作服 4. 配色、空气、采光等是否良好 5. 是否遵守整理、整顿、清扫的规定 6. 其他要求					
素养（20）	是否制定素养规范	1. 服装是否显得整齐 2. 教师是否会面时打招呼 3. 是否遵守约定时间 4. 日常谈话、接听电话等是否礼貌得体 5. 教师是否都能遵守会议或休息时间 6. 其他要求					
合计		对评分状态做出诊断					

各场室和办公室的5S活动评分，纳入每学期个人绩效积分，对每次评分进行评比，并将评比结果前5名考核结果列入个人年终考核项目；对于评分较差或不合格人员，5S工作小组会提出整改措施，各区域负责人应在规定的期限内进行有效整改，并经5S工作小组验收后才算合格。对于优秀区域负责人要从物质和精神两方面进行表彰，发放锦旗、奖杯或在校内各宣传平台上（宣传栏、校内网站新闻等）通报表扬。

三、5S管理实施

为了清晰描述培训现场5S管理，因机械系统综合制造区（手动加工、铣床、车床等）设备种类多，以此区域现场5S管理为例，从现场5S管理、现场5S自查和巡查等方面进行描述。

（一）现场 5S 管理

现场 5S 管理分为静态管理和动态管理两个方面。静态 5S 管理是指学徒培训结束后，场室内工量具及机械设备的摆放管理标准。动态 5S 管理指在整个培训过程中，学徒需要遵守的 5S 管理标准，其中包括学徒的着装，操作标准及工量具的摆放。

（二）实施手动加工现场 5S 管理

本书收录了手动加工现场静态 5S 管理的具体操作内容（表 7-19）。

表 7-19　机械系统综合制造区-手动加工零件现场静态 5S 管理

序号	管理标准	图示	序号	管理标准	图示
1	虎钳清扫干净；虎钳口自然合上，手柄下垂不歪斜		4	更换的衣裤、鞋、抹布等放置在第三层柜子	
2	量具、工件、防护眼镜图纸等放置在第一层抽屉		5	实训结束后将培训现场打扫干净、整洁；抽屉关上锁好	
3	铜刷、毛刷、锉刀、钢锯、锤子等摆放在第二层抽屉		6	实训结束后将平口钳、扳手、毛刷放在底座台面上	

本书收录了实施手动加工动态现场 5S 管理的具体操作内容（表 7-20）。

表 7-20　机械系统综合制造区-手动加工零件动态现场 5S 管理

序号	管理标准	图示
1	钳工操作中工量具摆放如图示，整齐，整洁，使用完毕后正确归位	
2	工作中密闭量具盒，防止铁屑飞入；量具整齐摆放于量具盒上	

（三）实施铣削设备现场 5S 管理

本书收录了实施铣削设备现场 5S 管理的具体操作内容（表 7-21）。

表 7-21　机械系统综合制造区-铣削设备现场 5S 管理

序号	管理标准	图示	序号	管理标准	图示
1	机床、工具柜，摆放归位		4	机床停止、归位：X 轴、Y 轴、Z 轴归位位置	
2	机床本体卫生打扫干净；各部件上不得有杂物，并用抹布擦拭干净		5	公共工具柜课程结束保持表面、周围整洁	
3	打扫机床四周卫生；课程结束清理机床托盘、保持整洁；机床床底托盘保持清洁		6	课程结束时对所使用区域的卫生，工具柜、机床本体、地面卫生等要求	

（四）实施车削设备现场 5S 管理

本书收录了实施车削设备现场 5S 管理的具体操作内容（表 7-22）。

表 7-22　机械系统综合制造区车削设备现场 5S 管理

序号	管理标准	图示	序号	管理标准	图示
1	工具柜摆放归位		4	机床停止、归位；X 轴、Z 轴归位位置；机床尾座归位位置	
2	将机床本体打扫干净；各部件上不得放置杂物，应用抹布擦拭干净；擦拭干净后，在卡盘、导轨、刀架尾座等没有喷涂油漆的部件上涂抹机油		5	课程结束保持公共工具柜台面及周围整洁与清洁	
3	将机床四周打扫干净；课程结束机床托盘清理、保持整洁；机床床底托盘保持清洁		6	课程结束时对所使用区域卫生，工具柜、机床本体、地面卫生等要求	

上述内容是机械系统综合制造区现场 5S 管理实施标准,培训师要求学徒在课前、课中和课后分别做好 5S 管理;每天课程结束后,培训师要完成现场 5S 自查表。

(五)做好机械制造综合区 5S 自查

在每次课结束前半个小时,培训师要求学生参照现场 5S 管理标准做好现场 5S,并提醒当天值日班长,参照机械制造综合区 5S 自查表(表 7-23)进行自查;当学徒完成现场 5S 后,培训师填写 5S 自查表,并签名。

表 7-23 机械制造综合区 5S 自查表

区域责任人		苏××	时间	20__—20__学年 第___学期										
名称	序号	检查内容	月/日											
			周											
			节次											
机床	1	下课后关闭机床电源开关												
	2	机床物品按照 5S 规范要求摆放整齐												
	3	机床打扫干净,保持整洁												
	4	设备使用登记表和维修记录本按照要求填写												
地面	5	实训地面打扫干净,没有铁屑、废纸和其他垃圾												
公共摆放区	6	下课后,公共摆放区台清扫干净												
	7	使用的实训器材、工具在使用后按照要求归还原位并摆放整齐												
工具柜	8	工具柜内的工具和物品按照要求保持整齐												
	9	工具柜按照要求摆放整齐												
垃圾区	10	垃圾筐垃圾酌情及时清理												
	11	拖把、扫把按照要求排放整齐												
着装	12	培训师和学徒按要求着装												
实训场地安全	13	关闭实训场地总电源												
	14	关闭窗户,锁好门												
检查人员签名														

(六)做好机械制造综合区 5S 巡查

每天,区域负责人会对自己负责的实验实训区进行巡查,填写巡查表(表 7-24),并签名。在巡查过程中若发现现场 5S 规范不到位,区域负责人会将现场状况及时反馈给培训师,而培训师会根据整改内容进行改善。

表 7-24　机械制造综合区 5S 巡查表

区域责任人		苏××	时间	20＿—20＿学年　第＿＿学期						
序号	检查内容		月/日							
			周							
1	工、量、夹、辅具,材料和工件按要求放置									
2	工具柜内清洁、无杂物,物品按要求摆放									
3	将工作台面、柜面、台面、凳面打扫干净									
4	将机床设备打扫干净并对其进行保养									
5	实训区所有机床设备保持断电状态									
6	清扫工具摆放整齐,垃圾按照要求及时清理									
7	按要求填写学生实训记录本、设备使用登记表、维修记录本									
8	实训区域窗户要保持关闭									
9	按时、正确地填写自查表,检查是否有签名									
使用人										
巡查人员签名										

(七)5S 工作小组例行检查

每周 5S 工作小组会对培训中心例行检查,主要检查现场 5S 规范、相关表格填写规范、现场学徒培训以及培训师上课等情况。通过现场查看、拍照记录、与师生和管理员沟通等方式进行检查,并将检查结果进行通报(表 7-25)。

表 7-25　培训中心 5S 管理检查结果通报

20　—20　学　年　　第　学　期　　第　周				年　　月　　日
区域	现状图片	存在问题及整改要求	责任人/培训师	备注
西门子 PLC 实训室		未填 5S 自查表	责任人：徐×× 培训师：汤××	
电工电子实训室		未填写场室培训日志表	责任人：崔×× 培训师：周××	
机械系统制造综合区域		拖把未放置指定区域	责任人：苏×× 培训师：苏××	
手动加工区		工具、量具未规范摆放	责任人：陆×× 培训师：周××	
加工中心区		书包、衣服乱摆放	责任人：许×× 培训师：张××	

另外，也可以运用格式简单但能反馈现场检查结果的简报（表 7-26）。

表 7-26 5S 检查简报

现状图片	符合要求示意	不符合要求示意	现状图片
	☺	☹	
	☺	☹	
	☺	☹	

（八）检查报告汇总

检查结果汇总后，培训中心 5S 管理重点通报以下问题：

第一，物品分类不清；

第二，物品分类后无标识；

第三，部分场室基本的卫生都不达标，存在很多死角，很长时间未彻底打扫；

第四，存在安全隐患，且无安全和警示标识；

第五，工具柜内杂物较多；

第六，物品无定位标识；

第七，部分场室没有 5S 标准，或有标准但与实际不符；

第八，部分场室无 5S 检查表，或者 5S 检查表填写混乱；

第九，部分场室设备点检表填写不及时或者不点检；

第十，部分场室使用者不维护，管理者不监督。

对于未达标的场室，场室管理员应在两周内进行整改，自评后认为达到标准的，向培训中心提出验收申请，5S 工作小组会组织专人进行验收。具体改善措施，在第五节 5S 持续改善中详细介绍。

现场 5S 管理是培训中心标准化管理的重点工作，为师生、团队以及培训中心带来很多益处，是培养学生职业素养的教育工程，在推行 5S 管理的过程中，需要不断加强和完善。

第三节　TPM 管理

好的现场 5S 管理，使设备安全、正常运行，是保证学生培训、技能训练的基本条件，因此，培训中心设备日常管理与维护的规范化、标准化的建设就显得尤为重要。

一、TPM 管理基础

TPM 是（Total Productive Maintenance）的英文缩写，意为"全员生产性保全活动"，以达到最高的设备综合效率为目标，确立以设备为对象的生产维护全系统，涉及设备的计划、使用、维修等内容，它是以最高领导到一线操作工人全员参加，依靠小组活动来推行的生产维修。其中 T 指全员、全系统、全效率，也是 TPM 的中心思想；PM 为生产维修（包括事后维修、预防维修、改善维修、维修预防）。而设备管理主要管理的是设备，它是 TPM 管理的一部分，也是 TPM 管理主要的实践对象，TPM 管理强化了设备管理。

（一）设备管理

1　设备管理工作内容

设备管理工作内容主要是对设备的使用、点检、维护保养。设备能正常运行，设备操作的技能培训才能正常开展。培训中心应对设备使用者能够安全规范操作设备，并对设备进行维护保养建立一套规范化、标准化管理体系。

2　设备管理的规程

设备管理规程有操作规程、使用规程、维护保养规程三个方面内容。

① 设备操作规程，主要是指操作人员正确、安全、规范地操作设备的有关规定和程序，培训中心所用设备，不像企业设备种类繁多，要求也不同，编制操作规程要从安全、规范的角度，结合设备出厂时提供的说明书的内容来制定操作规程。

② 设备使用规程，主要是操作设备人员使用设备的有关要求和规定。培训中心设备是用于学徒培训的设备。对学生不会操作的设备，应要求学徒熟悉操作指导书，在培训师指导下进行操作，使用完设备还应进行登记。

③ 设备维护规程是指操作人员保证设备正常运转而必须采取的措施和应注意的事项。比如，操作者要对设备进行使用前检查、清扫、紧固，为设备加冷却液或润滑油，对设备进行日常检查、定期维护和保养等。

（二）TPM 管理

1 TPM 主要内容

TPM 主要内容有日常点检、定期检查、计划维修、改善维修、故障维修、维修记录分析。

2 TPM 的目标

对于企业来说，TPM 的目标是零缺陷、无停机时间，最大限度提高生产效率；对于培训中心，其目标也是相同的。

3 TPM 的八大支柱

培训中心要实施 TPM，需要做大量工作。TPM 活动以彻底的 5S 活动、全员参与、重复的小组活动为基础，重在塑造团队精神，从自主保养、计划保养、个别改善、品质改善、初期改善、事物改善、环境改善、教育训练等八大方面开展工作，最终让师生满意。TPM 的八个支柱（图 7-24）含义如下：

（1）自主保养：提倡学徒发扬主人翁的敬业精神，自己的设备自己保养；
（2）计划保养：对于设备的维护保养、检查，要制订计划；
（3）个别改善：消除引起设备综合效率下降的具体活动；
（4）品质改善：创建管理体制，变结果管理为过程管理，使产品生产处于良好的受控状态；

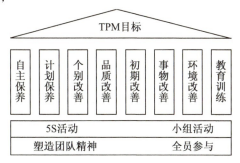

图 7-24　TPM 的两个基石和八大支柱

（5）初期改善：研发部门以改善品质、优化制造工艺为目的的活动；

（6）事物改善：跨部门合作，提高办事效率；

（7）环境改善：完善安全、卫生和环境的管理体制，改善工作环境和设备工作条件的活动；

（8）教育训练：提高操作和保养的技能训练。

其中，自主保养是TPM活动中核心的内容之一。

二、TPM 管理推进

推进TPM管理可以确保设备正常运行，不影响师生教学培训正常使用，增加了学徒技能训练中操作设备的时间，保证了训练效果；改变了师生对培训中心设备管理工作的看法，改善了培训中心在师生中的整体形象，增强了师生的改善意识和参与意识。

推进TPM应按循序渐进的步骤进行（表7-27）。

表7-27　TPM推进的步骤

序号	阶段	步骤	要点
1	前期准备	培训中心领导决定推行TPM活动	在培训中心全体员工会议宣布
2		TPM教育和培训	管理层、5S工作小组、培训师、学徒四个层面教育与培训引导
3		成立TPM工作组（同5S工作小组）	委员会、培训师团队、学徒代表、骨干团队（样板制作组）
4		TPM的基本方针和目标设定	学习交流和预测目标效果
5		制订TPM推进计划	
6	开始阶段	召开TPM启动大会	邀请企业培训中心负责人、联盟单位成员等
7	准备实施	个别改善	开展小组活动
8		自主保养	按步骤进行诊断
9		计划保养	改良保养、定期保养、预先保养
10		教育训练	对场室负责人、培训师进行集中培训
11		初期改善	根据专业建设需要，规划场室，购置设备

续表

序号	阶段	步骤	要点
12	准备实施	品质保养	课程实训使用设备教学,设备全过程使用情况控制
13	准备实施	事物改善	不同场室,设备相同情况下,若当前设备有问题,可使用其他场室设备
14	准备实施	环境改善	建立安全、卫生的公共实训环境
15	实施及跟踪	TPM 完全实施和提高	完善并不断保持

推进 TPM 管理所花费时间要根据培训中心实际情况,如果新建培训中心,其设备都是新的,那么一开始就实行 TPM 管理,难度并不大;若是运行好多年的培训中心,大部分设备使用了很长时间,在日常维护保养不到位等情况下,推行 TPM 管理难度很大,时间也会随之加长。由此,结合培训中心实际情况而推行。

为了能够顺利推进 TPM 管理,首先是做好 5S 现场管理;其次,发挥团队骨干和设备维护技术人员力量,组建 TPM 工作小组,做好自主保养工作。

三、TPM 管理实施

(一)自主保养活动推进准备

1 建立推进组织

(1)推进组织的建立原则

推进自主保养活动应建立培训中心的推进组织,以指导各实验实训室自主保养活动的开展,把握活动的进度,判定各实验实训室活动开展的有效性。该推进组织直接向最高管理者负责,得到最高管理者的授权,对指导各实验实训室的自主保养活动具有权威性。

自主保养活动的开展需要得到培训中心各部门、各实验实训室负责人的配合和积极参与,需要得到负责人的理解和支持,离开了这一点,活动不可能有效开展并取得良好效果。

(2)推进组织人员组成

为了保证推进组织具有足够的号召力和权威性,推进组织通常由下列人员组成:对自主保养活动有深刻认识的培训师,设备管理方面的专业人员,各相关部门的负责人。以上人员可以专职,也可以兼职参加推进组织的工作。

❷ 进行自主保养相关知识培训

由于 TPM 是全员参与的自主保养活动，这就要求全体学徒既要知道培训中心推行自主保养活动的原因，还要掌握必要的自主保养技能。

（1）了解自主保养的内涵和作用

培训中心 TPM 推进工作小组应组织全体员工进行培训，各实验实训负责人应积极配合开展培训活动。通过教育培训，使培训师了解自主保养，知道为什么要开展自主保养活动，并熟知自己在活动中的职责以及自己的工作将给活动的有效开展造成怎样的影响。大家只有明白了开展自主保养活动的意义，才能产生激情并投入到自主保养活动中去。自主保养活动的宗旨是自己维护所使用的设备，其目的是将操作者的积极性调动起来，投入到设备管理的工作中去。

（2）培训自主保养基本技能

场室负责人和培训师要逐步掌握自主保养的技能，并体会现场改善设备的成就感。培训内容主要有自主保养活动内容、推进方法、目视管理活动内容和实施要领等。

（二）自主保养展开步骤

自主保养活动有七个步骤，各自有不同的活动要点，只有全面理解每个步骤的活动要点，才能整体把握自主保养活动，从而更好地做好自主保养。本书列举了自主保养开展步骤、活动内容及活动目标（表 7-28）。

表 7-28　自主保养开展步骤、活动内容及目标

步骤	名称	活动内容	活动目标		备注
			设备	人	
1	初期清扫	清扫设备的灰尘、脏污，给设备加油、锁紧；发现不正常的部分则复原；清除不要物品、设备工具；整理、整顿备品	防止因灰尘、污垢所致的强制劣化；经由清扫，指出潜在的微缺陷，并予以复原；指出难以清扫、加油、点检的部分；清除设备周边的废弃物品；适当加油	珍惜设备；培养能发现设备问题的能力；认识清扫的重要性	指出应清扫的重点部分；指导清扫的重要性；制作诊断表

续表

步骤	名称	活动内容	活动目标		备注
			设备	人	
2	发生源、困难部分对策	防止灰尘、脏污的发生源飞散；改善清扫、加油、锁紧、点检困难部分，以缩短点检时间；区分日常检查的重点部分，确定优先顺序；确认整理改善的内容与效果	经改善发生源、困难部分，使其成为容易清扫、点检的设备；提高其保养性	从身边小事着手改善，学习对于改善的想法和操作方法，以增进技术能力；享受改善的乐趣	改善设备的思路和操作方式；标准的制作方法；实施目视管理和指导技能
3	自主保养暂定标准的设定	设定短时间内能切实维持清扫、加油、锁紧、点检的行动标准；通过改善使之容易进行点检与目视管理	设法维持设备保养最基本的清扫、加油、锁紧三要素	切实遵守自己的决定；自己体会对于责任的意识	设定标准类的技术、技能；检查设备应有的状态，并加以明确化
4	点检	根据点检表进行点检技能教育，并实施点检，找出设备微缺陷并复原；制作自主点检标准	进行设备的外观总检查，以复原劣化部分；处理不正常部分，改善点检困难部分；提高点检的效率	学习点检技能；熟悉设备的功能、构造；学习资料的归纳与灵活运用的方法；通过改善活动，促进设备活性化；学习传达教育的重要性	制作点检训练讲义；建立教育训练计划；实施教育培训；教学训练的跟踪；制作点检表及巡查表
5	自主点检	制作自主点检的检查表；实施自主点检的检测表；改善目视管理，设法提高操作性	对设备进行点检，并切实维持劣化部分的复原状态；将设备改善为操作性优良的设备	进一步强化自己的设备自己维护的观念；自己制定标准并执行；学习自主管理应有的状态	指导资料的分析方法；设备完好的状态及保养方法

续表

步骤	名称	活动内容	活动目标		备注
			设备	人	
6	标准化	实施各种现场管理项目的标准化,系统化	提高设备的可靠性、保养性及操作性;检查和改善设备与环境状态	管理技术提高;扩大自主管理的范围;目视管理的贯彻	管理标准的修订与实施;规范化、标准化的指导
7	自主管理	落实改善的活动;分析故障记录	分析改善设备;保证设备综合率	提升目标意识;增强保养成本的意识;学习简单的修理方法;学习记录、分析和改善	改善内容的标准化;修理技能的培训

由表 7-28 可知,开展自主保养活动,一定要先从初期清扫开始,找出设备的微缺陷,逐步复原、改善,最终使设备保持在理想状态。

(三) 实施设备点检和巡检

① 点检的内容

点检是指对设备的运行状态进行日常和周期性的确认,以及对设备进行日常和周期性的维护。点检工作由使用者(学徒)按点检指导书进行点检。日常点检是学徒在任课教师指导下进行点检。根据设备的点检项目不同,分别按每日、每周、每月、每学期的点检周期进行点检。

② 点检流程

日常点检操作指导应按照一定的流程进行(图 7-25)。

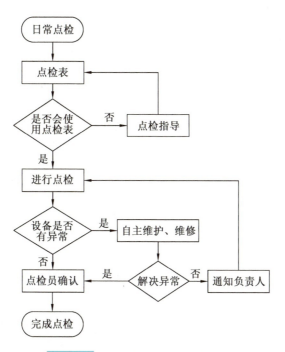

图 7-25　日常点检操作指导流程图

点检员（培训师/学徒）点检后将点检结果记录在点检表上，在设备维修前必须按点检表进行点检。点检记录有场室负责人收集后，交培训部主管复核后保存。在日常点检或使用中如发现不良状况，点检者应记录不良内容，并向场室负责人反映情况，经场室负责人确认之后，立即向培训经理汇报。

❸ 点检记录

点检记录包括点检指导书、设备点检记录表，此处列举机械系统制造综合区工具铣床设备日、周、学期三期点检指导书（表7-29）。

表 7-29　工具铣床设备日、周、学期三期点检指导书

每天检测项目	对应设备部位
1. 检查手动油泵油位容量不低于三分之一	

续表

每天检测项目	对应设备部位
2. 检查注油点是否已注油	
3. 检查各操作手柄是否松动	
4. 清扫机器，保持机床清洁卫生	

周点检内容	学期点检内容
检查铣床显示器是否正常，精度是否符合要求	1. 检查齿轮、传动轴、皮带等易损件磨损状况并更换损坏的易损件
检查外部所有操作杆是否需要修理	2. 检查皮带张紧情况是否满足传动要求
检查机床各个按钮是否松动	3. 检查电器控制系统工作是否正常
检查冷却液是否需要添加	4. 检查丝杆磨损状况，并更换损坏的丝杆
	5. 检查刻度盘是否准确，必要时调整导轨与塞铁间隙
	6. 进行上油防锈处理

工具铣床每日点检表（表7-30）。

表 7-30　工具铣床每天点检表

所属区域：机械系统综合制造区		设备名称：工具铣床	20 —20 学年 第 学期										
		设备编号：06	设备型号：X8130A										
序号	保养及点检内容	日　期											
		1	2	3	4	5	6	7	8	9	…		31
1	检查手动油泵油位容量不低于三分之一												
2	检查注油点是否已注油												
3	检查各操作手柄是否松动												
4	清扫机器，保持机床清洁卫生												
点检者签名													
异常情况描述													

备注：
1. 点检记录：√—正常；×—异常，并在异常情况描述栏内注明异常现象及通知带队培训师处理；
2. 只要使用机床，必须在带队培训师指导下进行每天点检；
3. 如果整周不使用，可以只进行每周点检；
4. 每月底由场室负责人负责收集此表后，交培训部主管复核后保存。

本书收录了工具铣床每周及学期点检表（表 7-31）。

表 7-31　工具铣床每周及学期点检表

所属区域： B2-机械系统综合制造区		设备名称：工具铣床 设备型号：X8130A	20 —20 学年 第 学期 设备编号：06																		
序号	保养及点检内容	每学期教学周																				
		1	2	3	4	5	6	7	8	9	10	11	12	13	14	15	16	17	18	19	20	
1	检查铣床显示器是否正常，精度是否符合要求																						
2	检查外部所有操作杆是否需要修理																						
3	检查机床各个按钮是否松动																						
4	检查冷却液是否要添加																						
点检者签名																							
异常情况描述																							

续表

序号	保养及点检内容	每 学 期	假期（暑假或寒假）											
			1	2	3	4	5	6	7	8	9	10	11	12
1	检查齿轮、传动轴、皮带等易损件磨损状况并更换损坏的易损件													
2	检查皮带张紧情况是否满足传动要求													
3	检查电器控制系统工作是否正常													
4	检查丝杆磨损状况，并更换损坏的丝杆													
5	检查刻度盘是否准确，必要时调整导轨与塞铁间隙													
6	进行上油防锈处理													
点检者签名															
异常情况描述															
备注：
1. 点检记录：√—正常；×—异常，在异常情况描述栏内注明异常现象，报告带队培训师处理；
2. 只要使用机床，必须在带队培训师指导下进行每天点检；
3. 在假期开始时更换新表填写，假期检查项目同每学期要求，假期至少每月两次检查；
4. 每学期期末由场室负责人负责收集此表后，交培训部主管复核后保存。															

　　学徒在培训师指导下完成了点检工作，逐渐积累经验，伴随 5S 管理活动，学徒逐步养成了规范安全使用设备、简单维护和日常点检的习惯，从而增强了学徒的改善意识。在保证设备正常运行状态下，学徒的专业学习激情会更高，学徒参与点检工作，对学徒职业行为习惯和职业素养养成有一定作用。

　　随着点检工作的开展，培训师积累一些设备管理经验，提高了维护设备的技术水平，改善了维修备用品与维修工具的条件等，但还需要培训师或场室负责人对点检项目进行优化，培训中心可通过目视管理、持续改善等活动，最终实现自主保养水平和点检作业效率的提高。

第四节　可视化管理

可视化管理（Visual Management），也称目视管理，是指利用形象直观、色彩适宜的各种视觉信息和感知信息组织现场培训活动，以提高培训质量的管理方式。

一、可视化管理基础

可视化管理是能看得见的管理，能够帮助师生清楚地看出培训工作的进展是否正常，并迅速地作出判断和决策。在现场巡视时，现场管理人员可以通过可视化工具了解培训师上课、学徒培训、设备运行、场室使用、5S 和 TPM 管理等方面的情况是否正常。

1 可视化管理含义

可视化管理以图表、照片、图画、标示、颜色、文字等作为辅助工具，让人快速而轻松地进行认知、警告、判断、行动等。简单地说，就是用"眼睛"通过观察就能理解，继而完成特定的动作或指令（图7-26）。

(a) 安全标识

(b) 消防标识及地面警戒线

(c) 机床定位线、操作说明书等

图 7-26　可视化图片

2 可视化管理与 5S 和 TPM 的关系

5S 和 TPM 管理是实现现场标准化、规范化、系统化管理的管理工具，可视化管理与它们是相辅相成的。推行可视化管理 5S 管理、TPM 管理能够更简洁、快速、标准化。

3 可视化管理的常用工具

可视化管理常用工具有红牌、看板、信号灯、操作流程图、反面教材、提示板、区域线、警示线、红色禁止标志、告示板、培训现场管理板等。

④ 可视化管理的具体要求

进行可视化管理要达到一定的具体要求（表 7-32）。

表 7-32 标准化管理的具体要求

标准	要求
统一	实行标准化管理，各种标准、色彩、符号都应统一制作、统一管理
简约	各种视觉显示信号应简明易懂，一目了然，即使陌生人员也能一看便知
鲜明	各种视觉显示信号要清晰，位置放置适宜，使现场人员作业时都能看得见而且看得清
实用	工具必须具有实际使用价值，讲究实效
严格	现场所有人员都必须严格遵守和执行有关规定

二、可视化管理任务

可视化管理有相应的主要任务（表 7-33）。

表 7-33 可视化管理主要任务

序号	主要任务	次要任务
1	看板管理可视化	看板样式可视化
		看板内容可视化
		看板责任人可视化
2	人员管理可视化	考勤管理可视化
		劳动纪律管理可视化
		仪表、仪容管理可视化
		人员岗位管理可视化
		人员动向管理可视化
3	物品管理可视化	物品状态可视化
		物品流动可视化
		物品存放可视化
		物品转移可视化
		物品责任人可视化

续表

序号	主要任务	次要任务
4	设备管理可视化	各种开关、仪表可视化
		设备操作、点检、维保可视化
		设备状态、性能可视化
		设备责任人可视化
		设备布局可视化
		设备参数可视化
		设备档案可视化
5	品质管理可视化	质量标准可视化
		控制要点可视化
		质量趋势可视化
		量具检具使用方法可视化
		量具检具管理可视化
6	安全管理可视化	消防器材管理可视化
		危险点管理可视化
		安全警示标语可视化
		安全责任区域管理可视化
		安全责任人可视化
		安全宣传可视化
7	培训管理可视化	培训课程标准、计划及教案可视化
		培训教师、培训学徒管理可视化
		培训流程可视化
		培训状态可视化
		三年培训进程表可视化

三、可视化管理推进

培训中心实施可视化管理，首先要彻底推动安全管理和 5S 管理。其中 5S 是实施可视化管理最基本的工具。只有通过实施 5S，彻底做好整理、整顿，改善现场设备、物料等存放位置的布置和保管方法，可视化管理才可以实施。

（一）建立可视化管理体系

培训中心可以按实验实训区域的培训教学运行、管理而建立一目了然的可视化管理体系，明确培训师教学、学徒培训、技能训练的任务量、时间以及计划进度等，以把握现状，并在发现问题后迅速采取有效对策。

（二）设定管理目标

开展任何一项现场管理的活动时，培训中心必须制定评价活动实绩或成果的管理指标，作为师生教学培训现场的行动基准，达到培养学徒的人才培养质量标准和培养目标。

（三）选择可视化管理工具

在实施可视化管理时，培训中心可利用海报、看板、图表、各类标示、标记等工具正确传达信息，使全体师生了解教学培训是否正常进行，了解判定人才培养的标准和采取行动的标准。因此，可视化管理要具体可行，必须根据设定的管理项目，准备可视化管理工具。

（四）定期赴现场评价

实施可视化管理时，培训中心高层管理者必须借助查检表，定期到培训现场进行评价，以测定各阶段的实施情况与程度，同时指出受评者的优缺点，以利于受评者努力维持优点，设法改正缺点。

（五）举行发表会和表扬大会

为了使可视化管理活动多样化，除了评价实施情况以外，培训中心还要举行发表会，让所有员工体会可视化管理活动所有参与者的成果，并举行表彰大会，给予优秀部门或负责人肯定。秉持公平、公正、公开的原则，评价结果要通过合理的查检表显示。

四、看板管理

看板管理是可视化管理的一种表现形式，即对信息、数据、情报等的状况进行使人一目了然展示，主要是对于培训项目进度、现场培训状况、设备运行情况等内容，进行透明化管理。看板是发现问题、解决问题的非常有效且直观的手段，是优秀的现场管理必不可少的工具之一。

（一）看板管理特点和要求

1 看板管理特点

看板的特点是醒目、使用方便。看板直接反映管理项目的内容，任何人看了都能了解并指出它的好坏，所有信息都一目了然地展示在看板上。

2 看板设计及放置要求

看板设计及放置要求：
① 看板的板块区域划分清晰。
② 所挂文件应按照规范、统一的原则制作。
③ 公示文件应易于查阅、观看。
④ 各板块文件放置应方便更换、取用。
⑤ 看板应放置于某一固定区域且高度适中。

（二）培训中心看板实例

培训中心各场室区域看板设计、管理水平，是展示培训中心可视化管理的形式之一。现以某区域现场管理看板（图7-27）为例进行说明。看板主要展示了场室挂表、当前培训学徒照片、规章制度、区域5S标准、5S自查表、5S巡查表、5S检查通报、课程授课计划、教案首页、项目图纸、操作规范、TPM每日点检表、TPM每周每学期点检表、每日之星以及区域布局图等内容。

图7-27 场室区域看板示意图

① 场室挂表栏，主要展示在场室上课的专业、班级、培训师、课程名称及上课时间等内容。
② 学徒照片栏，主要展示某阶段在场室上课专业、班级、学徒姓名、学号以及学徒相貌，以表格形式展现学生基本信息（表7-34）。

表 7-34　学徒基本信息（照片）

专业				班级		
学号	姓名	照片	学号	姓名	照片

③ 规章制度栏，主要是学徒培训规范责任书、内部警告条例内容。

④ 区域 5S 标准栏，展现该区域 5S 管理标准。

⑤ 5S 自查表+巡查表栏，是使用该区域后，对现场 5S 进行自查和巡查，应填写的表格。

⑥ 5S 通报栏，公示 5S 工作小组检查场室区域 5S 规范实际情况报告文件，表头为培训中心 5S 管理检查结果通报。

⑦ 课程授课计划栏，展示了当前在该区域培训课程的培训时间、培训教师、培训内容，课程重难点及课程的其他信息内容。

⑧ 培训师教案首页栏，展示了当前在该区域培训课程的主要内容、教学重点、教学方法等教学内容相关信息。

⑨ 项目图纸栏，展示了当前在该区域培训项目的图纸，因课程项目不同，使用场室不同，放置机械加工零件图、装配图，或电气控制图，或气路回路图等不同的图纸。

⑩ 操作规范栏，主要是放置操作该区域设备的安全操作规程和操作指导书。

⑪ TPM 点检表（每日），展示每日使用该区域设备后正常保养，填写记录情况。该栏放置设备每日点检指导书和点检表。

⑫ TPM 点检表（每周和每学期），每周和每学期使用该区域设备后应正常保养，并填写记录情况。该栏放置设备每周和每学期点检指导书和点检表。

⑬ 每日之星，主要表彰在每天的培训过程中，表现突出的优秀学徒，或进步特别大的学徒。

⑭ 区域布局图，展示该区域设备布局及设备名称，是否有消防通道等。

培训中心现场看板应整洁明了（图 7-28）。

图 7-28　培训中心现场看板

现场看板是开展可视化管理的重要手段，使用看板，能为师生传递培训现场相关信息和管理情况，强化师生的责任感，起到了宣传、监督的作用。

第五节　持续改善

持续改善是精益生产思想的精髓和推进精益生产最有效的管理手段，它起源于日本的 KAIZEN（改善），意为持续（Continuous）、改善（Improvement）、流程（Process），简称 CIP。CIP 是涉及每一个人、每一环节的连续不断的改进，其目标是在一个单位内搭建一个自主改善的平台，不断地提高教学质量、技能培训质量、降低培训成本、完善培训服务。

改善，就是针对客观存在的问题，寻找出改善方案，消除问题所带来的不良影响，使之更贴近于期望值。问题（对象）、改善方案（方法）、期望值（目标）再加上实施者（组织），是构成改善的基本要素。

一、CIP 的工作步骤

（1）小组活动的准备

一切改善活动都是由人来进行的。活动准备工作包括确定活动人员、改进流程、确定活动场所、布置活动场所等，主要由主持者负责。

（2）小组活动的引言

主持者首先要向小组成员说明 CIP 的含义、目的和具体工作方法，并激发全体成员参与 CIP 活动。

（3）现场流程考察

不管是否来自该流程，都应该本着改进流程的目的去进行现场观察，并发现流程中的问题。

（4）对流程进行定量分析

为了能定量了解流程状况，要对流程的质量、生产率、在制品、占用场地面积、周转时间、材料消耗和零件品种等进行测量，并计算出具体数值。

（5）记录流程中的浪费现象

要改进流程，首先要了解流程中存在的问题，通过头脑风暴法，让小组的每一个成员发表自己的看法，并将所有意见收集起来，作为下一步工作的基础。

（6）提出改进意见和方案

对第五步中收集到的信息进行分析，寻找出符合 CIP 活动的内容，即能在短时间内尽可能地消除浪费的情况，然后对选出的内容提出改进意见，确定几种可行的方案。

（7）确定解决方案

对消除浪费的各种改进方案进行分析，以确定其可行性，通过效益比较确定最佳解决方案。方案选优是一个决策过程，选优方案一定要有可行性。

（8）制定措施表

经全体成员同意后，把最佳方案呈现在统一规定的措施表上。确定具体的工作任务。

（9）实施措施

要求参加人员共同负责，并亲自动手，尽快动手解决问题是关键。

（10）汇报成果

每次活动的有形成果都要用结果、质量和金钱来计算，无形成果应说明其意义。

（11）跟踪措施实施情况

负责人应在一周的活动后对措施的实施进行跟踪，监督执行人员按改进后的方案工作，落实改善方案。出现其他问题后进行持续改善。

二、5S 持续改善

培训中心现场 5S 活动实施一段时间后，会出现很多问题，这就需要现场持续改善，以继续保持舒畅的工作环境、安全的操作环境、标准化和规范化的培训环境以及高质量的培训状态。因此，现场 5S 持续改善一刻都不能松懈。

(一)改善的思路

❶ 提出问题

改善前提是出现问题。一切问题都是人为的,是可以预防和避免的,是可以改善的。5S 工作小组承担了改善活动具体任务,小组通过 5S 自查、巡查、TPM 点检、现场教学检查等方式发现问题,并运用 5W1H 方法(题表 7-35)系统性地提出问。

表 7-35 5W1H 方法内容

5W1H	现状如何	为什么	能否改善	该怎么改善
对象(What)	为什么做这事	为什么会出现这种现象	是否可以做些什么	到底应该做什么
目的(Why)	有什么目的	为什么是这样目的	是否有别的目的	应该是什么目的
场所(Where)	在哪里做	为什么在那儿做	是否在别的地方做	应该在哪里做
时间(When)	何时做	为什么在那时做	能否在其他时间做	应该什么时候做
人员(Who)	谁来做	为什么由那人做	是否由其他人做	应该由谁来做
手段(How)	怎么做	为什么那么做	有没有别的方法	应该怎么做

❷ 改变心态

培训中心全体师生进行现场改善的积极、向上的心态是持续改善的基础。在日常管理、培训工作中,不断地观察、思考,主动地承担改善任务,才会促进设备和环境的持续改善。因此,心态对问题的解决起到决定性作用。

❸ 重团队建设

管理团队在改善活动中起到引领作用,选拔骨干力量组建管理团队是非常必要的。骨干成员主要从培训师、行政管理人员中选拔。对思想品德好、有上进心和吃苦耐劳的奉献精神、有一定企业生产管理经验且在岗位技能和维修方面有特长的一线培训师,要加强引导和培养,并将其吸收到管理团队中来。因此,管理团队成员的专业技术能力、管理能力、思考能力以及改善积极性直接影响改善效果,同时,团队会提出更多的改善提案带动全体师生参与改善活动。

❹ 完善的激励机制

培训中心管理层和工作小组创建激励机制,应从以下几个方面考虑:

(1)认真地对待每一个建议,不管是培训师的建议,还是学徒的建议,也许提出的建议未必有用,但它都表明了师生愿意对事物进行改善。

(2)工作小组应快速及时反馈师生提出的建议。

（3）对于不被采纳的建议，小组成员要详细地解释原因，解释得越清楚越全面，师生就越能感受到工作小组对他们建议的重视度，意识到小组成员是花时间去考虑他们的建议的。

（4）在实际操作过程中，简化和优化持续改善流程，程序简单，响应速度快，师生参与度就越高。

（5）对于提出建议被工作小组直接采纳的，应有相应奖励。学徒提出建议被采纳的，培训师直接奖励学徒平时表现分；对于培训师奖励则应体现在绩效考核中。

（6）把持续改善与人才培养目标、中心管理、培训管理、现场管理、学徒管理等多方面目标相结合，师生就会提出更多的改善建议。

（7）培训师和学徒比管理者有更好的主意，工作小组应调整自己在持续改善中扮演的角色。

（二）PDCA 循环

PDCA 循环是现场管理与改善中常用方法之一，也是最有效的管理方法之一。PDCA 循环最早是由美国贝尔实验室的休哈特博士提出的，后经戴明博士在日本推广应用。PDCA 是一种科学的工作程序，它反映了质量管理活动规律。

1 PDCA 循环的 4 个阶段

PDCA 即是计划（Plan）、实施（Do）、检查（Check）、行动（Action）的首字母组合，一个完整的 PDCA 循环包括 4 个阶段（图 7-29）。

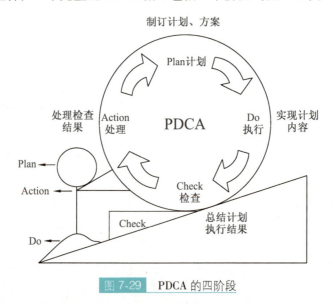

图 7-29　PDCA 的四阶段

（1）第一阶段是计划。它包括分析现状，找出存在问题的原因，分析产生问题的原因，找出其中的主要原因，拟订措施计划。

（2）第二阶段是实施。该阶段工作时间紧、任务重，实施质量影响整个5S活动的结果。

（3）第三阶段是检查，把实施的结果与预定目标对比，检查计划实施情况是否达到预期效果。

（4）第四阶段是行动。对检查的结果进行处理，成功的经验应加以肯定，并适当推广，使其标准化；失败的教训应加以总结，未解决的问题放到下一个PDCA循环里。

❷ PDCA循环的特点

PDCA循环有三个特点（图7-30）。

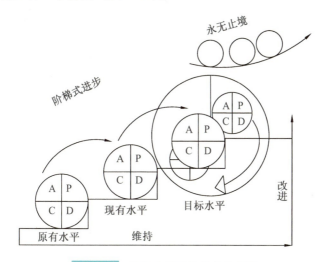

图7-30　PDCA循环的特点示意图

（1）周而复始。PDCA循环一定要按顺序进行，它靠组织的力量来推动，像车轮一样向前进，PDCA循环的4个过程不是运行一次就完结，而是周而复始地进行。一个循环结束了，解决了一部分问题，还有问题没有解决，或者又出现了新的问题，再进行下一个PDCA循环，依此类推。

（2）大环带小环。培训中心中，行政管理、实验实训区、管理团队、培训师团队乃至个人的工作，均有一个PDCA循环，这样逐层解决问题，而且大环套小环，一环扣一环，小环保大环，推动大循环；大环与小环的关系，主要是通过质量计划指标连接起来，上一级的管理循环是下一级管理循环的根据，下一级的管理循环又是上一级管理循环的组成部分和具体保证。

（3）螺旋式阶梯式上升。PDCA 循环不是在同一水平上循环，每循环一次，就解决一部分问题，取得一部分成果，工作就前进一步，水平就提高一步。每通过一次 PDCA 循环，都要进行总结，提出新目标，再进行第二次 PDCA 循环，使质量管理的车轮滚滚向前。PDCA 每循环一次，质量水平和管理水平均提高一步。

❸ PDCA 循环的步骤

PDCA 循环的 4 个阶段又可分为 8 个步骤，本书收录了每个步骤的具体内容和方法（如表 7-36）。

表 7-36　PDCA 循环步骤和方法

阶段	步骤	主要方法
P	分析现状，找出问题	排列图、直方图、控制图
	分析各种影响因素或原因	因果图
	找出主要影响因素	排列图、相关图
	针对主要原因，制订措施计划	回答 5W1H
D	执行、实施计划	
C	检查计划执行结果	排列图、直方图、控制图
A	总结成功经验，制定相应标准	制定或修改工作规程、检查规程、相关制度及相关文件
	把未解决或新出现问题转入下一个 PDCA 循环	

（三）制订持续改善计划

为了更好地执行现场 5S 管理，以及进行其他方面的持续改善，应制定持续改善计划表（表 7-37）。

表 7-37　CIP 持续改善计划表

产品/部件/过程 □　□　□	开始日期：	报告编号：	团队负责人：	团队成员：
	完成日期：			
改善项：	修改 □	改进 □	简化 □	消除 □	减少 □		

改善前：	改善后：	备注
观察/描述：	观察/描述：	

改善的好处：
1 2

获得了哪些改进：				
培训质量 □	成本 □	传输：循环周期/生产力 □	安全 □	环境 □
执行：		审阅：		批准：

通过持续改善计划的制订和实施，可总结日常出现的问题，对如何改变现状、改善后结果、改善益处和获得哪些改善进行汇总，并对汇总结果再次分析，该预防的要严加预防，该改善的地方要继续完善，以提高工作效率，降低成本，保证质量。

（四）5S 持续改善效果

经持续改善工作小组检查、反馈，各培训区域负责人会对管辖内出现问题进行改善，本书列举了部分改善前和改善后的现场状况（表 7-38）。

表 7-38　持续改善效果情况反馈表

序号	改善前	改善后	改善方式
1			整理

续表

序号	改善前	改善后	改善方式
2			整顿
3			整理、清扫
4			整理、清扫
5			整理

  培训中心在建设、运行管理方面，要建成一个工作的规范化、标准化、流程化、系统化的培训中心管理体系，就必须不断地完善，只有开始，没有结束。

合作企业学徒项目开展要点

跨企业培训中心建好后关键是"用",重点是企业如何依托该平台与职业院校合作开展学徒培训项目。合作企业学徒项目使学校与企业无缝衔接,可以解决应届毕业生无法在第一时间适应企业工作环境、无法达到企业用人要求等弊端,同时也有利于解决社会招聘人员流动性大等问题,从人力资源稳定的角度实现企业稳定与发展。本章内容意在指导中小型企业建设合作企业学徒项目的具体操作事宜。

第一节 学徒项目效益评估

学徒项目效益评估是先从企业角度出发,针对企业发展趋势、企业生产规模、企业产品种类、企业用人需求等方面对学徒项目的收益比进行评估,从而确定该项目的可行性。评估内容主要有企业学徒需求、企业培训成本估算、企业培训项目收益等方面。

一、企业学徒需求

为更好地合作开展企业学徒项目,培训中心应先从企业角度出发,对企业对学徒的需求进行全面调研,从需求专业、需求人数、培养需求等方面着手。在调研过程中确定学徒的培养定位,从项目的投入角度分析,学徒的培养定位应该相对较高。

(一)需求专业调研

首先依据企业各部门生产岗位员工的专业、学历,生产线的产品特性,及生产线设备技术供求等方面进行研讨,确定企业需求专业。以机械行业为例,现有工种可分为机电一体化、工业机械工、模具机械工、机械切削工等。企业应根据本企业需求进行深入调研,确定适合本企业的专业,与学校、培训中心共同开展合作企业学徒项目。

① 生产岗位人员调研

以机械行业某企业为例,对企业生产部门 500 名员工进行了问卷调研,实际回收 485 份问卷。问卷主要针对生产岗位员工的专业领域和学历进行调研,统计确定专业需求及学历需求最多的项。

生产岗位员工的专业调研统计结果（图 8-1）显示：工业机械工需求相对偏多。

图 8-1　生产岗位专业需求

生产岗位员工的学历需求调研统计结果（图 8-2）显示：博士学历为 0%,大专学历需求最多。

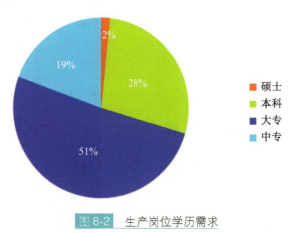

图 8-2　生产岗位学历需求

② 产品特性分析调研

将企业生产的所有产品进行归类,研究剖析产品特性,再进行知识技能归类,通过生产线产品涡轮、蜗杆、行星齿轮、连杆、连杆箱等,分析确定技能需求：铣削、车削、数控加工、手动加工等（图 8-3）。技能需求在专业选择时可作为重要参考，技能需求比例不作为培训计划制订的参考项，比如手动加工在实际生产中虽涉及较少，但它是所有技能的基础，故在制订计划时应着重安排。

图 8-3　产品技能需求

③ 生产线设备技术调研

对生产部门生产线进行分类，从自动化生产线、组装线、设备维修部、模具部、注塑部等工作区域中，归纳出涉及的工种：金属加工、组件装配、设备装配、设备维护、气动装置调试、注塑技术等（图 8-4），确定生产线专业工种需求。针对工种进行归类，并根据现有工种确定合适专业。

图 8-4　生产线工种需求

（二）需求人数调研

在人数需求上，根据公司现有的规模、近三年的发展规划，以及社会招聘员工的流失率等因素进行调研，若每年或近一年需求人数在 10 人以内的，可联系当地高校，多方协商确定，建立跨企业培训中心培养企业学徒，这种形式适合中小型稳定发展企业；若每年需求人数在 10 人以上，则考虑建设企业内部培训中心。学徒可从高校新生中进行选拔，或在高中毕业生中宣传招募。

（三）培养需求调研

从企业角度出发，由各部门经理研讨确定学徒培养所需达到的能力要求。可以从以下七个方面借鉴：专业理论、专业技能、学习方法、职业素养、团队协作、社会能力、心理素质等。根据确定的能力要求进行培养需求评估，最终确定培养目标。从学徒培养目标的矩阵图（图8-5）中可以看出，企业对学徒的能力培养比较全面，并非培养专才。

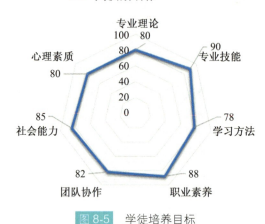

图 8-5　学徒培养目标

二、企业培训成本估算

在进行项目的投入前，企业应先进行成本估算，若估算结果显示投入与收益比值不断变小，则这个项目不宜投入；反之，比值不断变大，这个项目则有利于企业的发展规划。具体可以从以下几方面进行估算。

（一）固定资产投入

根据培养专业、招生最大人数、培训中心建设布局等方面，企业应先做固定资产预算，包含基建设施、机床设备、常用工量具等。先以基建与设备为主，在培训中心投入适用于本企业生产的模拟生产线，再结合实际教学运用，确定其他所需固定资产。应以最大容纳量，以及一人一机操作的原则统筹考虑。

（二）耗材成本投入

确定三年学徒培养的具体实训项目任务后，列出每个任务需要的耗材预算，以及第一年所需的耗材预算和采购方案，考虑时以一人一套准备。另外，可根据经验购入几类常用耗材备用，为因材施教做准备，但备用耗材不宜过多。这部分成本预算是为学徒在培训中心培训所准备的，学徒进入生产部门后以实际生产培训为主，故先不考虑生产部门耗材成本投入。

（三）人力资本投入

作为一个项目投入，且需管理多人培训与协调工作，应设置企业学徒项目经理岗位，项目经理工作能力要求应相对较高，除具备专业能力外，还需具备良好的沟通能力、协调能力等，才能更好地完成各方面工作。该职位除对学徒项目过程进行监控外，主要负责学徒进入企业后的在岗培训安排，及在企业内部的培训等。

（四）福利待遇投入

从企业角度出发，选拔后的学徒即为准员工，等同于企业自己的员工，福利待遇也应纳入预算考虑范围，可根据企业规模、效益等不同因素，为学徒发放生活补贴及节日福利等，具体以各企业内部规定为准。

三、企业培训项目收益

完成成本估算，同时应对项目收益进行评估。企业培训项目收益不仅体现在销售盈利，也体现在降低企业员工流失率，提升学徒创造力。

（一）降低员工流失率

企业在培养学徒时，应教育学徒懂得感恩，赋予学徒归属感和使命感。一位满怀感恩之心的员工可以为企业创造无穷收益，不会为哪家企业的薪资高低踌躇再三。有助于解决企业员工的流失问题。降低员工流失率，也降低了企业的损失，节约企业用人成本及培训成本等，从而提高企业的经济收益。

（二）学徒价值创造

1 学徒培训期间收益

学徒在培训中心学习技能期间，在掌握一定技能的条件下，培训经理可以与企业学徒项目经理沟通协调，将生产线研发测试的新产品、新设计的工装、破损的零部件返工或重新加工，以及由于生产线机床限制，无法由企业生产部门自行加工的零件项目等接到培训中心,由学徒进行加工。由此一来,既让学徒增加了实战经验,提升技能水平,又能节约生产线加工成本,一举两得。

培训中心记录学徒的加工零件、加工数量、加工用时等信息,统计估算学徒为企业节约的成本(图8-6)。

	部门	交期	部门	用时	图片	数量	技能	学徒
2019	TC02	12/30/2018	TC02	2周		100多个	钻削	所有学徒
2019	精益部门	12/23/2019	精益部门	11天		2个	铣削和钻削	陈汉磊
2019	TC02	12/26/2019	TC02	8天		1个	车削和钻削	杨蒋赞杰
2019	TC02	12/27/2019	TC02	1天		1个	车削和钻削	杨蒋赞杰

图8-6 对外加工记录表

② 学徒实训期间收益

经企业内部调研得到一组数据,一名工作经验不满一年的技术员能为企业创造约50万的年产值,一名稳定工作数年的技术员更是能创造高达180万年产值。一名学徒在第三学年进入在岗培训阶段,真正进入生产部门,接触生产线生产工作。在这个过程中,他同样在为企业日常产出创造基本收益;而当学徒积累一定经验后,能够提出合理化建议,并改进生产线生产流程,提高生产效率时,就可为企业创造长期收益。

企业都有稳定与发展的需求,所以合作企业学徒项目办学模式有必要在中小型企业中进行长期推广。

第二节 企业学徒选拔与管理

结束前期评估工作,进入实施阶段,合作企业学徒项目经理应及时主导项目进程,制订项目计划表,对项目进行阶段性检查,避免某个环节脱节而影响项目总进度。学徒选拔工作应提前进行,管理文档工作也需提前准备。

一、企业学徒选拔模式

合作企业学徒的选拔可根据具体的学情进行,根据企业用人需求,可从高中生源中选拔,也可从中高职衔接3+3项目生源(以下简称3+3生源)中挑选。选拔前后的工作,由学徒项目经理负责,以企业为主导,进行选拔测试,测试内容分为笔试与面试两部分。笔试试题含计算题、逻辑题、观察题、视觉测试题等,还包含一项手动操作能力题。笔试环节结束后,进行面试。面试官由项目经理、培训经理、学校教师组成面试组,对学生进行面试提问,主要观察学生的反应能力。通过笔试和面试的学生可进入合作企业学徒项目。

二、企业学徒培训协议

学徒培训协议在项目实施过程中起着重要作用,拟定协议时需从双方权力维护出发,应多方考虑,尽可能全面制定双方应履行的职责义务,避免发生不必要的纠葛。协议可参考附录4学徒培训协议。当学生通过选拔,签订培训协议,就正式加入了合作企业学徒项目。在制定培训协议时,应注意明确以下三点。

一是阐明双方权利与义务。
二是说明费用与补贴。
三是明确保密条款。

三、企业学徒管理条例

依据企业管理制度,制订合适的《学徒手册》,学徒在入职培训时人手一册进行阅读,了解其中的内容与条例,具体内容参考附录5。当学徒知悉《学徒手册》内容后进行确认签收,《学徒手册》由学徒自行保管,附录6的《学徒手册》签收函签字确认后返回到项目经理处,进行统一存档,作为保留文件。

四、企业学徒评价机制

对企业学徒三年培养的成绩应设置系统的评价机制,将每部分成绩汇总为成绩单反馈到项目经理处,书面保留归档。实际进入企业实习涉及的成绩主要有以下几项:

(一)在岗实习成绩

在岗实习成绩是企业生产部门对学徒每个实习阶段成绩的平均分,以百分制的形式呈现。一年级和二年级为轮岗实习，三年级为定岗实习。生产部门评完分反馈给培训中心和学校。企业生产部门的评估标准包括：
- 环境卫生及安全
- 遵守部门及工位的规章制度
- 服从领导的指导和工作安排
- 安全及时地完成领导分配的任务
- 沟通能力
- 协作和合作能力
- 学习及工作的独立性
- 积极参与其他劳动
- 工作技能
- 主动向部门提出创造性建议

（二）学徒面对面谈话成绩

由项目经理、生产部门经理、培训经理、培训师、学校专业教师、班主任等人员组成谈话组，对学徒进行每年一次的面对面谈话，并根据面谈结果进行现场打分，以百分制的形式呈现，计为面对面谈话成绩进行归档。面对面谈话成绩的评估标准包括：
- 技术水平
- 工作质量
- 工作方法
- 工作安全
- 客户导向
- 解决问题的能力
- 责任心
- 可靠性
- 自愿学习
- 自愿工作
- 自我激励和独立性
- 愿提供帮助和团队协作
- 沟通

（三）毕业条件

学徒要顺利毕业，必须同时具备学校的大专毕业证书以及德国海外商会联盟认证的AHK职业资格考试成绩合格证。取得上述证书才能与企业签署劳动合同，留用上岗。如有特殊情况。学徒可向三方提出申诉，共同解决问题。上述成绩单均跟随个人档案进行保存。

五、企业学徒淘汰机制

学徒在学校学习期间有学校校纪校规制约，若有违反则按学校的有关规定进行处理；在培训中心培训期间有培训中心内部纪律条例，若有违反则按培训中心有关条例进行处理；到企业在岗培训期间，学徒根据企业规章制度执行相关约定，也应遵守《学徒手册》相关规定。企业为培养符合本企业文化、适合本企业岗位的员工，从成本控制的角度出发，可在学徒培养过程中设置合理的淘汰制度，以督促学徒认真学习，避免其违反相关规定。

（一）违反《学徒手册》规定

学徒进入在岗培训阶段后，仍应遵守培训中心《学徒手册》规定。违反《学徒手册》规定者，立即解除企业学徒培训关系，终止企业与学徒的培训协议，学徒将被退回到学校或培训中心，后续事宜由学校与培训中心共同协商解决。

（二）违反企业规定

学徒进入在岗培训阶段，出现违反公司规定的行为，达到应被辞退的程度者，生产部门有权利向培训中心提出退回学徒或更换学徒的要求。培训中心应第一时间了解详细情况，并通报给学校，共同商议解决后续问题。

（三）末位淘汰制

根据《学徒手册》规定的末尾淘汰制条款对学徒进行淘汰的，培训中心应提前与学校方及企业人事沟通具体情况及相关事宜，确定后发出《协议终止通知》（附录7），并让学徒按公司流程办理离职手续，离职手续以各企业内部文件流程为准。

六、企业学徒奖惩机制

学徒奖惩制度主要以"奖励为主，处罚为辅"的原则，督促鼓励学徒，同时也让学徒时刻保持警醒，主要体现在以下四方面。

（一）奖学金

学徒在校学习阶段以学校评定奖学金的条件为准，对学徒进行校内奖学金评定。企业根据学徒在培训中心的表现，以及在岗培训评估成绩等对学徒进行奖学金评定,学校的评定结果可作为企业评定的参考。每年进行一次评定,评定过程应遵循公开、公正、公平的原则。在评定过程中若有学徒表示异议,可在公示期间进行申诉,申诉结果按实际情况裁决。

(二) 毕业薪资级别

根据每年成绩优异、平时表现优秀、两次毕业考试成绩名列前茅,及学校推荐等条件选出的优秀毕业生可优先选择部门确定工作岗位。最终评定成绩排名占班级前 30% 的学徒在毕业后,薪资比其他学徒高 5%~10%,具体比例根据企业实际效益情况确定。

(三) 交换生计划

企业针对每届学徒设置交换生计划,将优秀学徒送至企业海外总部培训中心学习交流,使学徒真实感受海外的培训教育体制,学习先进的技术和企业文化。该计划在第三年下学期实施,根据学徒前 2.5 年的学习情况、沟通能力、应变能力、英语能力等综合能力排名确定出国人选,名额视企业实际情况而定。签证、机票、在国外学习生活的日常交通、食宿等支出由企业承担,额外的自费行为支出由学徒自行负责。该项目应配备 1~2 名协调人员,以解决突发事件。

学徒在完成交流学习返回后,需向项目经理、企业人事经理进行总结汇报,并根据企业规定,签署补充协议,具体以企业内部文件为准。

(四) 惩罚制度

培训中心内部制订纪律条例,违反者依据条例规定进行相应惩罚。惩罚制度可参考学徒手册中第 7 项。

第三节 企业培训计划制订安排

培训计划在制定前,应由企业、学校、培训中心三方进行商议,确定培训大纲。根据学校上课总时数、培训中心培训总时数,以及生产部门在岗培训总时数,确定具体时段安排。学校根据人才培养方案完成理论课程安排,并制定课程标准;培训中心完成具体模块技能培训计划,企业负责制订在岗培训计划。制订计划时应按三年统筹安排。

一、企业学徒培养计划制订

企业学徒三年培养计划除了专业理论知识学习、培训中心项目培训，以及企业在岗培训以外，还包含拓展训练、入职培训、企业各类内训等，也需由项目经理与培训中心和学校进行对接确定，把培训项目加入三年计划内，使学徒培养计划多元化、多样化。

二、企业学徒在岗培训计划制订

企业学徒在岗培训分为轮岗实习和定岗实习两部分，在岗培训是为了让学徒尽早具备职业意识，是其从学生角色转变为员工角色的过渡。在制订计划时，不仅需要考虑岗位专业技能培训内容，还应穿插企业文化及企业价值观输入，使学徒更深入地了解企业，理解企业发展需求，这样的培训才是有价值的投入。

（一）轮岗实习计划制订

企业学徒轮岗计划穿插在学徒前两年培训计划内，项目经理在制订轮岗计划前，应先与企业各生产部门经理接洽相关事宜，咨询生产部门是否有用人需求、需求人员的专业要求、需求人数等信息，确定各生产部门用人需求后，对每名学徒制定轮岗计划安排（图 8-7）。

年	2020年					
月	四月				五月	
周	15	16	17	18	19	20
日	05-11	12-18	19-25	26-02	03-09	10-16
姓名	轮岗培训					

→

年	2020年					
月	四月				五月	
周	15	16	17	18	19	20
日	05-11	12-18	19-25	26-02	03-09	10-16
学徒1	11	11	12	13	15	17
学徒2	11	11	12	14	15	18
学徒3	11	12	13	15	16	11
学徒4	11	12	14	15	17	11
学徒5	12	13	15	16	18	11
学徒6	12	14	15	17	11	11
学徒7	13	15	16	18	11	12
学徒8	14	15	17	11	11	12
学徒9	15	16	18	11	11	13
学徒10	15	17	11	11	12	14
学徒11	16	18	11	11	12	15
学徒12	17	11	11	12	13	15
学徒13	18	11	11	12	14	16

图 8-7　轮岗实习计划

（二）定岗实习计划制订

三、企业学徒在岗培训计划制订注意事项

企业学徒轮岗实习和定岗实习虽有很多共性，但仍有一定区别。轮岗所

学技能相对浅薄，定岗是为了对本岗位技能进行深入学习研究。在制订计划时，需要有针对性。具体注意事项可从以下四点着手：

（一）轮岗岗位全面

在制订轮岗计划前，应与生产部门经理全面沟通，安排岗位明确到每条生产线，保证学徒能在轮岗结束后对企业的大部分产品有一定的了解，并对生产流程有一定了解。

（二）轮岗任务明确

轮岗实习前应让学徒明确轮岗任务，轮岗结束后进行总结交流。培训中心可邀请项目经理列席学徒总结汇报会，相互交流，分享经验。针对轮岗情况，生产线师傅给出相应评分，反馈到培训中心进行汇总。

（三）定岗双向选择

定岗实习在岗位确定后无特殊情况不再更改，学徒毕业后即为正式从事该岗位工作。通过轮岗实习，学徒与部门相互均有一定了解，确定岗位安排时，应让学徒与部门进行双向选择，部门可以选择合适的学徒，学徒同样可以挑选自己心仪的部门。

（四）强调在岗培训安全

在岗培训期间，应明确安全事项，避免产生错误操作、危险操作等情况，危害到个人与集体，应把人身安全放在第一位。

第四节　企业学徒项目负责人管理

企业学徒项目负责人即项目经理，在整个合作企业学徒项目中扮演着重要的角色，对于整个项目起着导向性的作用和重要的协调作用。作为一个中间环节，项目经理需要与学校、企业两方面进行及时妥善的沟通，将三方揉为一体，唯其如此，对学徒的培养才能精益求精，达到企业的标准。这是一项长期持续性的工作任务，项目经理应具备非常全面的能力，企业在招聘时应全面考虑。

一、资质要求

① 具有10年以上企业生产一线工作经验及管理经验，能在现场突发情况

下，第一时间作出反应，并妥善解决问题。

② 对德国"双元制"职业教育有一定了解，有相关教学经验。

③ 获得 AHK 德国"双元制"培训师资格证书，或获得德国"双元制"职业和工作教育学资格证书（AEVO）。

二、经验要求

① 具有与开设专业相关的工作经验，并能熟练操作培训中心的所有机床设备。

② 具有德国"双元制"教学的项目教学经验，或有系统培训经历。

③ 具有独立完成或主持完成一个或一个以上生产项目的工作经验。

三、能力要求

① 具备领导力、管理能力，在团队中或团队与团队之间，与上级、平级或下级职员之间有较强的威信和号召力。

② 具备较强的专业能力，包括理论知识、实践技能等。

③ 具有较强的语言表达能力、感染力、说服力，能将内容表达得清晰、通俗易懂。

④ 具备较强的协调能力、沟通能力，能与各部门沟通顺畅。

⑤ 具备较强的时间管理能力，能合理掌控课程时间。

⑥ 具有一定的英语或其他外语能力，便于与生产部门外籍员工直接交流，并能督促学徒学习外语。

⑦ 具有一定的电脑操作能力，有办公软件、绘图软件等操作能力。

四、其他要求

① 具有强烈的责任感、正义感。

② 具有健康的心理，懂心理学，能观察学生的心理状态，有效开导学生。

五、工作任务

项目负责人应依据实际工作情况，对整年工作计划进行合理安排，并订出计划表。包含月计划、周计划及日计划，制订计划时应考虑周全，避免影响项目的正常运行。项目经理任务列表（表 8-1）作为一月工作计划参考，可将整年的计划任务列完整，每月中的任务需根据实际情况进行调整。

表 8-1　项目经理任务列表

一月			
每日	培训实践技能（全机械+气动）	每月	与学校老师见面讨论学徒学习情况
	培训理论知识		5S
	学徒的日常管理		设备保养
	检查学徒 TPM 工作		学徒车间的持续改进
	检查学徒车间卫生工作	每年	组织年度部门聚会
	学徒日志的反馈		支持学徒参加公司年会
	对学徒的技能反馈		完成学徒选拔表发给学院
	学徒日常表现的评定		政府资助基金申请
每周	和学徒开会（讨论）	其他	支持部门 -给部门制造部件 -给部门实施报告 -介绍气动
	检查学徒英语课程		
	更新文件和计划		
	向中国区总裁、德国培训管理者汇报		给不同的人汇报 -中国人事部门 -德国人事部门
每月	订购工具、材料、标准件、设备		
	考勤管理		纪律处分（一级）

第五节　学徒培训新项目开发

　　学徒培训新项目开发是根据企业的实时需求或发展需求，在进行合理调研后，确定已有专业外和亟须新增的专业。以机械行业的企业为例，在进行开发工作时，先对企业产品进行调研，再有针对性地进行项目开发，以培养适用人才为根本，降低投入风险，减少不必要的损失。

一、企业需求专业调研

　　当企业生产部门向项目经理反馈：现有专业的学徒所掌握的技能无法完全满足生产线实际需求，学徒无法在毕业后第一时间上岗工作，不利于成本控制。此时，项目经理应主动向学校及培训中心提出企业需求。由三方至企业现场进行勘察调研，确定是否需要增设专业。

　　调研方法可参考本章第一节内容，将调研结果与企业需求进行对比，确定企业需求增设专业是否合理。若调研结果与企业需求一致，可进行增设专业准备工作，明确各方任务，进入下一步实施；若调研结果与企业需求差异较大，企业应进行重新评估，再确定是否需要增设专业，或更改增设专业项目。

二、新项目开发

以苏州健雄职业技术学院跨企业培训中心与本地某企业合作为例，现已开设工业机械工专业，符合企业生产线上机械加工与组件装配的人员需求。但企业新增需求及实地调研结果显示，目前企业缺乏注塑模相关专业技能的人员，而该企业实际生产产品种类，涉及注塑业务的比例高达40%，注塑模属于该企业急需增设的专业项目。在明确新增专业方向后，企业项目经理应联系跨企业培训中心培训经理和学校相关负责人及专业老师一起进行研讨。结合企业内部产品特性需求，确定人才培养方案，明确三方工作任务并实施。在开发过程中，应做好以下七方面的工作：

（一）明确培养方向

每个专业都有不同的发展方向，例如模具专业分为冷冲模和注塑模两大类，所以应根据实际情况新增专业方向，结合企业实际需求，制订人才培养方案和计划。

（二）确定培养对象

企业对学徒的岗位培养需求多以生产一线为起点，对培养对象学历要求并不高，大专即可。选择途径也可以从多方面着手。

① 可根据新项目开发的时间节点确定学徒生源，如恰逢高考时段，可以选择高中生源，虽然高中生不具备专业知识基础，但可塑性强。也可考虑3+3生源，这类学生已有一定加工基础，但因专业和技能层次不同，在培养时仍应考虑从零开始。

② 如果开设新项目在其他时间段，无法由正常招生途径获得生源，那么企业可以通过另外两种方式选择培养对象，一是从现有的二年级对口专业班级中进行选拔，学徒通过培训中心短期培训后，再进入企业进行在岗培训；二是在企业内部推荐的应届毕业生中进行选拔，进入培训中心进行短期专业培训后，重新进入企业新岗位进行在岗培训。这两类对象都具备一定技能基础，但总培训时间相对于第一类生源缩短了很多，有利有弊。

（三）筹备培训设施设备

新专业的开发可根据培训需求采购专业对口的设施设备，同样也需要提前做好采购预算。若企业预算有限，也可利用现有生产线进行现场培训教学，既贴近实际生产，又能降低投入成本。

（四）开发培训资源

培训资源可从一线生产借鉴，进行简易项目设计，制作教学工作页、课程PPT、视频等，作为教学手段。利用各种资源搜集教具模型等，作为培训辅助手段。这项工作应由企业牵头，学校和培训中心辅助共同完成。

（五）制订培训计划

企业根据生产线技术需求，与学校和培训中心进行商议，并共同制订学徒培训计划，制订时可参考已开设专业的培训比例，合理制订三年培训计划，确保培训内容覆盖率。

（六）开发培训任务

具体的培训项目可由项目经理牵头，企业工程师与技术员根据生产线实际产品特性进行自主设计开发，设计时应确保项目与项目之间、任务与任务之间的过渡性和可衔接性。设置任务前后关系应循序渐进，涉及的技能点分布全面，并且突出重点、难点任务。

（七）确定项目实施计划表

为确保能按时开展正常培训，项目经理需针对新专业项目制订实施计划表，责任到人，确定完成时间，定期确认工作进度，及时探讨困难与问题，共同协商解决。确保新项目准时上纲上线。

三、新项目开发注意事项

在开发新专业项目时，企业应多方面咨询、考虑、斟酌，前期的准备工作应充分，尽可能规避项目开展途中出现重大问题。

① 项目经理应及时了解企业发展需求，调研范围全面覆盖企业各岗位员工；

② 项目经理应对新项目做好全面考察工作，有针对性、时效性及可行性；

③ 项目经理应做好全程监控，避免某一环节脱节造成项目停滞；

④ 项目经理应全程参与招生选拔工作，全面了解生源情况；

⑤ 企业应提前做好新项目预算，避免超支影响项目进度；

⑥ 企业应提前确定培训标准，保证培训质量；
⑦ 企业应提前确定培训内容资源，做好项目任务开发工作。

第六节 企业学徒管理与考核评价

学徒在岗培训期间，企业应对其有一套系统的管理办法，项目经理作为管理办法执行人，对学徒在岗培训期间的所有培训进行审核、监控、管理。审核各类培训是否合理，是否适合学徒；监控学徒培训过程及培训效果；管理企业在生产线对学徒进行的规范化培训。

一、企业学徒在岗管理

学徒进入企业后，会获得很多培训机会，在岗培训期间也会穿插各类企业内部培训，使学徒更加深入地了解企业文化，融入企业工作氛围。做好学徒在岗期间培训项目的管理工作，才能取得显著的培训效果。从企业角度出发，这非常重要。所以作为项目经理，这个任务非常艰巨。

（一）入职培训

学徒进入企业第一天，应对其进行系统入职培训，培训内容应以了解认识企业为目的。应从公司介绍、企业文化、员工手册讲解、薪资福利讲解、财务报销流程、行政管理、职业健康防护、安全与环保，以及企业参观等方面进行详细培训，培训时间可控制在1~2天。通过全面的培训，使学徒对企业进行全方位了解，激发学徒对企业的兴趣。

（二）企业在岗培训

学徒在企业培训时间最长的是在岗培训，它包含的轮岗实习达13周，定岗实习达21周。这个时间段是学徒提升专业技能，融入企业文化的最佳时机，所以在管理上需要规范化。

① 企业轮岗实习管理

轮岗实习让学徒直接接触一线生产任务，意在使学徒了解企业产品，了解企业运作流程，提高学徒沟通能力及团队协作能力等综合素养。通过两次轮岗，能使学徒对生产部门的工作流程及工作压力有初步的认知，为三年级的定岗实习做铺垫。

学徒进入轮岗实习之初，生产部门经理需为学徒安排一位师傅进行一对一指导，以便其尽快了解工作业务。在学徒实习过程中，项目经理需定期走访生产部门，了解学徒培训情况，对学徒的工作表现、学习能力、技能缺陷等方面做好记录，便于查漏补缺。

❷ 企业定岗实习管理

定岗即为毕业后的工作岗位。因此，生产部门在面试选拔时，除了选择优秀学徒外，还应考虑选择适合本部门岗位的学徒。学徒可申请多个意向部门面试，若均通过面试，可根据自身发展需求选择合适的定岗部门与岗位。确定工作岗位后，正式进入定岗实习阶段，学徒以准员工的身份在岗位上工作学习，生产部门经理仍需安排生产线的工程师、领班，或具有一定工作经验的老员工对学徒进行一对一帮扶培养，把学徒现已掌握的技能与生产线需求的知识进行比较，针对学徒薄弱及缺乏的技能持续性查漏补缺，培养真正符合本岗位需求的技能人才。整个培训过程不仅注重专业技能训练，更要注重学徒综合素质的培养。

培训期间由生产线师傅一对一地对学徒每天的考勤、学习态度、行为举止进行客观打分，每周进行统计。轮岗期间由各生产线师傅进行打分，定岗期间由定岗部门师傅依据评价细则（表8-2）进行打分。生产线师傅对待每天的评分应保持严谨、公正的态度。

表8-2　日常行为评价细则

序号	加分项	得分	序号	减分项	得分
1	整洁卫生	1	1	不按规定穿工作服（工作鞋、工作帽、防护镜）	1
2	爱护设备与工量具	1	2	迟到、早退（已打卡时间）	1
3	安全意识	1	3	工作时间睡觉、玩手机、影响生产线任务等	1~3
4	遵守生产线纪律	1	4	在非指定区域抽烟	1~5
5	团队合作意识	1	5	旷班半天	5
6	着装规范	1	6	损坏工量具、设备及公共设备	1~5
7	完成任务	1	7	对同事或领导有不礼貌行为	1~5
8	学习态度，积极主动	1	8	破坏地面、墙面整洁，工作区不整洁	1
9	责任心	1	9	没有完成指定任务	1

续表

序号	加分项	得分	序号	减分项	得分
10	环境保护意识，节约意识	1	10	不按照规定摆放工量具、图纸及工件等	1
11	按标准和要求进行5S和设备维护保养	1	11	在车间内喧哗、嬉戏、追逐、打闹或有其他可能造成安全隐患的行为	1
12	能勇于承担任务，协助生产线师傅工作	1	12	不按标准和要求进行5S和设备维护保养	1~2
13	吃苦耐劳	1	13	操作机床时，佩戴耳坠、戒指、手链、项链、手表、胸卡者	1
14	礼貌	1	14	操作机床和围观时，不佩戴安全眼镜、长发未置于安全帽内	1
15	能接受批评指正，并及时改进	1	15	未经批准，中途无故擅自离开工作岗位，或办理私事等	1
16	受特别奖励	1~5	16	受特别批评	1~5

备注：1. 扣分超过2分的，要经培训部经理批准
　　　2. 特别奖励或批评的，要写明原因

（三）拓展培训

根据企业文化，每年可对学徒安排一次拓展培训。拓展培训可以由学徒与企业员工共同参与，意在培养团队合作精神。企业可委托专业咨询公司进行拓展培训安排，避免重复单一的拓展形式。项目经理进行审核和跟踪。

（四）企业内训

企业内训涵盖很多，例如防火防震演练、企业新产品生产培训、ISO9001培训等，此类内训安排由企业相关培训人员与项目经理确定培训时间及安排，项目经理进行跟踪。

二、企业学徒培训日志

培训日志是培训学徒过程的重要证据。学徒在学校学习、培训中心培训，及企业在岗培训期间，应每天记录当天的学习情况及感受心得。在岗培训期间，培训日志批阅工作由师傅完成，师傅应及时了解学徒的学习工作状态，即时给学徒反馈，若发现特殊情况，应第一时间与项目经理进行沟通和解决。

每天批阅培训日志，一方面能促进师徒之间的感情与默契，使其更加了

解对方,对增强培训效果有很大帮助。另一方面培训证明作为学徒培训证据保留,在毕业考试1与毕业考试2之前,应由学校、培训中心、企业三方派人进行统一检查,有遗漏者取消考试资格。

三、企业学徒在岗成绩

评估学徒在岗实训培训效果,需要对学徒在岗各项表现进行量化(表8-3)给出具体评估成绩,对学徒进行评分。轮岗实习期间在换生产线之前由生产线师傅一对一进行评分;定岗实习期间,由于岗位不换,可按阶段进行评分。成绩汇总由项目经理进行汇总归档。

表8-3 在岗培训成绩模板

序号	工作质量	工作速度	专业知识	培训态度	文明生产	培训证明	平均分
1							
2							
3							

四、企业学徒绩效评估

学徒绩效评估也称年度谈话,是对学徒一年学习的总结与展望。参与绩效评估的有四方:学校有专业老师、班主任,培训中心有培训经理、培训师;企业有学徒项目经理、生产部门经理或学徒直属领导一同参与;学徒或学徒及其家长。评估结果归入学徒档案进行保存。

五、企业学徒在岗培训评估

在岗培训期间,产线应该对学徒的培训表现、工作态度、沟通能力等方面进行全面评分。在轮岗期间,学徒每1~2周更换生产线,在轮岗前最后一个工作日由师傅进行评估,轮岗结束后将所有评估表上交,由项目经理进行存档。定岗期间由于岗位不变,可根据阶段进行评估,每个阶段结束由师傅进行评估,评估表同样由项目经理进行存档。该成绩作为学徒绩效评估的谈话内容之一。

六、企业学徒毕业考试

企业学徒毕业考试可参考德国海外商会联盟的考试形式。加入合作企业学徒项目后,有两种途径可以通过考试,获取毕业证书。一种是通过AHK毕业考试1和AHK毕业考试2两个阶段考试;另一种是通过生产部门主管现场考核。通过两种形式中任意一种考试，均可顺利获得德国海外商会联盟认证颁发的 AHK 职业资格证书，通常以专业确定考试形式。两种形式的考试均分为理论与实践两部分，试卷均由德国海外商会联盟提供。

（一）毕业考试

通常以统一形式的毕业考试为多，这种形式的考试，毕业考试 1 与毕业考试 2 的占比分别为 40% 和 60%，两次考试必须全部通过，才能顺利获得 AHK 职业资格证书。具体考试形式可详读第六章第二节的考试内容与组织，此处不再赘述。

（二）生产线毕业考试

除统一形式的毕业考试外，根据专业需求不同，也可由部门主管对学徒进行现场考核，作为毕业考试成绩。考试同样分为毕业考试 1 和毕业考试 2，占比也是 40% 和 60%。考试内容同样分为理论和实践，理论分为基础题和岗位知识题，基础题内容相同，岗位知识题根据学徒定岗的岗位出题，题型不同；除专业题外，还涉及企业内部常识问题。实践题由主管从岗位工作内容中提出，由学徒进行现场排除问题，主管监控整个考试过程，针对学徒完成情况进行评分。这类考试形式适合需求人数较少的专业，或因岗位需求转专业的学徒。

第七节 企业学徒薪资绩效设计

学徒薪资绩效在设计时定位应该以学徒培养定位作为参考，与社会招聘员工相比应较高一些。一来体现企业对学徒项目的重视程度，增加学徒自信；二来高定位能促使学徒对自己的要求更高，提高学习积极性。

一、企业学徒薪资绩效设计方案

薪资高低除了与学历相关外，与职业发展同样有着密切关联，学历是起点，而发展却因人而异。在同学历不同教育背景的情况下，薪资方案应有适当差异，这样可促进学徒内心的自豪感、归属感，从而提高工作积极性，从长远考虑，能使企业运作进入良性循环。

① 设计薪资前先设定学徒毕业时的初始定位及发展方向，可参考职位发展阶梯图（图 8-1）。初始定位应在调研培养需求时确定，发展方向根据学徒

签订劳动合同后的个人发展确定。

② 了解同行业同工种的薪资水平。设计薪资时，原则上每一级别的薪资都应考虑比市场水平以及企业内同岗位同级别的薪资水平高，相比之下更有优势。

③ 薪资结构除了基本工资、生产奖金、季度奖、全勤奖、绩效奖、倒班补贴、高温补贴等基本奖金补贴外，应设立合理化建议奖金、5S周期评优奖励等激励机制。

④ 其他福利待遇可根据企业情况设置生日卡、节日礼品、季度生活用品等，团队建设活动也是促进团队发展的重要手段。

⑤ 设计的薪资结构和加薪条件应让学徒进入项目培训时就了解清楚，持续性地侧面增加学徒的工作动力。

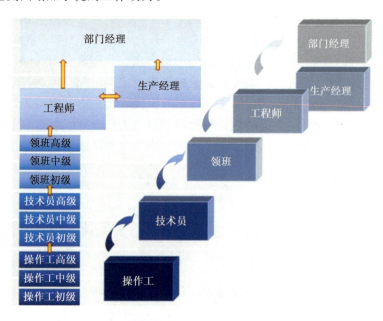

图 8-8　职位发展阶梯图

二、企业学徒保险方案

因学徒与企业的关系不属于正式劳动关系，所以无法保证"五险一金"福利。为了保证学徒在培训期间的利益，以及对企业的利益保护，可根据实际情况为学徒购买相关商业保险作为学徒培训期间的人身安全保障。

（一）综合意外伤害保障

综合意外伤害保障包含：意外医疗保险金、意外住院津贴、意外伤残保险金、意外身故保险金。该商保项目在企业内部属必保项目，具体保障条款及保额根据企业人事规定进行确定。

（二）医疗保险

医疗保险包含：一般医疗保险金、重大疾病医疗保险金、住院医疗津贴。用于疾病住院时使用，具体视公司情况进行保障。

（三）重大责任疾病险

重大责任疾病险条款不一，不具体赘述。该保障项可用于激励为公司服务多年的学徒，或得到晋升的学徒，作为奖励机制予以鼓励，可促进学徒对企业的归属感。

附录1　模具机械工专业企业培训大纲

基本核心能力

科目 No.	专业培训内容	独立执行各项计划、检查的核心技能
1	2	3
1	职业教育，劳动法与劳资协议（§18 Abs. 1 Nr. 1）	a) 理解培训协议的含义，尤其是考试、培训时间以及协议的终止等内容 b) 培训协议中双方的责任与义务 c) 介绍职业领域的进修机会 d) 培训协议中的重要部分 e) 企业劳资协议中的重要条款
2	培训企业的组织与结构（§18 Abs. 1 Nr. 2）	a) 了解培训企业的结构与业务 b) 了解培训企业的基本情况，如采购、加工、销售与管理 c) 了解培训企业及其员工与经济组织、行业协会以及工会的关系 d) 企业内部工作章程的基本内容、基本任务、工作流程以及人员管理的情况
3	劳动安全保护（§18 Abs. 1 Nr. 3）	a) 在工作中避免发生危险的各项安全措施 b) 正确掌握与职业相关的安全事故预防条例 c) 掌握在发生意外时应该采取的紧急处理方法 d) 在操作电子设备、工具和机器时要遵守的安全守则 e) 掌握在发生火灾时应采取的措施
4	环境保护（§18 Abs. 1 Nr. 4）	避免在生产过程中对环境造成危害，尤其是： a) 知道企业在生产过程中产生的污染的源头 b) 在生产过程中应当遵守的环保条例 c) 使用不会污染环境的能源及材料 d) 使用对环境无污染的物质与材料

续表

科目No.	专业培训内容	独立执行各项计划、检查的核心技能
1	2	3
5	企业内技术沟通（§18 Abs. 1 Nr. 5）	a) 信息的处理与评估 b) 完成草图及零件清单 c) 能够安排、补充、评估和使用该职业所需的技术资料等文件 d) 数据安全及保护 e) 与领导和同事谈话的礼仪以及在团队中谈话的技巧，能够考虑到文化差异 f) 根据工作情况完成记录，能够在沟通中使用专业英语 g) 能够接收并使用英语的技术资料和信息 h) 能够组织和主持讨论会，展示并记录工作成果 i) 能够解决团队中的冲突
6	工作流程的计划与控制，成品的检查与评估（§18 Abs. 1 Nr. 6）	a) 根据企业的情况安排工位 b) 选择刀具和材料，进行及时的运输、测试和部署 c) 根据经济性和规定的时间计划和执行工作流程 d) 使用能够加快任务处理速度的工具 e) 相关业务数据的采集和审查 f) 根据成本比较和寻找替代的解决方案 g) 在自己的工作范围内持续优化工艺流程 h) 知道自己在能力上的差距，尽力提高自己的技能 i) 使用各种学习的技巧 k) 测量方法和量具的选择和使用 l) 检查、判断、记录工作成果 m) 规划和执行团队任务
7	材料的区分、分配和整理（§18 Abs. 1 Nr. 7）	a) 对材料特性及其变化进行评价，根据使用情况进行选择和处理 b) 根据使用状态对材料进行整理、分配和处理
8	部件和组件的安装（§18 Abs. 1 Nr. 8）	a) 刀具和机床的操作 b) 选择刀具和夹紧装置，工件的夹紧和调整 c) 手工加工和机器加工的方法 d) 工件的分割离与成型 e) 不同材料的工件的连接
9	设备维护（§18 Abs. 1 Nr. 9）	a) 设备的检查、保养、维护和情况记录 b) 目测检查电气组件与机械组件连接处的损坏，自行修理或安排修理 c) 原材料的选择、使用和处理
10	控制技术（§18 Abs. 1 Nr. 10）	a) 控制系统文件的评估 b) 控制系统的操作

续表

科目 No.	专业培训内容	独立执行各项计划、检查的核心技能
1	2	3
11	固定、运输（§18 Abs. 1 Nr. 11）	a）对运输设备、吊车和起重机的选择，对其安全性的评估，在使用时要考虑到的安全守则 b）卸货、仓储的安全保障
12	客户定位（§18 Abs. 1 Nr. 12）	a）特殊需求和信息的获取、检查、实施和交接 b）客户指定任务的特殊性和安全守则

第一部分：职业所需技能的划分

科目 No.	专业培训内容	独立执行各项计划、检查的核心技能
1	2	3
13	使用不同的加工方法完成工件的加工（§18 Abs. 1 Nr. 13）	a）加工资料的获取和使用 b）设备参数的确定和设置，刀具的选择、准备和使用 c）在考虑到半成品和工件的加工方式和材料特性的情况下进行校准和夹紧 d）加工刀具修正值测量 e）根据企业生产资料对不同材料的零件进行打磨 f）能够进行技术上的结构修改 g）改变材料性质 h）选择加工方法
14	装配与拆卸（§18 Abs. 1 Nr. 14）	a）测试零件和组件是否正确安装 b）根据装配计划检查刀具、仪表、夹具、模具的功能，并进行调整、确定位置并标注 c）组件的拆卸，零件位置的标注、检测和记录 d）刀具、仪表、夹具、模具和仪器的准备工作 e）进行装配地点的安全性测试 f）使用不同的接合方式，特别是用螺丝拧紧、压入、粘贴和焊接 g）标准件的选择
15	试验与移交（§18 Abs. 1 Nr. 15）	a）检查单个和总体功能，进行故障分析 b）功能检测并做记录 c）检查机械与气动元件，保障产品安全性 d）执行或安排试验，在考虑质量和经济效益的情况下优化生产流程 e）检查样品或样本的尺寸、形状精度和功能

续表

科目 No.	专业培训内容	独立执行各项计划、检查的核心技能
1	2	3
		f) 记录抽样过程 g) 设备上必须要有相应的安装装置 h) 检查安全装置，保障工作区域的安全性
16	零件和组件的维修 （§18 Abs. 1 Nr. 16）	a) 使用光学和机械等视觉测量装置检查零件与组件 b) 记录实际值 c) 确定出现故障和错误的原因，能够按照企业的守则排除故障并做记录 d) 查明并更换磨损的部分 e) 功能测试和记录 f) 按照企业要求开展维护工作并做记录
17	设备和装置的编程 （§18 Abs. 1 Nr. 17）	a) 数据输入及输出设备的操作 b) 电脑辅助编程应用技术 c) 程序的创建、输入、测试、改变、优化和保护 d) 根据加工技术调整程序的过程
18	测量 （§18 Abs. 1 Nr. 18）	a) 根据使用目的选择测量方法和测量工具 b) 使用机械、光学、电子、气动等量具测量零件的公差 c) 使用机械、光学、电子、气动等量具测量组件的位置偏差 d) 运用不同的方法测量工件表面
19	业务流程和质量保障系统 （§18 Abs. 1 Nr. 19）	a) 能够理解工作任务的种类和范围，能够为客户提供特定的服务 b) 处理、评估能够发展客户订单的信息，并考虑技术发展和安全要求 c) 在考虑安全、企业经济和生态的情况下发展客户订单 d) 安排子任务，并进行测试 e) 在完成工作任务时考虑安全、环保和时限等因素 f) 掌握个人工作范围内的企业质量保障系统；能够系统地消除质量缺陷，并做记录 g) 选择并使用测量方法及工具，确定可以使用的量具，掌握企业内的测量守则，记录成果 h) 处理订单，记录工作效率及耗材 i) 将技术系统或产品移交给客户，做说明，并做接收记录 k) 评价工作成果，持续改进工艺流程 l) 优化工作指标

第二部分：课时安排

第一阶段：

科目 No.	专业培训内容	独立执行各项计划、检查的核心技能	课时
1	2	3	4
1	职业教育，劳动法与劳资协议（§18 Abs. 1 Nr. 1）	a）理解培训协议的含义，尤其是考试、培训以及协议的终止等内容 b）培训协议中双方的责任与义务 c）介绍职业领域的进修机会 d）培训协议中的重要部分 e）企业劳资协议中的重要条款	穿插在整个培训过程中
2	培训企业的组织与结构（§18 Abs. 1 Nr. 2）	a）了解培训企业的结构与业务 b）了解培训企业的基本情况，如采购、加工、销售与管理 c）了解培训企业及其员工与经济组织、行业协会以及工会的关系 d）企业内部工作章程的基本内容、基本任务、工作流程以及人员管理的情况	
3	劳动安全保护（§18 Abs. 1 Nr. 3）	a）在工作中避免发生危险的各项安全措施 b）正确掌握与职业相关的安全事故预防条例 c）掌握在发生意外时应该采取的紧急处理方法 d）在操作电子设备、工具和设备时要遵守的安全守则 e）掌握在发生火灾时应采取的措施	
4	环境保护（§18 Abs. 1 Nr. 4）	避免在生产过程中对环境造成危害，尤其是： a）知道企业在生产过程中产生的污染的源头 b）在生产过程中应当遵守的环保条例 c）使用不会污染环境的能源及材料 d）使用对环境无污染的物质与材料	

第二阶段：

科目 No.	专业培训内容	独立执行各项计划、检查的核心技能	课时
1	2	3	4
培训模块 1　第一学年			
5	企业内技术沟通（§18 Abs. 1 Nr. 5）	b）完成草图及零件清单	穿插在整个培训过程中

续表

科目 No.	专业培训内容	独立执行各项计划、检查的核心技能	课时
1	2	3	4
6	工作流程的计划与控制，成品的检查与评估（§18 Abs. 1 Nr. 6）	a）根据企业的情况安排工位 b）选择刀具和材料，进行及时的运输、测试和部署 c）根据经济性和规定的时间计划和执行工作流程 k）测量方法和量具的选择和使用 l）检查、判断、记录工作成果	穿插在整个培训过程中
7	材料的区分、分配和整理（§18 Abs. 1 Nr. 7）	a）对材料特性及其变化进行评价，根据使用情况进行选择和处理 b）根据使用状态对材料进行整理、分配和处理	
8	部件和组件的安装（§18 Abs. 1 Nr. 8）	a）刀具和机床的操作 b）选择刀具和夹紧装置，工件的夹紧和调整 c）手工加工和机器加工的方法 d）工件的分割离与成型	
18	测量（§18 Abs. 1 Nr. 18）	a）根据使用目的选择测量方法和测量工具	
培训模块2　第一学年			
5	企业内技术沟通（§18 Abs. 1 Nr. 5）	b）完成草图及零件清单	5~7个月
6	工作流程的计划与控制，成品的检查与评估（§18 Abs. 1 Nr. 6）	b）选择刀具和材料，及时进行运输、测试和部署 c）根据经济性和规定的时间计划和执行工作流程 k）测量方法和量具的选择和使用	
7	材料的区分、分配和整理（§18 Abs. 1 Nr. 7）	b）根据使用状态对材料进行整理、分配和处理	
8	部件和组件的安装（§18 Abs. 1 Nr. 8）	a）刀具和机床的操作 b）选择刀具和夹紧装置，工件的夹紧和调整 c）手工加工和机器加工的方法 d）工件的分割与成型	
13	使用不同的加工方法完成工件（§18 Abs. 1 Nr. 13）	b）设备参数的确定和设置，刀具的选择、准备和使用 c）在考虑半成品和工件的加工方式和材料特性的情况下进行校准和夹紧	
18	测量（§18 Abs. 1 Nr. 18）	a）根据使用目的选择测量方法和测量工具 b）使用机械、光学、电子、气动等量具测量零件的公差	

续表

科目 No.	专业培训内容	独立执行各项计划、检查的核心技能	课时
1	2	3	4
培训模块 3　第一学年			
5	企业内技术沟通（§18 Abs. 1 Nr. 5）	a) 信息的处理与评估 b) 完成草图及零件清单 c) 能够安排、补充、评估和使用该职业所需的技术资料等文件	2~3个月
6	工作流程的计划与控制，成品的检查与评估（§18 Abs. 1 Nr. 6）	a) 根据企业的情况安排工位 b) 选择刀具和材料，及时进行运输、测试和部署 c) 根据经济性和规定的时间计划和执行工作流程 k) 测量方法和量具的选择和使用 l) 检查、判断、记录工作成果	
7	材料的区分、分配和整理（§18 Abs.1 Nr. 7）	b) 根据使用状态对材料进行整理、分配和处理	
8	部件和组件的安装（§18 Abs. 1 Nr. 8）	a) 不同材料的零部件的组合	
13	使用不同的加工方法完成工件（§18 Abs. 1 Nr. 13）	a) 加工资料的获取和使用	
14	装配与拆卸（§18 Abs. 1 Nr. 14）	a) 测试零件和组件是否正确安装 e) 进行装配地点的安全性测试	
18	测量（§18 Abs. 1 Nr. 18）	a) 根据使用目的选择测量方法和测量工具 b) 使用机械、光学、电子、气动等量具测量零件	
培训模块 4　第一学年			
5	企业内技术沟通（§18 Abs. 1 Nr. 5）	a) 信息的处理与评估 c) 能够安排、补充、评估和使用该职业所需的技术资料等文件 d) 数据安全及保护 f) 根据工作情况完成记录，能够在沟通中使用专业英语	1~2个月
6	工作流程的计划与控制，成品的检查与评估（§18 Abs. 1 Nr.6）	e) 相关业务数据的采集和审查 l) 检查、判断、记录工作成果	
9	设备维护（§18 Abs. 1 Nr. 9）	a) 设备的检查、保养、维护和情况记录 c) 原材料的选择、使用和处理	

续表

科目 No.	专业培训内容	独立执行各项计划、检查的核心技能	课时
1	2	3	4
16	零件和组件的维修（§18 Abs. 1 Nr. 16）	a）使用光学和机械等视觉测量装置检查零件与组件 c）确定故障和错误的原因，能够按照企业的守则排除故障并做记录	1~2个月
培训模块5　第二学年，上半学期			
5	企业内技术沟通（§18 Abs. 1 Nr. 5）	b）完成草图及零件清单 c）能够安排、补充、评估和使用该职业所需的技术资料等文件 g）能够接收并使用英语的技术资料和信息	1~2个月
6	工作流程的计划与控制，成品的检查与评估（§18 Abs. 1 Nr. 6）	a）根据企业的情况安排工位 g）在自己的工作范围内持续优化工艺流程 h）知道自己在能力上的差距，尽力提高自己的资质 i）使用各种学习技术 k）测量方法和量具的选择和使用 l）检查、判断、记录工作成果	
13	使用不同的加工方法完成工件（§18 Abs. 1 Nr. 13）	a）加工资料的获取和使用 c）在考虑半成品、工件的加工方式和材料特性的情况下进行校准和夹紧	
14	装配与拆卸（§18 Abs. 1 Nr. 14）	a）测试零件和组件是否正确安装 c）组件的拆卸，零件位置的标注、检测和记录	
15	试验与移交（§18 Abs. 1 Nr. 15）	a）检查单个和总体功能，进行故障分析	
18	测量（§18 Abs. 1 Nr. 18）	a）使用光学和机械等视觉测量装置检查零件与组件 b）使用机械、光学、电子、气动等量具测量零件的公差	
培训模块6　第二学年，上半学期			
5	企业内技术沟通（§18 Abs. 1 Nr. 5）	c）能够安排、补充、评估和使用该职业所需的技术资料等文件	1~3个月
6	工作流程的计划与控制，成品的检查与评估（§18 Abs. 1 Nr. 6）	b）选择刀具和材料，进行及时的运输、测试和部署 c）根据经济性和规定的时间计划和执行工作流程 k）测量方法和量具的选择和使用 l）检查、判断、记录工作成果	

续表

科目 No. 1	专业培训内容 2	独立执行各项计划、检查的核心技能 3	课时 4
7	材料的区分、分配和整理（§18 Abs. 1 Nr. 7）	b）根据使用状态对材料进行整理、分配和处理	1~3个月
8	部件和组件的安装（§18 Abs. 1 Nr. 8）	a）刀具和机床的操作 b）选择刀具和夹紧装置，工件的夹紧和调整	
11	固定、运输（§18 Abs. 1 Nr. 11）	a）对运输设备、吊车和起重机的选择，其安全性的评估，在使用时要考虑到的安全守则	
13	使用不同的加工方法完成工件（§18 Abs. 1 Nr. 13）	a）加工资料的获取和使用 b）设备参数的确定和设置，刀具的选择、准备和使用 c）在考虑到半成品和工件的加工方式和材料特性的情况下进行校准和夹紧	
18	测量（§18 Abs. 1 Nr. 18）	a）使用光学和机械等视觉测量装置检查零件与组件 b）使用机械、光学、电子、气动等量具测量零件的公差 c）确定故障和错误的原因，能够按照企业的守则排除故障并做记录	
培训模块7 第二学年，上半学期			
8	部件和组件的安装（§18 Abs. 1 Nr. 8）	a）刀具和机床的操作 b）选择刀具和夹紧装置，工件的夹紧和调整 c）手工加工和机器加工的方法 d）工件的分割与成型 e）不同材料的工件的连接	2~3个月
10	控制技术（§18 Abs. 1 Nr. 10）	a）控制系统文件的评估 b）控制系统的操作	
12	客户定位（§18 Abs. 1 Nr. 12）	a）特殊需求和信息的获取、检查、实施和交接	
13	使用不同的加工方法完成工件（§18 Abs. 1 Nr. 13）	a）加工资料的获取和使用 b）设备参数的确定和设置，刀具的选择、准备和使用 c）在考虑半成品、工件的加工方式和材料特性的情况下进行校准和夹紧	
14	装配与拆卸（§18 Abs. 1 Nr. 14）	a）测试零件和组件是否正确安装 b）根据装配计划检查刀具、仪表、夹具、模具的功能，并进行调整、确定位置并标注 d）刀具、仪表、夹具、模具和仪器的准备工作 e）进行装配地点的安全性测试	

续表

科目 No.	专业培训内容	独立执行各项计划、检查的核心技能	课时
1	2	3	4
培训模块 8　第二学年，下半学期，第三及第四学年			
8	部件和组件的安装（§18 Abs. 1 Nr. 8）	a） 刀具和机床的操作 b） 选择刀具和夹紧装置，工件的夹紧和调整	3~5个月
13	使用不同的加工方法完成工件（§18 Abs. 1 Nr. 13）	c） 在考虑半成品、工件的加工方式和材料特性的情况下进行校准和夹紧 d） 加工刀具修正值测量	
17	设备和装置的编程（§18 Abs. 1 Nr. 17）	a） 数据输入及输出设备的操作 c） 程序的创建、输入、测试、改变、优化和保护	
培训模块 9　第二学年，下半学期，第三及第四学年			
5	企业内技术沟通（§18 Abs. 1 Nr. 5）	e） 与领导和同事谈话的礼仪以及在团队中谈话的技巧，能够考虑到文化差异 h） 能够组织和主持讨论会，展示并记录工作成果 i） 能够解决团队中的冲突	3~5个月
6	工作流程的计划与控制，成品的检查与评估（§18 Abs. 1 Nr. 6）	e） 相关业务数据的采集和审查 f） 根据成本比较，寻找替代的解决方案 g） 在自己工作范围内持续优化工艺流程 l） 检查、判断、记录工作成果 m） 规划和执行团队任务	
7	材料的区分、分配和整理（§18 Abs. 1 Nr. 7）	a） 对材料特性及其变化进行评价，根据使用情况进行选择和处理	
9	设备维护（§18 Abs. 1 Nr. 9）	b） 目测检查电气组件与机械组件连接处的损坏，自行修理或安排修理	
10	控制技术（§18 Abs. 1 Nr. 10）	a） 控制系统文件的评估 b） 控制系统的操作	
11	固定、运输（§18 Abs. 1 Nr. 11）	a） 对运输设备、吊车和起重机的选择，其安全性的评估，在使用时要考虑到的安全守则 b） 卸货、仓储的安全保障	
12	客户定位（§18Abs.1 Nr. 12）	b） 客户指定任务的特殊性和安全守则	
13	使用不同的加工方法完成工件（§18 Abs. 1 Nr. 13）	g） 改变材料性质	
14	装配与拆卸（§18 Abs. 1 Nr. 14）	f） 使用不同的接合方式，特别是用螺丝拧紧、压入、粘贴和焊接	

续表

科目 No.	专业培训内容	独立执行各项计划、检查的核心技能	课时
1	2	3	4
16	零件和组件的维修（§18 Abs. 1 Nr. 16）	a）使用光学和机械等视觉测量装置检查零件与组件 b）记录实际值 c）确定故障和错误的原因，能够按照企业的守则排除故障并做记录 d）查明并更换磨损的部分 e）功能测试和记录	3~5个月
培训模块10　第二学年，下半学期，第三及第四学年			
8	部件和组件的安装（§18 Abs. 1 Nr. 8）	c）手工加工和机器加工的方法 d）工件的分割与成型	1~3个月
13	使用不同的加工方法完成工件（§18 Abs. 1 Nr. 13）	e）根据企业生产资料对不同材料的零件进行打磨 f）能够进行技术上的结构修改	
17	设备和装置的编程（§18 Abs. 1 Nr. 17）	b）电脑辅助编程应用技术 c）程序的创建、输入、测试、改变、优化和保护 d）根据加工技术调整程序的过程	
18	测量（§18 Abs. 1 Nr. 18）	d）运用不同的方法测量工件表面	
培训模块11　第二学年，下半学期，第三及第四学年			
10	控制技术（§18 Abs. 1 Nr. 10）	a）控制系统文件的评估 b）控制系统的操作	1~2个月
13	使用不同的加工方法完成工件（§18 Abs. 1 Nr. 13）	h）选择加工方法	
17	设备和装置的编程（§18 Abs. 1 Nr. 17）	d）根据加工技术调整程序的过程	
培训模块12　第二学年，下半学期，第三及第四学年			
5	企业内技术沟通（§18 Abs. 1 Nr. 5）	e）与领导和同事谈话的礼仪以及在团队中谈话的技巧，能够考虑到文化差异 h）能够组织和主持讨论会，展示并记录工作成果	1~2个月
6	工作流程的计划与控制，成品的检查与评估（§18 Abs. 1 Nr. 6）	b）选择刀具和材料，进行及时的运输、测试和部署 d）使用能够加快任务处理的工具	
12	客户定位（§18 Abs. 1 Nr. 12）	a）特殊需求和信息的获取、检查、实施和交接 b）客户指定任务的特殊性和安全守则	

续表

科目 No.	专业培训内容	独立执行各项计划、检查的核心技能	课时
1	2	3	4
14	装配与拆卸（§18 Abs. 1 Nr. 14）	g）标准件的选择	
15	试验与移交（§18 Abs. 1 Nr. 15）	a）检查单个和总体功能，进行故障分析 b）功能检测并做记录 c）检查机械与气动元件，保障产品安全性 d）执行或安排试验，考虑到质量和经济效益的情况下优化生产流程 e）检查样品或样本的尺寸、形状进度和功能 f）记录抽样过程 g）设备上必须要有相应的安装装置 h）检查安全装置，保障工作区域的安全性	1~2个月
16	零件和组件的维修（§18 Abs. 1 Nr. 16）	f）执行按照企业要求的维护工作并做记录	
培训模块13　第二学年，下半学期，第三及第四学年			
19	业务流程和质量保障系统（§18 Abs. 1 Nr. 19）	a）能够理解工作任务的种类和范围，能够为客户提供特定的服务 b）处理、评估能够发展客户订单的信息，并考虑到技术发展和安全要求 c）在考虑安全、企业经济和生态的情况下发展客户订单 d）安排子任务，并进行测试 e）在完成工作任务时考虑到安全、环保和时限 f）掌握个人工作范围内的企业质量保障系统；能够系统性的消除质量缺陷，排除并做记录 g）选择并使用测量方法及工具，确定可以使用的量具，掌握企业内的测量守则，成果记录 h）处理订单，记录工作效率及耗材 i）将技术系统或产品移交给客户，做说明，并做接收记录 k）评价工作成果，持续改进工艺流程 l）优化工作指标	10~12个月

附录2 模具机械工职业学校课程大纲

职业院校课程大纲

培训职业：

第一部分：前言

这份为职业学校的相关职业课程所制定的教学大纲由（德国）各州文化部部长常务会议（KMK）表决通过。

本大纲符合《联邦培训条例》（由联邦经济和劳工部或联邦教育、科学、研究和技术部主管的其他专业部门颁布）的相关规定。表决程序采用1972年5月30日通过的"一般成果纪要条例"。本大纲建立在主体中学毕业的基础之上，并附最低要求。

本大纲将被编入的职业教育分为适用于所有职业领域的基础教育和在此基础上的专业教育两个部分。

培训条例和本教学大纲规定了职业教育的目的和内容，据此，学生获得一种受认可的职业的教育毕业资格，而在和其他学科课程结合起来后，便可获得职业学校的毕业证书。这样便为从事某一种有资格要求的工作以及为进行学校和职业方面的进修和再教育设立了重要的先决条件。

本教学大纲中未确定任何课程教学方法。独立和有责任感的思考和行为是教育的重要目标，在此类课程形式中也是授课的重点，即它本身就是教学法总体方案的一部分。这样，原则上每一种教学方法都会有助于实现上述目标；那些直接有助于提高行为能力的教学方法就是特别合适的，应当在课程设计上受到相应的重视。

各州可直接采用本教学大纲，也可将其编入自己的教学计划。在第二种情况下请注意：本大纲中已考虑到与各州的培训条例在专业上和时间上保持一致，这一点应予以保留。

第二部分：职业学校的教育任务

在"双元制"职业教育中，职业学校和培训性企业承担共同的教育任务。

其中，职业学校是一个独立的学习场所。它作为权利相等的合作者和其他职业教育的参与方合作。其任务是在充分考虑职业教育特色的情况下，向学生传授职业的和普通的学习内容。

职业学校把职业基础和专业教育作为目的，同时扩大学生之前已获得的普通教育内容，使其能够完成职场工作，并参与构建工作环境和社会大环境，承担其社会和生态环保方面的责任。因此，职业学校应以各州学校法专门为这种形式的学校所设立的条例为标准。尤其是那些和职业有关的课程还需遵守联邦专向各种受国家认可的培训职业统一颁布的有关职业条例规定：

- 各州文化部部长常务会议（KMK）所通过的教学大纲
- 联邦有关企业培训的条例规定

按照有关职业学校的框架协议〔1991年3月15日各州文化部部长联席会议决议（KMK）通过〕，职业学校的目的是：

- 传授某种能将专业能力和一般的人际交往能力、社会活动能力结合起来的职业能力；
- 欧洲的一体化进程使职业具有一定的灵活性，以满足工作环境和社会不断变化的要求；
- 激发学生们不断接受职业进修和再教育的热情；
- 加强个人在人生设计和公众生活中有责任感地采取行动的能力和决心。

为了达成以上目的，职业学校必须：

- 根据符合学校自身的教育任务，强调以行为为取向的特殊教育理念设计课程；
- 考虑必要的职业技能，传授该职业和跨职业的资格能力；
- 因材施教，教学内容和课程安排灵活机动，以满足不同的能力、天赋的学生以及各种职场和领域的不同需求；
- 在可能的范围内向残疾人和受歧视者提供全面的支持和帮助；
- 指出从业和私人生活方式所带来的环境威胁和事故危险，说明可能规避和缓解的办法。

此外，职业学校还应当在普通课程内，以及在职业相关课程可能涉及的范围内，探讨当今时代最核心的问题，比如：

- 就业和失业；
- 人类、民族和文化如何在保持文化身份的同时和谐共处；
- 维护大自然的生命源泉；
- 保护人权。

上述目的以培养行为能力为重点。所谓行为能力，可理解为个人在社会、职业和私人生活中正确、全面地看待问题，对个人、对社会都能负责任地采取行动的决心和能力。

行为能力可分为专业能力、人际能力（个人能力）和社会能力三个方面。

专业能力指基于专业知识和技能，目的明确地、正确地、有条理地和独立地完成任务、解决问题并判断结果的决心和能力。

人际（个人）能力指作为单独的个体，对在家庭、职业和公众生活中出现的发展机遇、需求和约束，能够加以澄清、仔细考虑并做出判断，使自己的天赋得到发挥以及把握和实施人生计划的决心和能力。它包含人的个性，如独立性、批评能力、自信、可靠、责任和义务感。此外还包括全面发展的价值观以及自我决定的为价值所承担的义务。

社会能力指对体验和建立社会关系、识别和理解引起关注和紧张的事件，以及理智地、有责任地和他人相处和沟通的决心和能力。此外还包括培养学生的社会责任感和集体感的能力。

均衡培养学生以上三方面的能力，便能使他们掌握学习方法和学习能力。

能力是指每个学生所获得的在个人、职业以及社会生活中能对自己的行为自行承担责任的学习成果。与其相对应的是资格，它是指具有利用价值的学习成果，也就是在个人、职业和社会生活中，从需求的角度出发所理解的学习成果（参照德国教育审议委员会《教育委员会关于高中阶段新规定的建议》）。

第三部分：确定教学方法的基本原则

职业教育所设立的目的要求其课程为完成职业学校的教学任务而设置，强调以行为为导向，提高年轻人在其从事的职业范围内独立计划、执行工作任务并做出评判的能力。

职业学校的学习基本上涉及具体、实际的职业行为、各式各样的思维过程以及如何在思想上理解他人的行为。这些学习内容首先是对行为全过程（行为计划、过程和结果）的反映。在思想上深入了解职场工作是学生在工作中和工作外进行学习的先决条件。这意味着，本教学大纲对教学目的的描述和对教学内容的选取是随职业而定的。

基于对学习理论和教学方法的认识，在以行为为导向的课程设计上，我们将采用一套重实效的理念：

- 采用何种教学方法以对所从事的职业是否重要为基准（为实践而学习）。
- 学习的出发点是培养行为能力，要尽可能地自己完成，或者在思想上领会（通过实践来学习）。
- 实践内容要尽可能地让学生自己计划、实施、检查，如有必要则进行纠正，并在最后进行评估。
- 实践本身应当帮助学生对职场现实有一个全面的了解，包括如技术、安全、经济、法律、生态、社会等方面。
- 实践时应当结合学生自己的经验。
- 实践还应锻炼人际交往能力，如表述个人的兴趣或化解冲突等。

以行为为导向的课程是一种教学理念，它使专业体系和行为体系的结构交错起来。它通过各种不同的教学方式得以实施。

职业学校提供的课程是为已有知识基础、文化背景和受教育的经历都各不相同的青少年和成人设置的。职业学校只有重视这些不同点，根据学生的特点（包括弱势学生或者天才学生）因材施教，才能完成教学任务。

第四部分： 关于职业的前言介绍

针对模具机械工职业培训的现有教学大纲建立在 2004 年 7 月 9 日颁布的金属行业职业培训法规（BGBl. I S. 1502）的基础上。

按照职业基本培训学年计算法则，本培训职业归入金属工艺的职业领域。

本教学大纲在第一培训学年对应学校职业基本培训学年的教学大纲中与职业领域相关的专业理论范围。如果第一年在学校职业基本培训学年中进行了培训，在职业基本培训学年中与职业领域相关的教学范围即可视为有效范围。

培训职业模具机械工的教学大纲（1987 年 1 月 7 日文化部部长会议决议）将被现有教学大纲所取代。

对于考试范围内的经济学和社会学知识，职业学校的主要教材将以"职业学校在工商、技术职业培训经济学和社会学领域中的教学要点"（1984 年 5 月 18 日文化部部长会议决议）为基础来教授。

模具机械工应掌握冲压和成型技术，设备、量规和仪器制造的基本要领以及技术系统的运用。他们应具备装配、运行和维修这些系统的能力。

教学大纲是基于以下目标拟定的：

学生：

● 依据完整的工作和业务流程，规划应实施和评估的关于职业和生产的特定行为；

● 以团队形式工作，在工作范围内与企业内部和企业外部客户进行交流；

● 遵守标准和规范，使用技术守则和条例、数据记录、操作说明书和其他职业特定信息，包括相关英语文档；

● 使用现有信息和通信系统获取信息，在项目范围内对订单进行处理、制及演示作文档；

● 创建用于模具制造部件的计算机辅助制造程序；

● 规划和装配模具制造的控制技术系统；

● 在规划和实施作业时，注重人体工学、经济性和生态性等方面；

● 借助标准、规范和规则保证产品质量，保证系统化工作不受干扰，并且致力于工作流程的持续改进；

● 开发模具制造系统的调试程序，提交该系统，并在操作中进行说明。

依据教学法构建各个教学范围中的教学情景时，其出发点应为职业行为领域中的业务和工作流程。这些在各个教学范围的目标描述中都有说明。

教学范围的目标对于课程的构成非常重要，连同补充内容一起，描述了教学的最小范围。

针对各个教学范围的专业内容，大纲只进行了概述，并未细分列出。学校可同培训企业合作，依据大纲中的内容，自行确定教学范围。对于企业培训而言，教学大纲和培训大纲之间存在密切的联系。在各个教学范围内设计典型的教学情景时，推荐同时参考两种大纲。由此，各个学校具有更多的设计任务和教学责任。

数学、自然科学、技术方面的内容以及安全技术、经济或企业管理和生态学的观点应当并入教学范围中一同传授。

相关标准和法规以及事故防范规定没有详尽说明的地方应作为教学重点。

英语学习目标和内容也被纳入教学范围，共有40学时。

针对期中考试和期末考试第一部分中要求的培训安排，教学范围一至六的目标和内容可做相应调整。

第七个培训学期，在制定整体教学任务时特别考虑了职业应用领域。制定教学任务这项工作十分复杂，它一方面可以全面地针对具体项目运用和深化已传授的能力和资格，另一方面可以与培训企业协调，开发附加的适合各应用领域的目标和内容。

第五部分：教学范围

培训职业"模具机械工"的教学范围概述					
编号	教学范围	目标学时			
		第1年	第2年	第3年	第4年
1	手动操作模具制造部件	80			
2	使用机器制造部件	80			
3	简单组件的制造	80			
4	技术系统的保养	80			
5	通过切削工艺为部件塑模		60		
6	模具制作技术子系统的建立		80		
7	使用数控机床生产		80		
8	控制技术系统的规划和调试		60		
9	成型模具表面的制造			60	
10	在计算机辅助生产中部件的制造			60	
11	模具制作技术系统的制造			100	

续表

编号	教学范围	目标学时			
		第1年	第2年	第3年	第4年
12	模具制作技术系统的调试和维修			60	
13	模具制造技术系统的规划和制造				80
14	模具制造技术系统的变更和匹配				60
	合计（总共1 020小时）	320	280	280	140

教学范围1：使用手动操作模具制造部件	第1培训学年	目标学时：80小时

目标描述：
学生会准备使用手动操作模具进行典型部件的制造。为此，学生应会使用布置图和简单的技术图纸。
学生会制作和修改零件图纸以及功能单元部件和简单组件的草图。零件清单和工作计划可借助应用程序来制订和补充。
在应用工艺的理论基础上，学生会规划工作步骤，包括使用必要的工具、材料、半成品和辅助手段。学生会确定必要的技术数据，并进行必要的计算。
学生会选择适当的检验工具，使用并撰写相应的检验报告。
学生会在测试中对工作步骤进行检验，对工作结果进行评估，并且大致计算制造成本。
学生会记录和汇报工作结果。学生会遵守劳动和环境保护的规定。

内容：
零件图纸
组件或装配图纸
技术资料和信息来源
功能描述
制造图纸
铁和非铁金属
金属材料特性
塑料
一般公差
半成品和标准件
台式工具，电动工具
辅助材料
切割和成型的基础知识和方法
检测
材料、工资和模具成本
零件质量，件数计算
演示技巧
标准

| 教学范围 2：使用机器制造部件 | 第 1 培训学年 | 目标学时：80 小时 |

目标描述：
学生会做好典型部件机械化制造的准备工作。为此，学生应会使用组件图纸、布置图和零件清单。学生会制作和修改零件图纸，并借助应用程序制订和修改相关的工作计划。
学生会在考虑材料特性的基础上选择材料，并决定哪些产品采用哪些材料。
学生会规划生产流程，确定技术参数，进行必要的计算。
学生能理解机器的基本构造和操作模式，在遵守功能性标准、技术性标准和经济性标准的前提下，按照订单选择机器和相应模具，并做好使用机器的准备工作。
学生会制定评判标准，选择并使用检验工具，撰写和解释检验报告。
学生会汇报工作结果，优化工作流程并开发备选方案。可使用现代化媒体和报告形式。
学生会在测试中对选择的工作步骤以及其他可能性进行检验，并对工作结果进行评估。
学生能了解制造过程对尺寸和表面精度的影响。学生讨论制造过程的影响因素，并考虑质量的重要性。
学生会遵守劳动和环境保护的规定。

内容：
技术图纸和信息来源
制造图纸
功能描述
检验工具的选择标准和应用
ISO-公差
表面数据说明
测量错误
钻孔、扩孔、研磨、铣、车削
机器的功能单元及其操作模式
模具寿命
制造数据及其计算
冷却剂和润滑剂
质量管理基础知识
模具和机器成本，材料消耗，工作时间

| 教学范围 3：简单组件的制造 | 第 1 培训学年 | 目标学时：80 小时 |

目标描述：
学生会做好制造简单组件的准备工作。为此，学生应能看懂专业的总图和模块图纸、布置图和简单的电路图，并且能说明和解释组件的功能关系。
学生会制作和修改零件和模块图纸以及零件清单，并使用技术资料中的数据。学生会使用教学程序，规划简单的控制系统，并选择相应的部件。
学生会描述组件的具体装配，并且使用专业术语和英语来比较不同的装配建议。单个零件要系统化和标准化地标明。学生能看懂装配说明书，并在考虑装配辅助手段和客户特定要求的基础上制订装配计划。
学生会按照工作原理区分接缝方法，并按照用途归类。
学生会根据产品选择必要的工具、标准件和装置，并在团队中组织开展简单的装配工作。
学生会制定功能检测的检验标准，编制检验计划和检验报告，并对其进行记录和说明。
学生会评价检验结果，排除质量缺陷，优化装配流程，并考虑其经济性。
学生会遵守劳动和环境保护的规定。

续表

内容：
零件图纸，组件图纸和总图，布置图，技术信息来源
功能描述
零件清单和装配图
装配说明
工具，装置
材料，辅助材料和附属材料
力、形状和材料所决定的接缝的基础知识
标准件
质量管理基础知识
功能检验
力和扭矩计算
控制技术基础知识
工作组织和工作规划
装配成本

教学范围4：技术系统的保养	第I培训学年	目标学时：80小时

目标描述：
学生会做好技术系统特别是生产设施保养的准备工作，并确定其对准备运行状态的影响。学生会从安全性、可用性和经济性的角度对保养措施的重要性进行评估。

学生能看懂布置图、保养计划和说明书，包括相关英语文档。学生会规划保养工作和确定必要的工具和辅助材料。学生会运用电工技术和控制技术的基础知识，并能描述不同设备技术中简单的电路图。

学生会遵守劳动和环境保护的规定，特别要重视电气设备的安全规程。学生会测量和计算电气元件尺寸，会评估和讨论工作结果，并进行说明。

内容：
维修保养的基本术语
保养计划
布置图
操作说明书
运行组织
磨损原因，故障因素
润滑剂和冷却润滑剂，回收处理
防锈蚀和防腐剂
功能检验
维修和故障成本，故障后果
损害分析
电路参数，欧姆定理
电流的危险性，电气安全性
标准和法规

| 教学范围5：通过切削工艺为部件塑模 | 第2培训学年 | 目标学时：60小时 |

目标描述：
学生会制造模具制作部件。
为此，学生应能看懂总图、零件图纸、草图和零件清单。学生会制作和修改草图、零件图纸，并借助应用程序制作和修改相关的制造资料。学生会分析制造过程对生产质量的影响。计算必要的技术数据，确定切割材料和辅助材料。
学生会选择机床，并进行校准。
学生会在考虑技术工作原理的基础上，按照订单使用切削方法。学生会选择检验工具，制订并使用检验计划。学生会记录和说明检验结果。
学生会在遵守劳动和环境保护规定的前提下优化工作流程，开发备选方案，并汇报工作结果。学生会实事求是地对批评意见作出反应。
学生会讨论所选制造方法的经济性，并思考产品质量对于企业成功的重要性。

内容：
技术信息来源
工作计划，模具安装清单，工具数据单
车削，铣，磨
加工参数
寿命
材料去除率，切削功率，主要使用时间
模具和工具的张紧技术
质量保证
表面精度
极限尺寸和匹配的ISO系统
成型和位置公差

| 教学范围6：模具制作技术子系统的制造 | 第2培训学年 | 目标学时：80小时 |

目标描述：
学生会规划技术子系统的制造。为此，学生应能制作和修改组件图纸和总图、布置图以及零件清单。学生会运用技术信息，包括英语资料。
学生会依据引导、负载、传递等功能来分析子系统，计算相关参数，并且从零件功能和材料说明中推算出材料特性。学生会选择检测方法，对现有的机械和工艺特性进行检测，并对结果进行分析。
学生会在遵守劳动保护规定的前提下，将各个零件装配到子系统。
学生会选择必要的工具，辅助手段和检验工具，对结果进行分析，优化装配流程，并对其经济性进行检验。学生会记录和说明结果。

内容：
功能描述
机器元件
硬度、强度
热处理方法
材料检验方法
装配图
匹配选择
热膨胀
支承力
表面压力
摩擦力
传动机构
扭矩
转动频率，变速比

| 教学范围 7：使用数控机床生产 | 第 2 培训学年 | 目标学时：80 小时 |

目标描述：
学生会在数控机床上制造单个零件。学生会看懂和制作含有计算机数控生产必要信息的草图和零件图纸。学生会确定加工所需的技术和几何数据，并制订工作计划，绘制模具图。学生会在这些图纸的基础上开发数控程序，进行检验，并通过模拟对方法进行优化。
学生会规划如何对工件和工具进行夹紧操作。学生会设置机床，测试其数控程序并完成生产。学生会选择检验工具，制订检验计划，并且借助检验结果优化制造过程。学生会分析制造过程对尺寸精确性和表面精度的影响。学生会根据操作规定对其程序进行记录和归档。
学生会对计算机数控生产和常规生产进行经济性和产品质量的比较。

内容：
计算机数控机床的构造和功能
控制方式
坐标系统，零位和参考位
计算机数控机床的尺寸标注，坐标计算
程序结构

| 教学范围 8：控制技术系统的规划和调试 | 第 2 培训学年 | 目标学时：60 小时 |

目标描述：
学生会根据订单规划控制技术系统。学生会分析问题，开发系统化解决方案，并且编制必要的规划文件。学生会在规划文件和选择所使用的设备技术的基础上制作电路图。
学生会进行电路布置，在遵守劳动和环境保护法律法规的前提下操作控制技术系统。学生会以团队形式开发故障查找策略，并进行应用，对解决方案进行优化。
学生会使用适当的应用程序编制技术文档并汇报其结果。在工作中，学生会使用不同的信息媒介和通信技术，部分情况下也会使用英语。
学生会向委托方介绍控制技术系统。

内容：
气体力学，电动气动学，液压学
功能单元，基本功能，主功能
工艺图
进程-步骤-图
逻辑电路图，数值表格
逻辑基本电路
传感器，信号发射器，制动器
操作手册

| 教学范围 9：成型模具表面的制造 | 第 3 培训学年 | 目标学时：60 小时 |

目标描述：
学生会通过切削和打磨制造成型模具表面。学生会分析各部件的功能，从零件图纸中获取尺寸精度和成型精度以及表面精度的信息，并且选择恰当的加工方法。
学生会通过技术文档确定加工所需的技术和几何数据，并制订必要的工作计划。
学生会在考虑经济性的基础上讨论替代的解决方案。
为了在生产中确保质量，根据订单选择检验方法和检验工具，使用检验计划和检验规范，对结果进行分析并记录。
学生会遵守劳动和环境保护法律法规以及标准中的规定。

续表

内容：
精密测量方法
表面检验方法
高速加工
精密加工
打磨

教学范围 10：在计算机辅助生产中部件的制造　　第 3 培训学年　　目标学时：60 小时

目标描述：
学生会在 CAD/CAM 系统下制造零件。学生会分析客户订单，制作 CAD 图纸，编写计算机数控程序和编制生产文件。
学生会在相关生产系统上，通过规划、准备工作和生产的相互连接完成客户订单。
学生会检查零件，从经济性和产品质量方面优化制造过程。学生会对与订单相关的制造日期进行归档。
学生会使用合适的应用程序对其结果进行记录和归档。在工作中，学生会使用不同的信息媒介和通信技术，也会使用英语。

内容：
CAD/CAM 系统的元素
几何数据的处理
技术数据
生产规划
模拟
数据库

教学范围 11：模具制作技术系统的制造　　第 3 培训学年　　目标学时：100 小时

目标描述：
学生会规划模具制作系统的制造。为此，学生应会分析切割、塑型技术模具以及装置和量具的构造和功能。学生能看懂零件图纸、组件图纸、总图、零件清单以及布置图，并进行分析。
学生会检查模具系统的子功能，并确定工作原理。学生会在遵守劳动和环境保护规定的前提下，确定影响因素及其对系统和所制造出的产品的构造、功能、质量和成本所产生的效应。学生会依据对尺寸精度和成型精度的要求，比较和评估结果。学生会考虑材料的特性，选择合适的热处理和涂层方法，并且按照标准，确定零件和机器元件的必要参数和功能值。
学生会规划和协调生产、单个零件供应、零件装配成子系统和整体系统的时间流程，并且选择必要的工具和辅助手段。学生将汇报结果。

内容：
功能描述
塑模标准
材料的完全利用
强度计算
生产组织
装配图，装配辅助手段

教学范围 12：模具制作技术系统的调试和维修　　第 3 培训学年　　目标学时：60 小时

目标描述：
学生会操作模具、装置和量具，并对其进行维修。为此，学生应能看懂总图、零件图纸、零件清单和技术资料，包括相关英语资料。
学生会在制造设备上设置技术系统，进行操作，并按客户对质量的要求对其功能和制造出来的产品进行评判。
学生会保养和检查技术系统。学生会识别、评价和记录不同的故障，并按照工作计划维修技术系统。
学生会准确地拆卸技术系统，并且通过更换零件或再加工手段排除故障。学生会选择相应的制造方法、检验工具、辅助手段和辅助材料，并装配技术系统。
在维修结束后，学生会把技术系统移交给客户。
学生会遵守相关标准以及劳动和环境保护的规定。
学生会记录和汇报模具制造技术系统的运行和维修保养。

内容：
技术文档
操作说明书
保养和检查文件
取样
工件的故障查找
质量保证

教学范围 13：模具制造技术系统的规划和制造　　第 4 培训学年　　目标学时：80 小时

目标描述：
学生会按照客户订单规划和制造技术系统，例如模具和装置。
学生会分析订单，获取必要的信息，并且在考虑经济性的基础上来规划技术系统。
学生会制作零件的草图和图纸，并且规划生产过程。学生会确定材料和生产方法，计算需要的参数以及纳入必要的外包服务。
学生会承担对于工作进程、生产组织和文档记录的责任。
学生会制造和装配零件，检测计算系统的功能性，并且对其进行操作。
学生会向客户介绍技术系统，解释功能，并将其连同必要的技术资料一起移交给客户。通讯和文档记录也使用英语。
学生会在遵守标准和质量管理流程的前提下，保证产品质量和过程质量。

内容：
项目规划
项目中的工作技巧
团队工作
设计方针
应用软件
数据库

| 教学范围 14：模具制造技术系统的变更和匹配 | 第 4 培训学年 | 目标学时：60 小时 |

目标描述：
学生会规划模具制作的技术系统，例如模具和装置的修改和匹配措施。
学生会分析客户对于技术系统的新要求，制订一个满足客户要求的修改方案，并向客户介绍方案。在修改技术资料时，学生能遵守相关标准。
学生会在修改和匹配措施中纳入必要的外包服务，并且实事求是地记录所有步骤。学生会告知客户相关的修改和匹配工作，进行详细介绍，并移交包含所有技术资料的文档。学生能对文档的专业准确性、结构正确性及完整性负责。学生也会在编制文档时使用英语资料。
学生会对其职业培训和工作过程进行总结和反思。为进一步提升能力，学生会利用适当的培训机会以及不同的学习技巧和媒质。

内容：
项目规划
问题解决策略
客户咨询和指导
演示技巧
质量管理
知识管理

附录3　培训模块案例

——任务"外形尺寸铣削"摘录

培训模块 铣削加工实训	项目3　十字滑阀导板配合铣削加工 任务1　十字块、滑阀、导板的外形尺寸铣削	姓名：	班级：
		日期：	页码：

【任务描述】

本项目由三个工件组成，十字块、滑阀及导板，十字块与滑阀相配合，滑阀与导板正反互配，所以有两种装配方案。

本项目针对铣削初学者进行台阶、槽类的铣削训练。目的是使学生学会使用寻边器对边或确定中心，能正确选择合适的铣刀针对不同铣削面进行铣削加工，能在铣床上进行定位钻孔，能使用正确安全的加工方法进行铣削加工，并且能达到熟练控制粗尺寸，基本控制精尺寸的要求。

依据本任务图纸要求，铣削十字块、滑阀、导板的外形尺寸。保证各项尺寸要求，以及工件的平直度、垂直度，铣削表面质量等技术要求，注意工件去毛刺。

按20人、8台带数显普通铣床的安排，本任务参考加工学时：8课时

图纸上没有出现公差要求的尺寸，均按下表精度要求进行铣削加工。

自由公差按 ISO2768

精度	从0.5~3	大于3~6	大于6~30	大于30~120	大于120~400
中级	±0.1	±0.1	±0.2	±0.3	±0.5

一、材料清单

名称	材料	数量	单位	毛坯尺寸/mm
十字块	Q235	1	块	52×52×14
滑阀	Q235	1	块	52×52×22
导板	Q235	1	块	52×102×22

二、项目图纸

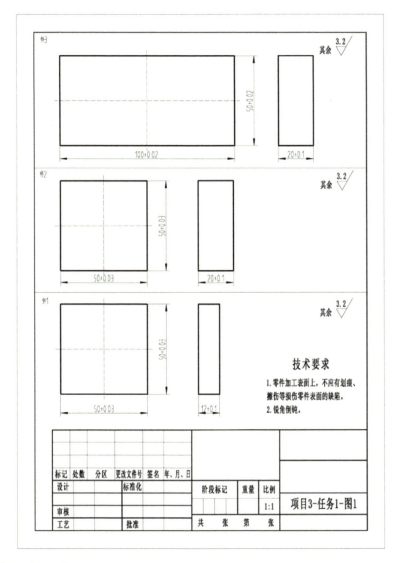

【任务提示】

一、工作方法

▲ 读图后回答引导问题,可以使用的资料有零件铣削加工教材,《简明机械手册》等。

▲ 以小组讨论的形式完成工作计划。

▲ 按照工作计划,完成十字块、滑阀、导板的外形尺寸铣削的任务。对

于预料外的问题，请先尽量自行解决，如无法解决再与培训师进行讨论。
▲ 与培训师讨论，进行工作总结。

二、工作内容

▲ 调整虎钳平行。
▲ 正确装夹盘铣刀。
▲ 夹紧工件。
▲ 铣削工件宽度。
▲ 铣削工件厚度。
▲ 更换装夹立铣刀。
▲ 铣削工件长度。
▲ 锉削棱边去毛刺。
▲ 以相同的方法加工完其他两块工件外形。
▲ 利用检查评分表进行自查。

三、工具

▲ 平板锉 A300-1。
▲ 平板锉 A250-2。
▲ 平板锉 A150-3。
▲ 盘铣刀 Φ80。
▲ 4F 波刃立铣刀 Φ16。
▲ 4F 立铣刀 Φ16。

四、量具

▲ 刀口平直尺 100 mm。
▲ 刀口角尺 63 mm×90 mm。
▲ 游标卡尺 150 mm。

五、知识储备

▲ 常见铣床的种类。
▲ 铣刀的种类及加工范围。
▲ 刀具与工件的装夹。
▲ 铣刀的结构。
▲ 铣刀的材料。
▲ 切削参数的计算方法。

六、注意事项与工作提示

▲ 铣削前，应对平口虎钳进行校平。
▲ 铣削前，应检查铣刀及工件是否装夹紧固。
▲ 铣削前，应先调整正确合适的主轴转速和走刀速度。
▲ 工件装夹时，应检查虎钳、垫块及工件是否清理干净。
▲ 工件装夹时，应视情况留有安全高度。
▲ 铣削时，应区分粗精加工。
▲ 自动走刀开启前，应先将手轮拉出。
▲ 铣削完，应及时检查工件尺寸。
▲ 检查工件尺寸前，应先去毛刺。
▲ 及时清理工作台面上的铁屑。
▲ 加工过程中，保持动态 5S。

七、劳动安全

▲ 参照中德培训中心规章制度的内容。
▲ 佩戴防护眼镜。
▲ 装夹铣刀时应带防护手套。
▲ 铣削时，禁止戴手套。
▲ 铣削时，一人一机操作，禁止操作人员离开机床。
▲ 清理铁屑时，停止主轴，用毛刷清理。
▲ 工件去毛刺，避免划伤危险。

八、环境保护

▲ 参照安全规范要求章节的内容。
▲ 锉屑的处理。
▲ 垃圾分类处理。
▲ 5S 管理。

A1 得分： /20

一、信息

1. 在下面几个选项中，选出适合 Φ80 盘铣刀的转速。（　　）
A. 400 r/min　　B. 800 r/min　　C. 200 r/min　　D. 1 150 r/min

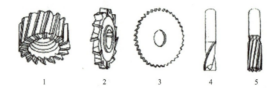

1　　2　　3　　4　　5

2. 请写出图片上对应的铣刀名。

(1) _____

(2) _____

(3) _____

(4) _____

(5) _____

3. 简述导板外形加工步骤。

4. 怎样对虎钳进行校平？

5. 铣削时，为什么要区分粗、精加工？

A2 得分：　　/30

二、计划

小组讨论后，完成工作计划流程表。

工作计划

委托工件：十字块外形　　　　　　　　　　工件号：

序号	工作步骤	材料表（机器，工具，辅具）	安全，环保	工作时间
1	去毛刺，检查毛坯尺寸			
2	铣削一个厚度大面作为第一基准面，去毛刺。保证平直度要求			
3	铣削一个宽度侧面作为第二基准面，去毛刺。保证平直度、垂直度等技术要求			
4	铣削第二基准背面，去毛刺。保证尺寸 50 ± 0.03，保证平直度、垂直度、平行度等技术要求			
5	铣削第一基准面背面，去毛刺。保证尺寸 12 ± 0.1，保证平直度、垂直度、平行度等技术要求			
6	铣削另一个宽度侧面作为第三基准面，去毛刺。保证平直度、垂直度等技术要求			
7	铣削第三基准面背面，去毛刺。保证尺寸 50 ± 0.03，保证平直度、垂直度、平行度等技术要求			
8	去毛刺，检查工件尺寸			
9				
10				
11				
12				

工作计划

委托工件：滑阀外形　　　　　　　　　　工件号：

序号	工作步骤	材料表（机器，工具，辅具）	安全，环保	工作时间
1				
2				
3				
4				

续表

序号	工作步骤	材料表（机器，工具，辅具）	安全，环保	工作时间
5				
6				
7				
8				
9				
10				
11				
12				

A3 得分：　　／70

三、决策

通过小组讨论（或由教师点评）决策后，最终确定的工作计划。

工艺流程工作页	工作时间（小时）											
	劳动保护/环保											得分：
	辅具											
	量具											
	工具											
	夹具											得分：
	设备											
	工序内容											得分：
	工序名称											评分：10-9-7-5-3-0（分）
	序号	1	2	3	4	5	6	7	8	9	10	11	

A4 得分：　　/70

四、实施

提示：在铣削加工开始前，应做好充分准备，包括机床、刀具、工具、量具、辅具等设备附件，工件、刀具等按要求装夹紧固。同时，也要对加工过程中可能出现的问题采取预防措施。

图片中灰色为毛坯面，深蓝色为需要加工的面，浅蓝色为已加工面。

1. 正确装夹工件。

2. 用盘铣刀在十字块第一个厚度面 A1 上对刀。

3. 对 A1 面进行粗铣和精铣，保证平直度，表面粗糙度，去毛刺。

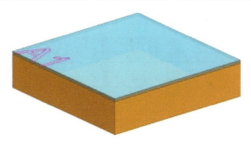

A5 得分：　　/60

五、检查

（满分 60 分，10 分/题）

用量具或者量规检查你已经加工好的零件或部件，评价是否达到要求的质量特性值并把其填入表中。

重要说明：

（1）当学徒的评分和老师的评分一致时得 10 分，否则得零分；

（2）学生测得的实际尺寸在检测报告的评价中不予考虑；

（3）检测报告的评价意义是评价学生对自己加工的零件的精度及功能是否作出了正确的评价，而对于各零件是否达到精度要求及功能无关。

（4）灰底处由培训师填写。

序号	件号	特性值	偏差	学生			教师			得分
				实际尺寸	是否达到特性值		实际尺寸	是否达到特性值		
					是	否		是	否	
1	1	长度 50 mm	±0.03							
2	1	宽度 50 mm	±0.03							
3	1	厚度 12 mm	±0.1							
4	3	长度 100 mm	±0.2							
5	3	宽度 50 mm	±0.2							
6	3	厚度 20 mm	±0.1							

B1 得分： /30

六、评价

1. 过程检查记录

序号	观察	教师检查
1	实训过程符合 5S 规范	
2	安全文明操作	
3	5S 检查表和 TPM 点检表	
	中间成绩：	B1

评分等级：10-9-8-7-6-5-4-3-2-1-0（分）

B2 得分： /60

2. 目测检查

序号	件号	功能和目测检查	目测检查
1	1-3	工件按图纸加工	
2	1-3	平直度是否符合要求	
3	1-3	平行度是否符合要求	
4	1-3	垂直度是否符合要求	
5	1-3	铣削表面粗糙度是否符合要求	
6	1-3	去毛刺是否符合要求	
		中间成绩：	B2

评分等级：10-9-8-7-6-5-4-3-2-1-0（分）

B3 得分： /40 B4 得分： /50

3. 尺寸检验

序号	件号	尺寸检验	偏差	实际尺寸	精尺寸	粗尺寸
1	1	长度 50 mm	±0.03			
2	1	宽度 50 mm	±0.03			
3	1	厚度 12 mm	±0.1			
4	2	长度 50 mm	±0.03			
5	2	宽度 50 mm	±0.03			
6	2	厚度 20 mm	±0.1			

4. 总评分表

序号	工作页评价	中间成绩	除数	百分制成绩	权重	中间成绩
1	信息	A1	0.2		0.2	
2	计划	A2	0.3		0.3	
3	决策	A3	0.3		0.1	
4	实施	A4	0.7		0.3	
5	检查	A5	0.6		0.1	
				Feld 1 得分：	/100	
				工作页的评价		Feld 1

续表

序号	技能操作	中间成绩	除数	百分制成绩	权重	中间成绩
1	过程检查	B1	0.3		0.1	
2	目测检查	B2	0.6		0.2	
3	精尺寸	B3	0.4		0.4	
4	粗尺寸	B4	0.5		0.3	
				Feld 2 得分： /100		Feld 2
				工作页的评价：		

5. 项目总成绩计算

序号	技能考试的成绩处理	成绩转填	权重	中间成绩
1	技能操作	Feld 1	0.7	
2	工作页评价	Feld 2	0.3	
		项目总分： /100		
		项目总评		

【总结与提高】

一、工作总结

1. 工作过程描述：

2. 本次工作新接触的内容描述及自我总结评价：

3. 教师评价：

二、思考题

1. 铣削的主运动是什么？进给运动有哪些？

2. 平面铣削有几种铣削方式?
3. 如何保证外形尺寸的垂直度。

三、任务小结

本章任务应了解铣床的基本结构及基本操作方法,铣刀的种类及加工用途,对工件及刀具进行正确地装夹,能进行基本的外形铣削操作,并按图纸要求控制好尺寸及平直度、垂直度等技术要求。

提示:

1. 在粗加工后,精加工前,需进行尺寸检测,确定实际精加工余量后,再进行精铣。

附录4 学徒培训协议样例

学徒培训协议

甲方:_____有限公司
地址:

乙方:
姓名:
出生年月:
户口所在地:
学校:
地址:
身份证号码:

签署日期:
签署地点:

前言

甲方同意在如下约定的培训期间，按照约定的培训目的接收乙方并向其提供学徒培训。

乙方自愿参与_____学徒制培训项目，并同意按照甲方要求提供的所有任务和服务。

学徒期间乙方完成的所有任务目的是为了提高乙方的能力以及对甲方业务的了解和熟悉程度，完成约定的培训目的。

若乙方已满18周岁，为完全民事行为能力人，则有能力并有权代表本人签署本协议。

若乙方已满10周岁未满18周岁，为限制民事行为能力人，则由其法定监护人代为签署本协议。

鉴于上述内容，双方就本学徒培训协议的条款和内容约定如下：

乙方的学徒培训期限为34个月（下称"培训期间"），自2020年9月1日起至2023年6月30日。

本学徒培训协议的签订没有在双方间建立任何劳动关系。然而，乙方按照分配的岗位代表公司行事，应当遵守适用于甲方员工的所有条款和规定（包括但不限于员工手册）以及学徒手册，并尊重公司的政策、观念和流程。

1. 培训专业和培训计划

培训专业：工业机械工或机电一体化

培训期间自2020年9月起至2023年6月止。

1.1　培训地点：

1.2.1　培训期间第一年及第二年的培训在_____学徒培训中心以及学校内轮流进行。

1.2.2　培训期间第三年的培训在_____生产部门及学校内轮流进行。

1.2　培训计划：

1.2.3　为期三年的具体培训计划。

1.2.4　培训计划若有变更，则以甲方和学校共同确定并向乙方公布的最新版本为准。

2. 权利和义务

培训学习目的是乙方获得作为一名从事工业机械工或机电一体化的专业技术工人的职业资格，甲方对乙方的培训内容将包括从事该专业所需要的技能和知识。

2.1　甲方的权利和义务

2.1.1　甲方将在培训前向乙方进行安全教育和甲方规章制度教育。

2.1.2　甲方应该在培训区域注意乙方的安全，特别条款如下：

① 在培训期间，乙方不得独自操作机器，应保证至少有甲方的一名人员在旁；

② 甲方应提供给乙方工作指导；

③ 甲方应定期的检查乙方的培训结果。

2.1.3　甲方将为乙方提供符合相关标准的实践操作培训。甲方有责任在培训期间向乙方提供与其培训有关的适用的机器设备的安全培训。

2.1.4　甲方有权限根据甲方制定并经乙方签收的《学徒手册》，对乙方予以管理以及作出警告或解除培训协议。

2.1.5　甲方根据乙方学习的性质，协助乙方学习，但不支付任何劳动报酬（包括加班费用）。

2.1.6　从第一学期在甲方注册学徒识别号当天开始，到甲、乙双方解除培训关系为止，甲方为乙方购买意外保险，内容详见企业保险手册。

2.1.7　甲方根据本协议规定解除培训协议而终止本协议项下的培训的，甲方不承担任何责任。

2.1.8　在如下各条件满足的情况下，甲方有权自主决定是否向乙方提供就业机会：

① 乙方获得学校颁发的全日制大专毕业证书；

② 乙方获得德国工商大会上海代表处和德国工商总会颁发的德国国家认证的职业资格考试合格证书；

③ 乙方在从学校毕业时仍属于××××学徒培训项目下的学生。

2.2　乙方的权利和义务

2.2.1　乙方应遵守甲方内部就本协议项下培训所制定的相关规章制度，服从甲方的日常管理、指导、培训和考核。乙方有义务按照双方约定的进度完成培训内容，期望乙方培训后达到一个合理的能力标准并完成任务。

2.2.2　乙方的培训出勤时间按甲方相关规定。乙方应严格对待自己的出勤，如无法按时出勤，要按甲方相应的规章制度向甲方管理人员请假。

2.2.3　乙方在培训结束后需在甲方工作三年，如乙方未能在甲方完成上述工作期限，乙方需退还甲方给乙方相应年限的生活补贴费用。为避免疑问，甲方有权自行决定在培训结束后是否雇佣乙方。

3. 培训相关费用

3.1　甲方承担培训费用并向乙方支付生活补贴。

3.2　培训费用包括：甲方因该培训项目向学校支付的乙方在学校学习期间的培训费用及在甲方内部培训发生的培训费用。

3.3　生活补贴：

甲方在学徒培训教育期间的第一年，甲方将提供乙方每月 1 000 元人民币的生活补贴；在第二年，甲方将提供乙方每月1 200元人民币的生活补贴；在第三年，甲方将提供乙方每月1 400元人民币的生活补贴；具体时间为2020年在乙方注册完当月至2023年6月。

4. 不竞争

4.1 本协议约定的培训期内，乙方不得对甲方构成任何形式的竞争（无论是成为第三方的雇员，自主创业或者其他雇佣形式）。特别是，除上述外，乙方不能从事任何与甲方业务构成竞争的业务，也不能与任何与甲方的业务领域构成竞争的任何个人或公司进行合作或获取利益。

5. 保密

5.1 乙方知悉，在其与甲方相关接触过程中，乙方可能有机会或被授权获取到甲方及其关联方、客户和供应商的技术、财产、销售、法律、财务及其他数据和信息，包括甲方从对任何第三方承担保密义务的获取的信息。所有这些数据和信息，无论是文件、书面、口头或计算机生成的，应被视为并称为"专有信息"，应包括但不限于贸易和商业秘密、流程、专利、改进、想法、发明（无论是否实施）、诀窍、产品和技术（实际或计划）、财务报表、营销计划、战略、预测、客户和/或供应商名单和/或关系、研究和开发活动、公示、数据、技术诀窍、设计、发现、模型、计算机硬件和软件以及任何和所有与之有关的文件、图纸、处理和交易，除非此信息在披露之日或此后非因为乙方的过错成为，可在公共领域获取，或者成为行业内公知的信息。

5.2 乙方同意并声明所有专有信息、专利和/或专利申请、版权以及其他相关知识产权均为甲方及其关联公司及其受让方的唯一财产。在学徒期间和结束后，乙方应对所有专有信息及其任何部分进行保密，并且不会直接或间接地向任何第三方披露和/或提供任何专有信息，除非事先获得甲方的书面同意，但在履行乙方与甲方有关的义务的正常过程中，或以书面形式通知乙方和/或根据任何适用的法律、法规，司法裁决或任何政府机构的决定可能需要披露的除外。

5.3 在不违背上述规定的情况下，乙方同意：（1）在未取得甲方书面同意的情况下不得复印、传播、复制、总结、引用、发布和/或对专有信息进行任何商业或其他使用，除非向甲方履行其职责需要；（2）尽最大可能采取措施保护专有信息以防止丢失、被盗或其他无意披露，并采取一切必要的合理步骤进行保密；（3）如果甲方提出要求，乙方应立即向甲方交付或销毁在她/他与甲方的接触过程中获取的或以任何形式提供给乙方的任何和所有专有信息及其副本，并且不得以任何形式保留和/或复制。

5.4 乙方确认应对根据本节规定的其任何违反义务的行为都将导致甲方

的实质性损害负责。本节规定在本学徒培训协议终止后两年内依然有效。

6. 其他

6.1 除非本学徒培训协议另有明确约定，任何在学徒训练协议履行或之后的通知、修改、修订、学徒训练协议的解除或终止，只有以书面形式作出才有效，并且是在没有更严格的形式要求的情况下。本条款上述内容也适用于。书面形式也包括通过传真发送，但不包括电子邮件。

6.2 本协议受中华人民共和国相关法律管辖。如发生与本协议相关的或因本协议而发生任何争议的，双方应友好协商解决。如无法通过友好协商解决的，任何一方均有权将争议提交至甲方所在地法院。

6.3 本协议在各方签字并加盖甲方公章后生效。

6.4 如果本学徒培训协议中的任何条款无效或无法履行，或缺少必要条款，则不影响其他条款的效力。双方应达成法律允许的条款取代无效或无法履行的条款或填补相应空白，条款应当尽可能接近双方想要达成的目标或本着双方的精神和宗旨在他们本知道条款无效、无法履行或存在缺陷下的内容。这同样也适用于无效或无法履行是由于指定的义务或时间条件造成的。在这种情况下，替代的义务或时间应尽可能接近双方预期的时间。

6.5 本协议一式两份，双方各执一份。

甲方：××××有限公司　　　　　　　　　　乙方：
签名　：　　　　　　　　　　　　　　　　　签名：
日期：　　　　　　　　　　　　　　　　　　日期：

注：带底色的文字需根据实际情况进行修改。

各企业可依据企业内部实际情况对学徒培训协议进行修改及完善，并通过法律顾问审核无误投入实际使用。

附录5　学徒手册样例

学徒手册

1　介绍与定义

学徒在培训期间应同时遵循本《学徒手册》《学生手册》《学徒纪律及行为管理》及公司、学校和相关实践培训部门的相关规定。

2　出勤管理

2.1　培训时间

若无特别安排，正常培训时间为周一至周五，每天 08：00 至 17：00，午餐时间为 12：00 至 13：00。周六、周日及法定节假日为休息日。

2.2　出勤

培训期间，学徒必须准时参加，不得无故迟到、早退、旷课。公司通过打卡方式记录出勤情况。

学徒出勤情况以系统的出勤数据为依据，出勤将成为学徒成绩评定的一部分。

3　请假制度

一般请假规则，学徒请假应提前一个工作日申请，因紧急情况无法到公司履行请假手续，需于休假开始时间起的一个小时内向培训师电话申请。

学徒回学校阶段，不视为请假。在此期间生活补贴不受影响。

3.1　假期安排

培训中心每年为学徒统一安排两周假期：一周是暑假末暨新学年开学前一周；另一周为春节假期前一周。具体时间以国务院发布公共假期及培训中心培训师安排为准。

3.2　事假

在不影响教学安排的情况下，每名学徒每月可申请不多于 2 天的事假（家庭方面的特殊情况除外）。申请事假对应的学时，将从生活补贴中相应扣除。

3.3　病假

根据公司规定，学徒享受三天不扣生活津贴的病假，超出三天病假的生活津贴按 80% 的标准发放（病假需提供公司规定的证明文件）。

4　学徒日志

4.1　从一年级开始每个工作日写一篇学习日志，日志的基本要求如下：

- 主题明确，格式完整；
- 字迹工整，字数 300 字以上；
- 内容丰富，语句通顺，切合当天教学内容，体现自己的想法。

4.2　相关负责人至少每天检查一次学徒日志并签字。

- 在学校期间，由学校班主任带头检查并签字；
- 在培训中心期间，由培训师负责检查并签字；
- 实践培训期间，由主管或者导师负责检查并签字。

学徒日志需在 AHK 毕业考试 1 及毕业考试 2 前分别上交，通过检查后，方有资格参加考试。

5 工作服、安全鞋

培训中心给每位学徒发放培训所需的劳保用品。

如劳保用品有破损等合理情况发生,学徒递交培训中心劳保用品申领单经负责人批准后,可免费更换。

6 培训车间安全总则

1) 进入培训车间,必须穿着工作服、工作裤、安全鞋;长发必须置于安全帽内。

2) 操作机床或受训时,必须佩戴安全眼镜。

3) 操作机床过程中,严禁佩戴手套、手链、戒指、项链和胸卡带,以免物品缠绕或卷入机器中发生危险。

4) 学徒必须学习熟记并严格按照机床安全操作规程、机床使用说明书和机床操作作业指导书来操作机床。

5) 未经培训,需在培训师的指导下操作,严禁擅自使用机床。

6) 设备使用前,必须对机床进行点检,合格后方能使用。

7) 设备使用完后,必须及时清扫和维护保养,并填写机床使用记录表。

8) 操作设备过程中,如有警报或异常现象等,必须立即停机并报告培训师。

9) 操作设备过程中,如有人员受伤,必须立即采取紧急措施(按下急停按钮)并报告培训师。

10) 严禁在休息不良、饮酒或服用药物等身体不适的情况下操作机床。

11) 严禁多人同时操作一台机床。

12) 在车间无培训师的情况下,严禁使用机床。

13) 在不知情的情况下,严禁盲目介入他人操作。

14) 严禁将压缩空气枪在使用时对着人。

15) 严禁使用不良设备。

16) 严禁独自攀爬设备、工作台、材料架等。

17) 严禁将零食带入车间,茶水杯必须放在茶水橱柜内。

18) 严禁随地吐痰,乱扔垃圾。

19) 严禁在培训中心大声喧哗或嬉戏打闹。

20) 必须时刻保持通道顺畅,如发现障碍物,应立即主动挪移或清理。

21) 学徒有合理使用,妥善保管培训中心财产的义务。对于学徒个人原因造成的任何财产损失,培训中心内部有权追究其相应责任。

7 培训中心内部纪律条例

为规范培训中心的各项纪律,现制定"内部纪律"文件。本文件适用于所有学徒,若有违反者,视情节轻重,将分别给予口头警告、书面警告以及立即解除学徒制培训关系及培训协议等处分。

7.1 口头警告

凡有下列行为之一的,每发生一次记口头警告一次,同时班主任会和学徒面谈并共同制订行为改进计划,行为改进期可以延长一次,但行为改进期总的不得超过两个月。口头警告满三次者即得书面警告一次。

1) 培训开始时,不穿工作服、工作裤。

2) 多人操作同一台机床时,每人各口头警告一次。

3) 食物和饮料带入培训车间。

4) 在公司喧哗、嬉戏、追逐、打闹或其他可能造成安全隐患的行为。

5) 私自更换更衣柜锁。

6) 在培训时间内洗浴。

7) 其他轻微违纪行为(包括轻微违反《学徒手册》或公司规定的各项规章制度)。

7.2 书面警告

凡有下列行为之一的,每发生一次记书面警告一次并通报批评,同时培训师会和学徒面谈并共同制订行为改进计划。书面警告满三次者立即解除学徒制培训关系及培训协议。

1) 三次口头警告者。

2) 进入培训车间,不穿安全鞋。

3) 操作机床时,佩戴耳坠、戒指、手链、项链、手表。

4) 操作机床和围观时,不佩戴安全眼镜、长发未置于安全帽内。

5) 没有严格按照《机床安全操作规程》《机床使用说明书》《机床操作作业指导书》来操作机床。

6) 经教育后,仍恶意损坏工、刀、量具及工件。

7) 在培训时间使用手机等进行非学习活动(如有紧急事情,请联系相关负责人)。

8) 未经批准,中途无故擅自离开培训中心,或办理私事等。

9) 无故旷课、无故迟到、早退(包括提早用餐)。

10) 无故损坏公共场所(如卫生间、更衣室、教室等公共区域设施或财物)。

11) 在公共场所乱涂乱画。

12) 违反学校规章制度。

13) 未经允许,在公司范围内拍照、摄影、摄像、录音。

14) 在公司禁烟区内吸烟。

7.3 立即解除学徒制培训关系及培训协议

凡有下列行为之一或者符合条件的，立即解除学徒制培训关系及培训协议。

1）获得三次书面警告。

2）冒名顶替或假造学历证明、身份证明等相关文件。

3）在培训岗位上失职，对于公司利益造成严重影响或使公司财产受损的。

4）有精神病，病毒性肝炎，严重的肝胆肾和其他疾病病史或正在治疗中，在报到前未向公司如实说明或隐瞒真实情况的。

5）偷取他人劳动成果。

6）作弊或代替他人测试。

7）在公司酗酒、赌博。

8）参与斗殴、恐吓或敲诈等寻衅滋事。

9）违反国家法律法规的任何行为。

10）无正当理由连续三天不参加培训或连续十二个月内累计五天及以上不参加培训。

11）盗窃、故意破坏或协助盗窃、破坏公司或他人财产，不论金额大小。

14）在公司场地范围内有任何可能引起火灾的危险行为。

15）公司范围内进行传销，或任何其他非培训关系的产品销售、展示等。

16）在公司场地范围内使用、拥有或销售违禁药品。

17）违反学校规章制度，受到学校严重警告处分及以上。

7.4 末位淘汰制

凡有下列情况发生的，按淘汰条款执行。

1）进入培训中心学习三个月后，对三个月的学习内容进行统一考试，考试成绩不合格者，按末位淘汰。

2）三个月后，在培训中心学习期间，第一次出现不合格者，先约谈，第二次仍然出现不合格者，按排名最后的10%比例淘汰。

3）生产部门实习评估成绩不合格者，第一次约谈，第二次按排名最后的10%淘汰。

8 意外事故的应急处理

急救的含义是抢救生命，当意外发生时，可以迅速采取止血、包扎等紧急医疗救助措施，在医疗人员到来之前争取宝贵时间。

- 对于轻微的划伤，请取用急救箱的相应物品（消毒棉签、创可贴等），并务必做使用记录。

- 对于较重的创伤，请前往公司的医务室就诊，并报告老师。就诊结束请及时联系班主任填写问题整改报告单。
- 如若发现有学徒受伤，应立即报告培训师，协助救援。

中国急救电话：120

9 安全政策

公司在所有区域实行严格的安全防范措施，全体学徒应该给予支持并积极配合以达到安全防范的目的。

信息安全是不可推卸的责任！

9.1 拍照摄像录音规定
- 未经授权和允许，严禁在公司范围内拍照、摄像、录音。

9.2 电脑锁定和激活屏幕保护
- 离开座位时必须锁定电脑，即使只离开几分钟。

9.3 正确使用公司 IT 设备

严禁以下行为：
- 私用公司 IT 设备下载、存储或安装图片、音乐、视频、程序等。
- 在公司使用私人 IT 设备（例如：使用个人的 U 盘）。
- 使用私人电脑处理公司数据。

* 培训中心将对上述内容保留最终解释权。

▶ 附录6 《学徒手册》签收函

《学徒手册》签收函

本人_____，学徒工号：_____，年级：_____，学校（填写字母简称）：_____，确认收到了培训中心发放的《学徒手册》，已阅读并理解其中的相关内容，谨此承诺在整个"双元制"培训过程中将严格遵守手册中规定的学徒制培训中心各项规章制度。

学徒签名：_____

日期：_____年_____月_____日

注：本《学徒手册》由学徒本人留存保管，学徒将此函签字后交回学徒制培训中心存档。

附录 7　协议终止通知

协议终止通知

至：×××
日期：20××年×月×日
关于：　　　协议终止通知

由于你在工厂实习期间，表现不佳，部门评估很差，导致合同无法执行，根据培训中心《学徒手册》条款 7.4 末位淘汰制规定，决定与你终止培训协议，并保留追究赔款的权利。

任何问题，请向你的培训中心经理和人力资源部经理询问。

我，×××，明白并接受这份通知中的内容。

签名：
日期：

培训中心经理×××

签名：
日期：

注：彩色字部分需根据实际情况进行修改。

参考文献

专著

[1] 陈英飞. 图说工厂现场管理：实战升级版 [M]. 北京：人民邮电出版社，2014.

[2] 德国联邦职业教育研究所. 借助学习任务进行职业教育：学习任务设计指导手册 [M]. 刘邦祥，译. 北京：机械工业出版社，2010.

[3] 高窦平. 德国双元制职业教育体系解读与探究 [M]. 北京：人民交通出版社，2019.

[4] 胡新桥. 图解6S管理全案：现场实战版 [M]. 北京：化学工业出版社，2019.

[5] 霍彧. 现代职业人：认识职场篇 [M]. 苏州：苏州大学出版社，2016.

[6] 莱克，弗兰兹. 持续改善 [M]. 曹嬿恒，译. 北京：中国电力出版社，2013.

[7] 李家林，江雨蓉. 图说工厂7S管理：实战升级版 [M]. 北京：人民邮电出版社，2014.

[8] 日本JIPM-S. 精益制.011：TPM推进法 [M]. 刘波，译. 北京：东方出版社，2013.

[9] 柿内幸夫，佐藤正树. 现场改善 [M]. 许寅玲，译. 北京：东方出版社，2011.

[10] 舒尔茨. 德国职业教育教学法之理论与案例 [M]. 王婀娜，译. 北京：人民日报出版社，2015.

[11] 许湘岳，吴强. 自我管理教程 [M]. 北京：人民出版社，2011.

[12] 越前行夫. 图解生产实务：5S推进法 [M]. 尹娜，译. 北京：东方出版社，2011.

[13] 赵志群. 职业教育工学结合一体化课程开发指南 [M]. 北京：清华大学出版社，2009.

[14] 郑爱权. 零件手动加工 [M]. 北京：外语教学与研究出版社，2019.

[15] 周晓蓉，倪红海，郑爱权. 零件铣削加工 [M]. 北京：外语教学与研究出版社，2017.

学位论文

[1] 李焕秋. 德国跨企业培训中心和我国公共实训基地的比较研究 [D]. 天津：天津大学，2010.

[2] 任婕. 德国职业培训中心办学模式的研究 [D]. 天津：天津大学，2009.

[3] 陶扉. 德国企业培训师制度研究 [D]. 天津：天津大学，2007.

期刊

[1] 车娟. 跨企业培训中心视域下"师傅型"师资素质需求探析 [J]. 软件导刊（教育技术），2018（12）：87-88.

[2] 陈艳. 浅谈企业内训师队伍建设与发展 [J]. 现代商业，2019（20）：75-76.

[3] 丁锴. 高职教育校企双主体办学路径研究：以苏州健雄职业技术学院为例 [J]. 湖州职业技术学院学报，2019，16（4）：53-55.

[4] 韩树明，王继平，周晓刚. 基于德国"Two in One"模式的高职—本科衔接人才培养创新实践 [J]. 职业技术教育，2016（8）：78-80.

[5] 韩树明，周晓刚. 现代学徒制模式下跨企业培训中心建设的实践探索 [J]. 创新科技，2018，18（6）：57-59.

[6] 韩树明. 基于"双元制"的高职机电一体化技术专业人才培养模式实践 [J]. 职业技术教育，2012（35）：6-9.

[7] 金晨. 跨企业培训中心建设路径探析 [J]. 太原城市职业技术学院学报，2018（12）：172-173.

[8] 李俊，甄雅琪. 德国职业教育的第三元：跨企业培训中心 [J]. 世界教育信息，2018（5）：51-60.

[9] 梁子伊. "双元制"与"教学工厂"教学模式的比较研究 [J]. 中国科教创新导刊，2007（25）：64.

[10] 廖波光. 高职院校校内实训基地系统化建设实践探索 [J]. 柳州职业技术学院学报，2019（4）：01-04.

[11] 林豹. 基于胜任力模型的企业培训体系建设研究 [J]. 企业改革与管理，2015（9）：53-54.

［12］明廷华."教学工厂":一种值得借鉴的教学模式［J］.职教论坛,2007（16）:63-64.

［13］王洪磊,阚子振,韩树明.高校机械类实训基地引入ISO9001质量管理体系建设初讨［J］.中国高新技术企业,2013（6）:158-159.

［14］谢莉花,余小娟.现代学徒制背景下企业培训师队伍的角色、现状及挑战［J］.职业技术教育,2019（34）:39-45.

［15］张建荣.德国跨企业培训中心对我国职业教育校企合作的启示［J］.江苏教育,2011（6）:26-28.

［16］周继文.德国的跨企业培训中心［J］.企业改革与管理,2013（9）:67-68.

［17］周晓刚,车娟.德国跨企业培训中心模式对县域职业教育模式创新的启示［J］.常州信息职业技术学院学报,2019,18（4）:6-9.

［18］周晓刚.基于产教融合的跨企业培训中心建设的探索与实践［J］.苏州市职业大学学报,2019（3）:68-71.

［19］周晓刚.跨企业培训中心学徒职业素养培养体系的构建与实施:以苏州健雄职业技术学院中德培训中心为例［J］.宿州教育学院学报,2018（6）:99-101.

后 记

经过近一年的酝酿策划、团队组建、书稿起草、反复修改和统稿润色，在这金秋收获时节，书稿付梓出版，甚为欣慰。

这是在一个特殊时期完成的一部特殊作品。新年伊始，春寒料峭，突如其来的新冠肺炎疫情打乱了人们的生活节奏和工作计划，就在病毒肆虐、举世"禁足"、人们恐慌迷茫或"无所事事"之际，苏州健雄职业技术学院周晓刚副院长决定"不负韶华"，与一帮志同道合的同事商议做一点有价值的事：出一本跨企业培训中心建设与管理方面的实用书籍，以书为"媒"，共同研究解决当前职业教育产教融合平台建设的"痛点"。

这些年来，苏州健雄职业技术学院扎根太仓"德企之乡"土壤，学习借鉴德国"双元制"教育模式并持续推进本土化创新，在政府、行业（德国工商行会）大力支持下，与当地众多企业（特别是德资企业）联合共建跨企业培训中心，以此为依托，探索了"三站互动，分段轮换"人才培养成功路径。把跨企业培训中心建设与管理经验总结出来，引导更多本土企业参与到培训平台建设和学徒培养中来，引导当地政府和行业协会参与到职业教育发展中来，引导兄弟院校面向中小微企业建设更多跨企业培训中心，共同培养产业发展需要的技术技能人才，对于职教人来说，善莫大焉！

本书作为一本跨企业培训中心建设与管理的"指南"，主要内容来源于作者及团队成员长期致力于中德培训中心建设和管理的实践探索，来源于作者对多年全省师资培训班专题讲座内容的梳理总结，来源于作者主持的江苏省教改课题"基于跨企业培训中心的模具设计与制造专业现代学徒制创新与实践"的研究成果，感谢课题组成员苏霄飞、韩树明、石彩华、车娟、侯彦博、王志明、周琪玮、倪红海、郑爱权、周晓蓉等老师的倾力支持，也感谢郑广成、丁锴两位同志的辛勤付出，更要感谢亿迈齿轮公司马介宏培训经理的无私帮助和鼎力支持，这是一部凝聚着团队心血和汗水的作品。本书编写和出版过程中，苏州大学出版社杨宇笛编辑也提供了很好的意见和建议,在此一并致谢!

  由于时间仓促和编著者水平有限,本书有关跨企业培训中心建设与管理的经验总结还不全面,有些观点和做法还不成熟,错漏之处也在所难免,恳请专家、同行和读者批评指正。

编著者
2020 年 9 月 5 日